***ACCESO GRATIS** a la Lectura en la Nube*

Para visualizar el libro electrónico en la nube de lectura envíe junto a su nombre y apellidos una fotografía del código de barras situado en la contraportada del libro y otra del ticket de compra a la dirección:

ebooktirant@tirant.com

En un máximo de 72 horas laborales le enviaremos el código de acceso con sus instrucciones.

La visualización del libro en **NUBE DE LECTURA** excluye los usos bibliotecarios y públicos que puedan poner el archivo electrónico a disposición de una comunidad de lectores. Se permite tan solo un uso individual y privado

LAS CONSECUENCIAS JURÍDICAS DEL DELITO

COMITÉ CIENTÍFICO DE LA EDITORIAL TIRANT LO BLANCH

María José Añón Roig
Catedrática de Filosofía del Derecho de la Universidad de Valencia

Ana Cañizares Laso
Catedrática de Derecho Civil de la Universidad de Málaga

Jorge A. Cerdio Herrán
Catedrático de Teoría y Filosofía de Derecho Instituto Tecnológico Autónomo de México

José Ramón Cossío Díaz
Ministro en retiro de la Suprema Corte de Justicia de la Nación y miembro de El Colegio Nacional

María Luisa Cuerda Arnau
Catedrática de Derecho Penal de la Universidad Jaume I de Castellón

Manuel Díaz Martínez
Catedrático de Derecho Procesal de la UNED

Carmen Domínguez Hidalgo
Catedrática de Derecho Civil de la Pontificia Universidad Católica de Chile

Eduardo Ferrer Mac-Gregor Poisot
Juez de la Corte Interamericana de Derechos Humanos. Investigador del Instituto de Investigaciones Jurídicas de la UNAM

Owen Fiss
Catedrático emérito de Teoría del Derecho de la Universidad de Yale (EEUU)

José Antonio García-Cruces González
Catedrático de Derecho Mercantil de la UNED

José Luis González Cussac
Catedrático de Derecho Penal de la Universidad de Valencia

Luis López Guerra
Catedrático de Derecho Constitucional de la Universidad Carlos III de Madrid

Ángel M. López y López
Catedrático de Derecho Civil de la Universidad de Sevilla

Marta Lorente Sariñena
Catedrática de Historia del Derecho de la Universidad Autónoma de Madrid

Javier de Lucas Martín
Catedrático de Filosofía del Derecho y Filosofía Política de la Universidad de Valencia

Víctor Moreno Catena
Catedrático de Derecho Procesal de la Universidad Carlos III de Madrid

Francisco Muñoz Conde
Catedrático de Derecho Penal de la Universidad Pablo de Olavide de Sevilla

Angelika Nussberger
Catedrática de Derecho Constitucional e Internacional en la Universidad de Colonia (Alemania). Miembro de la Comisión de Venecia

Héctor Olasolo Alonso
Catedrático de Derecho Internacional de la Universidad del Rosario (Colombia) y presidente del Instituto Ibero-Americano de La Haya (Holanda)

Luciano Parejo Alfonso
Catedrático de Derecho Administrativo de la Universidad Carlos III de Madrid

Consuelo Ramón Chornet
Catedrática de Derecho Internacional Público y Relaciones Internacionales de la Universidad de Valencia

Tomás Sala Franco
Catedrático de Derecho del Trabajo y de la Seguridad Social de la Universidad de Valencia

Ignacio Sancho Gargallo
Magistrado de la Sala Primera (Civil) del Tribunal Supremo de España

Elisa Speckman Guerra
Directora del Instituto de Investigaciones Históricas de la UNAM

Ruth Zimmerling
Catedrática de Ciencia Política de la Universidad de Mainz (Alemania)

Fueron miembros de este Comité:
Emilio Beltrán Sánchez, Rosario Valpuesta Fernández y **Tomás S. Vives Antón**

Procedimiento de selección de originales, ver página web:
www.tirant.net/index.php/editorial/procedimiento-de-seleccion-de-originales

LAS CONSECUENCIAS JURÍDICAS DEL DELITO

(3ª ed. actualizada)

Director

LUIS ROCA DE AGAPITO

Autores

JESÚS BERNAL DEL CASTILLO

Mª MARTA GONZÁLEZ TASCÓN

ANA GUTIÉRREZ CASTAÑEDA

CRISTINA LÓPEZ LÓPEZ

Mª CONCEPCIÓN IGLESIAS GARCÍA

FÉLIX PEDREIRA GONZÁLEZ

LUIS ROCA DE AGAPITO

JOSÉ Mª ROCA MARTÍNEZ

ENRIQUE SANZ DELGADO

SONIA VICTORIA VILLA SIEIRO

tirant lo blanch

Valencia, 2024

Copyright ® 2024

Todos los derechos reservados. Ni la totalidad ni parte de este libro puede reproducirse o transmitirse por ningún procedimiento electrónico o mecánico, incluyendo fotocopia, grabación magnética, o cualquier almacenamiento de información y sistema de recuperación sin permiso escrito de los autores y del editor.

En caso de erratas y actualizaciones, la Editorial Tirant lo Blanch publicará la pertinente corrección en la página web www.tirant.com.

Esta 3ª edición de la obra es parte del proyecto de I+D+i PID2022-138770OB-I00, financiado por MICIU/AEI/10.13039/501100011033

© Colectivo de Autores

© TIRANT LO BLANCH
EDITA: TIRANT LO BLANCH
C/ Artes Gráficas, 14 - 46010 - Valencia
TELFS.: 96/361 00 48 - 50
FAX: 96/369 41 51
Email:tlb@tirant.com
www.tirant.com
Librería virtual: www.tirant.es
DEPÓSITO LEGAL: V-2169-2024
ISBN: 978-84-1071-319-2
MAQUETA: Disset Ediciones

Si tiene alguna queja o sugerencia, envíenos un mail a: *atencioncliente@tirant.com*. En caso de no ser atendida su sugerencia, por favor, lea en *www.tirant.net/index.php/empresa/politicas-de-empresa* nuestro procedimiento de quejas.

Responsabilidad Social Corporativa: http://www.tirant.net/Docs/RSCTirant.pdf

Índice

ABREVIATURAS

art.:	artículo (si no se especifica, se entiende que es del Código Penal)
CERC:	Causas de extinción de la responsabilidad criminal
JVP:	Juez de vigilancia penitenciaria
LEC:	Ley 1/2000, de 7 de enero, de Enjuiciamiento Civil
LECr:	Real decreto de 14 de septiembre de 1882 por el que se aprueba la Ley de Enjuiciamiento Criminal
LOEX:	Ley Orgánica 4/2000, de 11 de enero, sobre derechos y libertades de los extranjeros en España y su integración social
LOGP:	Ley Orgánica 1/1979, de 26 de septiembre, General Penitenciaria
LORPM:	Ley Orgánica 5/2000, de 12 de enero, Reguladora de la Responsabilidad Penal de los Menores
LOVG:	Ley Orgánica 1/2004, de 28 de diciembre, de Medidas de Protección Integral contra la Violencia de Género
MF:	Ministerio Fiscal
MS:	Medida/s de seguridad
PTBC:	Pena de trabajos en beneficio de la comunidad
RC:	Responsabilidad civil
RLORPM:	Real Decreto 1774/2004, de 30 de julio, por el que se aprueba el Reglamento de la Ley Orgánica 5/2000, de 12 de enero, reguladora de la responsabilidad penal de los menores
RP:	Real Decreto 190/1996, de 9 de febrero, por el que se aprueba el reglamento penitenciario
RPSIM:	Responsabilidad personal subsidiaria por impago de multa
SGPMA:	Servicio de Gestión de Penal y Medidas Alternativas
STS:	Sentencia del Tribunal Supremo (si no se especifica, se entiende que es de la Sala 2ª)
TBC:	Trabajo en beneficio de la comunidad

Prólogo a la tercera edición[*]

Hace dos años veía la luz la segunda edición de esta obra. Habiendo transcurrido tan breve período de tiempo probablemente uno pueda pensar que no era necesaria la publicación de una tercera edición. Sin embargo, creemos que existen razones de peso para actualizarla.

En aquella 2ª ed., que cerramos en mayo de 2022, tuvimos en cuenta las reformas habidas hasta la LO 4/2022, de 12 de abril, pero desde entonces el CP se ha vuelto a modificar nada más y nada menos que ¡en 9 ocasiones! y la LECrim en otras ¡4 ocasiones![1]. Sólo por esto ya estaría justificada la actualización de este Manual, además de por las novedades que se han producido en la Jurisprudencia y en la Bibliografía. Pero quizás lo más importante que ha sucedido desde entonces en la materia propia de esta obra haya sido la presentación por el Grupo Parlamentario Socialista del Congreso de los Diputados de la **Proposición de Ley Orgánica de amnistía para la normalización institucional, política y social en Cataluña** (122/000019)[2].

---

* Esta 3ª ed. es parte del proyecto de I+D+i PID2022-138770OB-I00, financiado por MICIU/ AEI/10.13039/501100011033.

1 El CP se ha modificado por las LLOO 6/2022, de 12 de julio; 9/2022, de 28 de julio; 10/2022, de 6 de septiembre [sobre el contexto y los aspectos centrales de esta reforma véase González Tascón, *EPC* vol. 43 (2023), pp. 90 ss.]; 11/2022, de 13 de septiembre; 13/2022, de 20 de diciembre; 14/2022, de 22 de diciembre [en lo que se refiere a la reforma de la malversación véase Roca de Agapito, *Diario La Ley* nº 10.230 (16 febrero 2023)]; 1/2023, de 28 de febrero; 3/2023, de 28 de marzo; 4/2023, 27 de abril.La LECr ha sido reformada por las LLOO 10/2022, de 6 de septiembre; 4/2023, de 27 de abril, que, por cierto, también modifican la LORPM; y por los RRDD-Ley 5/2023, de 28 de junio; y 6/2023, de 19 de diciembre.

2 *BOCG* – Congreso, XV Legislatura, Serie B, nº 32-1, de 24 de noviembre de 2023, pp. 1-16.
Enviado ya el presente libro a la editorial la citada iniciativa legislativa completó todos los trámites parlamentarios y se aprobó el 30 de mayo de 2024 (*BOCG* - Congreso, XV Legislatura, Serie B, nº 32-13, de 6 de junio de 2024, pp. 1-18), publicándose como LO 1/2024, de 10 de junio (BOE nº 141, de 11 de junio de 2024, pp. 67764-67781). Dicha LO ha reformado el art. 130 CP para incluir la amnistía como causa de extinción de la responsabilidad penal y sería la décima reforma del CP desde la pasada edición de esta obra.

No es el momento para detenerse en el análisis de esta iniciativa legislativa (vid. *infra* § 56 del Capítulo XV de esta obra)[3], pero sí quisiera expresar, a título exclusivamente personal y sin que ello signifique que los restantes coautores compartan mi opinión, que no la apoyo.

Hay que reconocer que la amnistía no aparece regulada expresamente en la Constitución Española de 1978, ni para permitirla, ni para prohibirla, por lo que resulta normal que surjan argumentos a favor y en contra de su admisión[4]. Sin embargo, pienso que tienen más razón los que se oponen a ella, y en particular a esta Proposición de LO, que los que están a favor.

Sin entrar en el procedimiento legislativo seguido, que presenta destacables defectos, con carácter general se puede cuestionar que la amnistía quepa en nuestra actual Constitución.

En términos jurídicos, resolverá el debate el Tribunal Constitucional y, en su caso, el Tribunal de Justicia de la Unión Europea, pero considero que la citada Proposición de LO de amnistía resulta muy discutible.

Si la amnistía es una medida de gracia o clemencia de carácter impersonal –a diferencia del indulto, que es personal o individual–, en virtud de la cual el Estado renuncia a ejercer el *ius puniendi* con respecto a determinadas conductas delictivas, dando por extinguida la responsabilidad que pudiera haber surgido y de las consecuencias jurídicas a que pudiera dar lugar, permítanme poner en duda el carácter impersonal de la citada Proposición de LO. Más que una Ley general, estamos ante una disposición *ad certas personas.*

Además, precisamente por constituir una injerencia de un poder del Estado en otro poder al ser una excepción al monopolio jurisdiccional por parte de los Tribunales (art. 117.3 CE), dicha excepción debería estar

---

3 Véase también VVAA: «La Constitución de 1978 cumple 45 años», en *El Cronista del Estado Social y Democrático de Derecho* nº 108-109 (2023-2024); VVAA: *La amnistía en España. Constitución y Estado de Derecho,* Ed. Colex, Madrid, 2024 (dirs. M. Aragón/E. Gimbernat/A. Ruiz Robledo).

4 Véanse, por ejemplo, a favor, el Manifiesto encabezado por PÉREZ ROYO: *Juristas por la amnistía, la democracia y la convivencia,* o el *Dictamen sobre una propuesta de Ley de amnistía* de GARCÍA RIVAS/LLABRÉS FUSTER/MIRA BENAVENT/PORTILLA CONTRERAS/REBOLLO VARGAS; o, en contra, el Manifiesto impulsado por GARCÍA AMADO: *¿Los profesores de Derecho creemos en lo que enseñamos? Un manifiesto sobre amnistías, Constitución y derechos.*

expresamente prevista[5]. En la Constitución de 1931 de la II República se establecía de forma explícita que sólo el Parlamento podía otorgar las amnistías (art. 102 CE/1931)[6]. Por el contrario, la Constitución de 1978, al regular las competencias de las Cortes Generales, no la ha previsto (art. 66.2 CE/1978). Es más, en el debate constituyente se pretendió introducir dicha competencia para las Cortes Generales y se rechazó[7]. En cambio, sí se incluyó una prohibición expresa de los indultos generales

---

5 La amnistía, en cuanto manifestación del derecho de gracia, consiste en una causa de extinción de la responsabilidad penal, en virtud de la cual *se olvida* el delito –amnistía tiene el mismo origen etimológico que ἀμνησία, que en griego significa olvido o desmemoria– y el Estado desiste de su *ius puniendi.* Siendo la amnistía una actividad que corresponde al poder legislativo, a nuestro modo de ver, no es equiparable con una derogación del delito, que también es una competencia legislativa, pero mediante la cual *se borra* o *desaparece* la caracterización como injusto penal de una conducta, como se ha hecho, por cierto, con los arts. 544 a 549 CP por la LO 14/2022, de 22 de diciembre.

6 Se ha aducido a favor de admitir la amnistía que está prevista, junto al indulto, en el art. 666.4ª LECr como artículo de previo pronunciamiento. La LECr es de 1882, y los sucesivos CCPP habidos la han contemplado como causa de extinción de la responsabilidad penal [así los arts. 191.2º CP/1928, 115.1º CP/1932, 112.2º CP/1944], pero no el art. 130 CP/1995 (*lex posterior*), que sólo menciona el indulto. Ya por esto se podría cuestionar la vigencia del art. 666.4ª LECr en lo que respecta a la amnistía. Pero situándonos en aquel contexto histórico, bajo la Restauración borbónica del Rey Alfonso XII, la LECr es hija de la CE/1876 y podríamos decir que tanto el indulto como la amnistía en aquel momento se concebían como potestades regias, lo cual también se podría entender que haría entrar en contradicción el art. 666.4ª con lo previsto en la CE/1978. Aquella CE/1876 sólo aludía a la facultad del Rey de indultar (art. 54.3) y no aludía expresamente a la amnistía. Pero la CE/1869 (llamada democrática y también la moderada de 1845) sí preveía ambas instituciones como potestades regias, si bien, mientras la facultad de indultar a los delincuentes le correspondía al Rey «con arreglo a las leyes» (arts. 73.6 CE/1869 y 45.3 CE/1845) [la Ley estableciendo reglas para el ejercicio de la gracia de indulto es de 18 de junio de 1870 y aún sigue vigente], la posibilidad de conceder amnistías e indultos generales exigía previa autorización por una ley especial (art. 74.5 CE/1869 y el art. 9.1º del Acta adicional a la CE/1845) [el art. 132.3ª CP/1870, de 18 de junio, la incluyó entre las causas de extinción, hoy no incluida en el CP vigente]. Sobre estos aspectos históricos de la amnistía véase, con ulteriores referencias, Requejo Pagés, "Amnistía e indulto en el constitucionalismo histórico español", en *Historia Constitucional* nº 2 (2001), pp. 81 ss., quien no considera inconstitucional bajo la vigencia de la CE/1978 la institución de la amnistía.

7 La Ponencia encargada de elaborar el Anteproyecto de Constitución, en la reunión del día 29 de septiembre de 1977 en que se debatió la redacción del Título relativo a la Corona, en lo referente al ejercicio del derecho de gracia acordó "volver a considerar el tema referente a la amnistía en segunda lectura" [*Revista de las Cortes Generales* nº 2 (1984), p. 280]. Y en la reunión del día 3 de noviembre de 1977, al tratar diversos puntos relativos al Poder Judicial, en lo referente a la amnistía se acordó "no constitucionalizar el tema" [*RCG* nº 2 (1984), p. 310]. En el debate en sede parlamentaria se presentaron dos Enmiendas (las nºs 504 del Grupo Parlamentario Mixto y 744 del Grupo Parlamentario UCD) que pretendían atribuir a las Cortes Generales la facultad de otorgar amnistías y

[art. 62, letra i) CE/1978]. Si se prohíben los indultos generales, que sólo extinguen la pena, *a minore ad maius,* hay que entender que se prohíben también las amnistías, que extinguen la responsabilidad penal, porque primero se prescinde de su presupuesto, se olvida el delito cometido, y luego de sus consiguientes consecuencias jurídicas.

Aun admitiendo que la amnistía no sea inconstitucional con carácter general y que pueda tener encaje dentro de la CE/1978, en términos político-criminales, mi opinión es que esta Proposición de amnistía en concreto no se justifica ni por fines preventivo-generales o colectivos, ni preventivo-especiales o individuales. Con esta iniciativa legislativa el Derecho penal ve debilitada su fuerza motivadora y los efectos integradores o de mantenimiento del respeto hacia las normas. Más bien lanza un mensaje opuesto a ello: Que la respuesta penal se puede supeditar al interés o conveniencia particular. Tampoco veo que se encuentre justificada desde el punto de vista de la prevención especial o individual, pues no va acompañada de un arrepentimiento o de una aceptación de las vías legalmente establecidas, sino que se insiste por parte de los responsables penales amnistiados en la reiteración de vías de hecho unilaterales (por cierto, basadas en un supuesto derecho, el de autodeterminación de Cataluña, que no existe). Por ello pienso que la sanción penal para los hechos delictivos contemplados en la citada iniciativa legislativa sigue siendo necesaria y útil.

Finalmente, desde un punto de vista político –obviamente aquí cada uno tendrá su propia opinión[8]–, pienso que una decisión tan importante y

---

expresamente se rechazaron (*BOCG*, Legislatura Constituyente, nº 82, de 17 de abril de 1978, pp. 1558 y 1584).

8 Podríamos recordar lo que decía MAQUIAVELO, en *El príncipe*, en el Cap. XVIII «De qué modo los príncipes deben cumplir sus promesas»: "Nadie deja de comprender cuán digno de alabanza es el príncipe que cumple la palabra dada, que obra con rectitud y no con doblez; pero la experiencia nos demuestra, por lo que sucede en nuestros tiempos, que son precisamente los príncipes que han hecho menos caso de la fe jurada, envuelto a los demás con su astucia y reído de los que han confiado en su lealtad, los únicos que han realizado grandes empresas. [...] un príncipe prudente no debe observar la fe jurada cuando semejante observancia vaya en contra de sus intereses y cuando hayan desaparecido las razones que le hicieron prometer. Si los hombres fuesen todos buenos, este precepto no sería bueno, pero como son perversos, y no la observarían contigo, tampoco tú debes observarla con ellos. [...] Que el que mejor ha sabido ser zorro, ése ha triunfado. Pero hay que saber disfrazarse bien y ser hábil en fingir y en disimular... Es preciso, pues, que tenga una inteligencia capaz de adaptarse a todas las circunstancias, y que, como he dicho antes, no se aparte del bien mientras pueda, pero que, en caso de necesidad, no titubee en entrar en el mal... Todos ven lo que parece ser, mas pocos saben lo que eres; y estos pocos no se atreven a oponerse a la opinión de la

excepcional, como es esta amnistía, debería contar con un gran consenso político, como lo tuvo en su día la Proposición de Ley de amnistía de 1977[9].

La Comisión de Venecia, organismo del Consejo de Europa que ha emitido informe específicamente sobre esta Proposición de LO [CDL-AD(2024)003, de 18 de marzo], ha dicho que:

> "[...] el proyecto de amnistía ha ahondado en una profunda y virulenta división en la clase política, en las instituciones, en el poder judicial, en la academia y en la sociedad de España. La Comisión anima a todas las autoridades y fuerzas políticas a que se tomen el tiempo necesario para entablar un diálogo significativo, en un espíritu de cooperación leal entre instituciones, así como entre la mayoría y la oposición, con el fin de lograr la reconciliación social y política, y a considerar la posibilidad de explorar la justicia restaurativa" (§ 127). Y "recomienda a las autoridades españolas, incluso aunque la Constitución no lo prevé, intentar alcanzar una mayoría cualificada superior a la mayoría absoluta de los miembros del Congreso necesaria para la adopción de una Ley Orgánica" (§ 128).

Una vez más quiero expresar mi agradecimiento a los compañeros que participan en esta obra por su excelente trabajo y a la Editorial Tirant lo blanch por permitirnos tenerla actualizada permanentemente.

En Oviedo, a 6 de mayo de 2024

LUIS ROCA DE AGAPITO

---

mayoría, que se escuda detrás de la majestad del Estado. Y en las acciones de los hombres, y particularmente de los príncipes, donde no hay apelación posible, se atiende a los resultados. Trate, pues, un príncipe de vencer y conservar el Estado, que los medios siempre serán honorables y loados por todos; porque el vulgo se deja engañar por las apariencias y por el éxito; y en el mundo sólo hay vulgo, ya que las minorías no cuentan sino cuando las mayorías no tienen donde apoyarse. Un príncipe de estos tiempos, a quien no es oportuno nombrar, jamás predica otra cosa que concordia y buena fe; y es enemigo acérrimo de ambas, ya que, si las hubiese observado, habría perdido más de una vez la fama y las tierras".

9 *BOCG*, Legislatura Constituyente, nº 16, de 11 de octubre de 1977, pp. 203 ss. Véase una relectura del alcance de esta Ley de 1977 en MANJÓN-CABEZA OLMEDA, *RECPC* 25-20 (2023), pp. 1 ss., quien, por cierto, considera que la amnistía no está constitucionalmente prohibida (p. 16) y que la amnistía del 77 "no fue una ley de punto final elaborada por y para genocidas" (p. 27), en comparación con las del 39 que sí fueron una "derogación a la medida de quienes habían delinquido bajo cierta ideología coincidente con la que provocó el golpe de Estado e inspiró el Movimiento Nacional. Era un Derecho Penal de autor al revés que eximía de responsabilidad en función de la ideología del autor" (p. 28).

Prólogo a la segunda edición

Después de cinco años desde la aparición de la primera edición de esta obra y del éxito que ha tenido entre el público al que está destinada, sus autores hemos decidido actualizarla. No se trata de hacer una remodelación en profundidad de este libro, que ya nació con una filosofía de sencillez y de contención, sino simplemente de recoger las novedades más destacadas que se hayan producido desde entonces, tanto a nivel legislativo, como jurisprudencial o doctrinal.

La anterior edición ya había recogido las importantes modificaciones que introdujo en el sistema de sanciones penales la LO 1/2015, de 30 de marzo (con su complemento, la LO 2/2015, de igual fecha). Por recordar tan sólo algunas de ellas, diremos que se modificó la clasificación de las penas, se introdujo la prisión permanente revisable, se cambiaron algunas reglas de determinación de la pena, igualmente las instituciones probatorias alternativas a la privación de libertad de corta duración se vieron profundamente afectadas, como también la naturaleza de la libertad condicional, la responsabilidad penal de las personas jurídicas, el régimen sustantivo y procesal del decomiso, o algunas causas de extinción de la responsabilidad penal.

Desde aquella gran reforma el Legislador ha vuelto a modificar el Código Penal en otras nueve ocasiones: las LLOO 1/2019, de 20 de febrero; 2/2019, de 1 de marzo; 2/2020, de 16 de diciembre; 3/2021, de 24 de marzo; 5/2021, de 22 de abril; 6/2021, de 28 de abril; 8/2021, de 4 de junio; 9/2021, de 1 de julio; y 4/2022, de 12 de abril. No obstante, no son reformas que hayan afectado en aspectos trascendentales a esta obra. Aun así, habría que destacar la **LO 8/2021, de 4 de junio, de Protección Integral de la Infancia y la Adolescencia frente a la Violencia**, la cual sí que ha introducido cambios dignos de reseñar en cuanto a las penas de inhabilitación y de trabajos en beneficio de la comunidad, así como también a las reglas de conducta para la suspensión de las penas e incluso al propio tratamiento penitenciario, algunas causas de extinción de la responsabilidad penal (de nuevo) o a la protección de esas víctimas vulnerables frente a la victimización secundaria que se pueda producir al contacto con el sistema de Administración de Justicia[1]. En este punto

---

1 Sobre las novedades que trae consigo la LO 8/2021, de 4 de junio, véase, por todos, González Tascón, «Observaciones a las novedades introducidas por la

quisiera destacar que gran parte de los autores de esta obra ya habíamos formado parte de un Proyecto de Investigación sobre el sistema de sanciones penales de cara al siglo XXI, y que ahora tratamos de darle continuidad con esta segunda edición.

También habría que destacar como novedad a nivel jurisprudencial la **STC 169/2021, de 6 de octubre**, en virtud de la cual el Tribunal Constitucional resolvió las dudas de posible vulneración de la Constitución por parte de la LO 1/2015, de 30 de marzo, en lo que se refiere a la regulación de la prisión permanente revisable. A pesar de que el Alto Tribunal haya admitido la constitucionalidad de esta pena, no ha sido una resolución sin discrepancias (cuenta con dos votos particulares firmados por tres magistrados), ha tenido que hacer además una interpretación de ciertos preceptos del Código penal para ajustarlos a la Constitución, y la propia mayoría que tomó esta decisión al final no deja de advertir que:

> "Este tribunal considera necesario, por ello, reforzar la función moderadora que el principio constitucional consagrado en el art. 25.2 CE [*reeducación y reinserción social*], y sus concretas articulaciones normativas, debe ejercer sobre la pena de prisión permanente revisable.
> En definitiva, las tensiones que el nuevo modelo de pena genera en el art. 25.2 CE precisan ser compensadas reforzando institucionalmente por medios apropiados la posibilidad de realización de las legítimas expectativas que pueda albergar el interno de alcanzar algún día su libertad".

Todas estas novedades, más otras que se irán desgranando a lo largo de la obra, es lo que justifica la aparición de una segunda edición, cuya estructura y distribución en cuanto al contenido y a la autoría sigue intacta. Desde aquí quisiera expresar mi agradecimiento a los compañeros que han querido actualizar su parte y también a la Editorial Tirant lo blanch por aceptar la publicación de esta nueva edición.

En Oviedo, a 9 de mayo de 2022

LUIS ROCA DE AGAPITO

Ley Orgánica de Protección Integral a la Infancia y la Adolescencia frente a la Violencia en relación con la materia penal», en *Diario La Ley* nº 9902 (29 de julio de 2021).

Presentación de la obra

La obra que el lector tiene entre sus manos se enmarca dentro de un Proyecto de Investigación del Programa Estatal de Investigación, Desarrollo e Innovación Orientada a los Retos de la Sociedad, financiado por el Ministerio de Economía y Competitividad del cual yo soy su Investigador Principal, y que se titula *Un sistema de sanciones penales para el siglo XXI (SSP-XXI)* (DER2015-63669-R). Varios miembros del equipo de investigación de este Proyecto decidimos a mediados de 2016 elaborar esta obra para realizar así una primera aproximación al sistema de consecuencias jurídicas del delito que actualmente está vigente en España. El motivo de esta decisión ha sido fundamentalmente la entrada en vigor de la Ley Orgánica 1/2015, de 30 de marzo, por medio de la cual se han introducido novedades muy importantes en nuestro sistema de sanciones penales. A este respecto cabe destacar la introducción de la llamada prisión permanente revisable, la regulación de los nuevos delitos leves, la reforma de la suspensión de la pena, de la libertad condicional, de la expulsión de extranjeros, del decomiso, de la cancelación de antecedentes penales, etc.

A partir de aquí, junto a los demás miembros del Proyecto llevaremos a cabo en los próximos años una revisión de aquellos aspectos que resulten más polémicos o conflictivos de este nuevo sistema punitivo español. Así pues, puedo emplazar ya al lector para que tras esta obra lea dentro de tres años (más o menos, que es la duración que tiene previsto el citado Proyecto), otro libro colectivo que verá la luz entonces.

Es por este motivo que la presente monografía, en principio, es más descriptiva que crítica. En particular, hemos querido prestar especial atención a la regulación legal, pero también a la jurisprudencia y al final de cada capítulo hemos recogido las sentencias más relevantes sobre cada uno de los temas abordados en este libro. Asimismo, y por dar una visión más realista, a la vez que didáctica, hemos planteado algunas cuestiones prácticas y documentos de interés que desarrollarían algunos aspectos de cada capítulo.

Para la redacción de este libro he tenido la suerte de contar con cualificados expertos en las consecuencias jurídicas del delito. Todos tenemos como líneas de investigación, con abundantes trabajos publicados que no procede detallar en estos momentos, aspectos directamente relacionados con la temática de la obra. Por ejemplo, María Marta González Tascón ha publicado varios libros sobre la pena de arresto de fin de semana, los trabajos en beneficio de la comunidad o el Derecho penal de menores; Ana Gutiérrez Castañeda ha publicado varios trabajos sobre las penas de privativas de derechos; Enrique Sanz Delgado es uno de los más destacados penitenciaristas españoles, no en vano es discípulo de Don Carlos García Valdés, el padre de nuestro actual Derecho penitenciario; y Félix Pedreira González es uno de los máximos expertos en la complicada materia de la prescripción de los delitos y las penas, pues precisamente fue el objeto de su tesis doctoral. Yo mismo tengo varios trabajos sobre el sistema de sanciones penales, y en particular, sobre la pena de multa y la responsabilidad personal subsidiaria por el impago de la misma.

La distribución de la obra ha sido la siguiente (por orden alfabético): Jesús Bernal del Castillo se ha encargado de redactar el § 23 del Capítulo 7; María Marta González Tascón ha confeccionado los Capítulos 3, 4 (§ 14), 8 y 9; Ana Gutiérrez Castañeda, el Capítulo 4 (§§ 12 y 13); Cristina López López, los Capítulos 7 (§§ 24-27 en coautoría) y 16; María Concepción Iglesias García, el Capítulo 10; Félix Pedreira González, el Capítulo 15; Luis Roca de Agapito, los Capítulos 1, 2, 6, 12 y 14; José María Roca Martínez, el Capítulo 13; Enrique Sanz Delgado, el Capítulo 11; y Sonia Victoria Villa Sieiro, los Capítulos 5 y 7 (§§ 24-27 en coautoría).

En Oviedo, a 10 de noviembre de 2016.

LUIS ROCA DE AGAPITO

Capítulo I

Sistema de consecuencias jurídicas del delito

LUIS ROCA DE AGAPITO

§ 1. INTRODUCCIÓN AL SISTEMA DE CONSECUENCIAS JURÍDICAS DEL DELITO

Las consecuencias jurídicas derivadas de la comisión de un hecho delictivo no se limitan, como a simple vista uno pudiera pensar, a las penas. El propio nombre de "Derecho penal" puede darnos esa equivocada impresión. Sin embargo, un delito puede comportar también que se impongan junto a las penas, o en algunos casos incluso en lugar de ellas, otras consecuencias, como serían: las medidas de seguridad, las consecuencias accesorias (el decomiso, fundamentalmente), las costas procesales y también la responsabilidad civil. Este sería, en sentido estricto, el catálogo de las consecuencias jurídicas del delito.

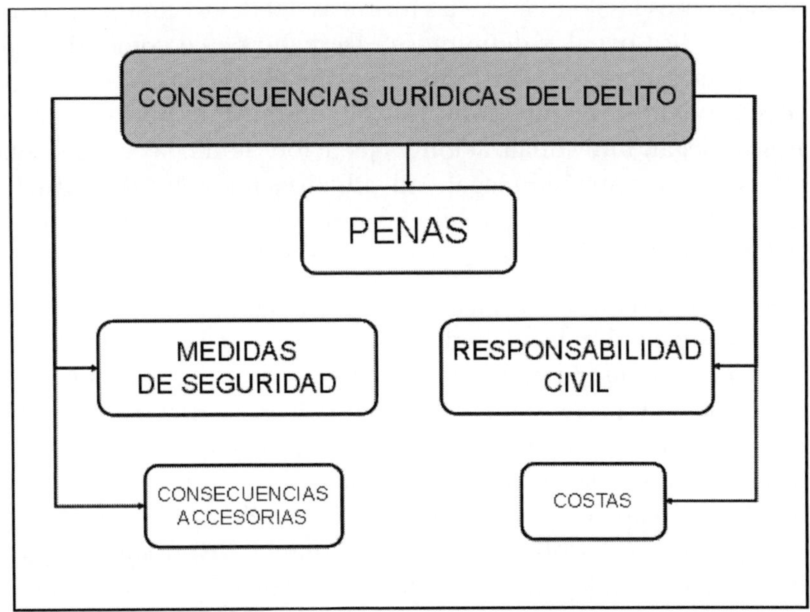

En sentido amplio se podrían incluir incluso otras previsiones del ordenamiento jurídico para el caso de la comisión de un hecho delictivo. Así, cabe mencionar aquí todo el amplio elenco de medidas cautelares que se pueden adoptar tras la presunta comisión de un delito (prisión provisional, fianzas, órdenes de alejamiento, etc.), que, aunque no estén vinculadas a una infracción penal probada, sí que tienen como presupuesto la realidad de un hecho, en principio, criminal. Igualmente, se puede considerar en sentido amplio consecuencia jurídica del delito la repercusión que los antecedentes penales tienen en muchos ámbitos (por ejemplo, a efectos de permisos de residencia y de trabajo, de acceso a ciertas profesiones o empleos, de obtención de licencias, etc.). Del mismo modo, se puede aludir también a las ayudas económicas para víctimas de delitos violentos y contra la libertad sexual, de terrorismo y también para víctimas de violencia de género. Y todavía se podrían traer a colación más efectos jurídicos asociados a hechos criminales, como el poder ser motivo de desheredación (arts. 852 CC) o de incapacidad para suceder (art. 756 CC), o de impedimento para contraer matrimonio (art. 47 CC), o de disolución de la sociedad de gananciales (art. 1393 CC), o el reconocimiento de la filiación y alimentos en los delitos sexuales (art. 193 CP), o la asunción por parte de la Administración de la tutela de menores víctimas de delitos (art. 233 CP y Ley 1/1996, de 15 de enero, de Protección Jurídica del Menor), etc.

Si concebimos las consecuencias jurídicas del delito como una parte de la norma jurídica penal, y definimos el Derecho penal como el conjunto de estas normas, podemos decir entonces que el sistema de consecuencias jurídicas del delito está integrado por el conjunto de normas relativas a la previsión legal, individualización y ejecución de dichas consecuencias. Estos tres aspectos: previsión legal, individualización y ejecución, integran, pues, el contenido fundamental de las normas relativas a las consecuencias jurídicas del delito.

La primera parte del sistema de consecuencias jurídicas del delito está dedicada a su previsión legal, es decir, a establecer cuáles son las distintas clases o tipos de consecuencias, así como a precisar para qué sirven y qué consecuencias son las más adecuadas para alcanzar dichos fines en cada delito. Conforme a ello, integran esta parte no sólo normas previstas en el Libro I del CP («Disposiciones generales sobre los delitos, las personas responsables, las penas, medidas de seguridad y demás consecuencias de la infracción penal»), sino también todas aquellas disposiciones que asignan consecuencias a los distintos tipos de la Parte Especial. La elección de la clase e intensidad de la consecuencia a imponer no es una cuestión arbitraria, sino que se encuentra sujeta a unos determinados límites, que se derivan de la configuración de España como un Estado social y democrático de Derecho (art. 1 CE). También la venganza se podría considerar una consecuencia del delito, pero precisamente porque no está sujeta a límites, nunca se la podría considerar como una consecuencia jurídica.

Límites del *ius puniendi*. Límites derivados del Estado		
de Derecho	sometimiento al Derecho	principio de legalidad
social	exigencia de la necesidad de la intervención penal	principio de exclusiva protección de bienes jurídicos
		principio de intervención mínima: subsidiariedad y fragmentariedad
		principio de efectividad o de utilidad de la intervención penal
democrático	respeto a la dignidad humana	principios de culpabilidad y de peligrosidad criminal
		principios de proporcionalidad y de *non bis in idem*
		principios de humanidad y de resocialización

La segunda parte del sistema de consecuencias jurídicas del delito se refiere a su individualización o determinación en el caso concreto. La norma jurídica penal no prevé consecuencias más que con carácter general, que luego es preciso adecuar a las circunstancias de cada caso concreto atendiendo a razones de justicia (merecimiento) o de necesidad (utilidad). Esta individualización de la respuesta jurídica está también regulada por una serie de normas que limitan las facultades de los jueces y magistrados en este terreno, teniendo particular relevancia las reglas relativas a la determinación de las penas (*infra* §§ 23 ss.).

Finalmente, la tercera parte del sistema de consecuencias jurídicas del delito comprende su ejecución, pues de nada habría servido todo lo anterior, si al final las consecuencias del delito se pudiesen ejecutar de cualquier manera, sin respetar ciertos principios básicos del Estado social y democrático de Derecho que limitan y a la vez legitiman el *ius puniendi*. Dentro de lo que sería este Derecho de la ejecución sobresale, por su importancia, el Derecho penitenciario, el cual se ocupa en particular de la ejecución de las penas privativas de libertad (*infra* §§ 37 ss.).

§ 2. MONISMO, DUALISMO Y SISTEMA VICARIAL

Es cierto que la consecuencia jurídica del delito por antonomasia es la pena. Sin embargo, dejando por ahora al margen otras consecuencias también relevantes, la discusión de los penalistas ha girado sobre todo en torno a cuál podrá ser la relación existente entre las dos respuestas más importantes hacia el hecho delictivo: la pena y la medida de seguridad. Como es lógico, dicha relación dependerá de cómo se conciba una y otra. Si la pena se concibe como retribución por el hecho cometido y la medida de seguridad como prevención de futuros delitos, está claro que el sistema de consecuencias jurídicas del delito podrá seguir un doble camino o una "doble vía" en la respuesta a la comisión de una infracción penal, si es que se admiten esas dos metas como fines legítimos que deba perseguir el Derecho penal. Si, por el contrario, la pena y la medida de seguridad se conciben de la misma manera, como instrumentos de defensa de la sociedad, es decir, desde un punto de vista preventivo, al Derecho penal le bastaría con reaccionar de una única manera. De este modo, el sistema de consecuencias jurídicas se podría reducir a una "única vía": bien la pena o bien la medida. Por último, también cabría pensar en la posibilidad de que ambas consecuencias jurídicas pudiesen sustituirse mutuamente, esto es, reconocer su vicariedad. Por tanto, tres son los sistemas fundamentales que se han ideado al respecto: el dualista, el monista y el vicarial.

El debate que ha surgido en torno al dualismo o al monismo en el sistema de consecuencias jurídicas del delito tiene también gran importancia desde un punto de vista práctico, porque aquellos supuestos en que se juzguen a semiimputables, en principio, se les podría imponer las dos consecuencias a la vez.

Desde el punto de vista de un dualismo puro, si la pena y la medida de seguridad son distintas, en cuanto a su naturaleza, estructura y funciones, resulta obligado que el Derecho penal utilice esas dos reacciones distintas. Es esencial, por tanto, para los sistemas "dualistas" o de "doble vía" que se acumulen ambas consecuencias jurídicas. Por lo tanto, a los semiimputables debería imponerse, en principio, las dos. Además, se entendía que por exigencias de justicia retributiva la pena debía cumplirse con prioridad a la medida.

El problema fundamental del sistema dualista puro es que en su puesta en práctica ha demostrado ser irracional e injusto. La ejecución de la medida de seguridad después de la pena resulta criticable, porque las personas a las que se pueden aplicar simultáneamente ambas consecuencias (el semienfermo mental, el alcohólico o el toxicómano) son casos patológicos que ven aplazado el comienzo de su tratamiento, y cuya anormalidad impedirá, en muchas ocasiones, la adaptación a la disciplina del establecimiento penitenciario donde primero tendrán que cumplir la pena. Puede suceder, además, que tras haber cumplido ésta, ya no tenga sentido imponer la medida de seguridad correspondiente, porque debido al tiempo transcurrido resulte ya completamente inútil. Lo cual redunda en otra de las críticas que se señalan al dualismo, que comporta un doble castigo.

El fracaso del sistema dualista puro frente a cierto ámbito de la delincuencia (fundamentalmente el formado por los semienfermos mentales peligrosos), llevó a un cierto sector de la doctrina a proponer –hay que decir que sin mucho éxito en el terreno legislativo (quizás el más destacado haya sido el Proyecto Ferri de 1921)– su sustitución por una solución monista.

El monismo toma como punto de partida el que la pena y la medida de seguridad no se distinguen en cuanto a su naturaleza, fundamento y fines, por lo que no tiene sentido prever dos consecuencias distintas. En este sentido, diversas corrientes doctrinales han propugnado la absorción de la pena por la medida, como fueron la *Scuola Positiva* o la *Nueva Defensa Social.* Sin embargo, a pesar de que el monismo intentó superar los inconvenientes que se dirigían en contra de un dualismo puro, él mismo ha sido también objeto de críticas muy importantes.

En el plano conceptual se ha dicho que el monismo o la vía única supone una confusión de los principios dogmáticos que inspiran a la pena y a la medida de seguridad y que en la práctica puede provocar resultados políticos poco deseables, en cuanto que no se ponen límites a la intervención estatal. El ejemplo por antonomasia de la carencia de límites lo tenemos en la pena privativa de libertad de duración indeterminada, en virtud de la cual mientras un sujeto siga siendo peligroso para la sociedad habría que privarle de libertad. En este sentido, el monismo pecaría por exceso. Sin embargo, esa duración ilimitada, justificada únicamente en fines utilitaristas de defensa de la sociedad, resulta injusta, porque atenta contra la dignidad humana, dado que incurre en la conocida crítica kantiana de utilizar al hombre como medio para conseguir un fin. Además, se produciría un vaciamiento moral de la respuesta punitiva al otorgar el mismo significado a la responsabilidad del sano de mente y a la peligrosidad del enajenado.

Por otra parte, la vía única tiene otro grave inconveniente, que es la delincuencia ocasional. En este caso, el monismo pecaría por defecto, ya que la respuesta penal no sería necesaria. En efecto, según el monismo, si la sanción penal atiende exclusivamente a fines preventivos especiales o individuales (para que el que ya cometió un delito no vuelva a cometer más en el futuro), carecería de justificación para los delincuentes ocasionales, que precisamente por definición no presentan esa probabilidad de volver a cometer un hecho delictivo, pues su contacto con la criminalidad es esporádico. Por ello, la vía única dejaría de castigar este tipo de delincuencia en detrimento de la prevención general o colectiva, lo cual generaría una –esa sí, peligrosa– sensación de impunidad.

Cabría pensar también en otra posibilidad monista, que consistiría en la desaparición de la medida de seguridad, quedando únicamente la pena. Las razones que se han esgrimido en este sentido han sido dos fundamentalmente: por un lado, el fracaso de las medidas de seguridad para contener el auge de la criminalidad, y por otro, porque es una burla al principio de legalidad fundamentar la imposición de las medidas en la peligrosidad criminal, es decir, en una futura posibilidad de comisión de un delito, y no en un delito realmente cometido.

Sin embargo, estas dos razones no resultan convincentes. Es cierto que hay que reconocer cierto fracaso de las medidas de seguridad en relación con la evitación de la reincidencia y de la delincuencia habitual. Sin embargo, no se debe olvidar que las medidas de seguridad constituyen, hoy por hoy, el único recurso jurídico-penal viable frente a los autores peligrosos inimputables o con imputabilidad disminuida. Además, las garantías de seguridad jurídica derivadas del principio de legalidad también pueden satisfacerse en esta materia exigiendo que la peligrosidad criminal deba ser postdelictual, que impere el principio de proporcionalidad y de intervención mínima, señalando límites temporales a la duración de las medidas de seguridad, sin olvidarse de las garantías de un proceso debido y de una adecuada ejecución de las medidas de seguridad. Por todo ello, la supresión de las medidas de seguridad postdelictuales supondría un grave error e implicaría un retroceso a tiempos decimonónicos.

Las críticas que se han formulado a los sistemas antes aludidos explican que se intentase aportar una solución de compromiso entre el dualismo puro y el monismo, la cual ha venido de la mano del llamado sistema vicarial.

El punto de partida de este sistema es que no existe una contradicción insuperable entre la pena y la medida de seguridad, pues aunque ambas puedan tener aspectos que las separan, sin embargo, también hay puntos que las acercan, como que también la pena tiene carácter prospectivo y sirve para prevenir delitos en el futuro, o que la medida no deja de tener también cierto aspecto retrospectivo, ya que es un mal que trae causa en la previa comisión de un delito y a la vez sirve para reforzar la vigencia de la norma jurídica penal. Por ello, en principio, se puede pensar en el intercambio o sustitución de pena y medida de seguridad en la ejecución. En efecto, el sistema vicarial se distingue, sobre todo, en el ámbito de la ejecución de la pena y de la medida. Según este sistema, ante la concurrencia de ambas, primero se cumplirá la medida y además no se acumulará posteriormente al cumplimiento de la pena. Esto significa que no sólo se podrá adelantar la ejecución de la medida a la pena, a diferencia de lo que sostenía el dualismo puro, sino que también el tiempo de ejecución de la medida será computado al de la pena, con la posibilidad adicional de que el resto de pena que quede por cumplir, atendidas las circunstancias del caso, pueda ser suspendida.

El sistema vicarial se introdujo en nuestro ordenamiento jurídico en 1983, al incorporar un nuevo párr. 2º en el art. 9.1 del anterior CP. El actual CP consagra también el sistema vicarial en el art. 99. No obstante, la regulación vigente de las medidas de seguridad puede poner en tela de juicio que verdaderamente estemos ante un sistema vicarial puro. En particular, si tenemos en cuenta la mala formulación del principio de proporcionalidad en el ámbito de las medidas de seguridad (*infra* § 33), que tiende a evitar que se apliquen a un mismo sujeto, por el mismo hecho, una pena y una medida de seguridad privativas de libertad; y sobre todo, tras la introducción en 2010 de la libertad vigilada como medida de seguridad (*infra* § 34), que se puede imponer a sujetos plenamente imputables, se cumple después de una pena de prisión y cuyo contenido no queda determinado en el fallo judicial condenatorio (arts. 106, 140 *bis*, 156 *ter*, 173.2, 192 y 579 *bis*). Por lo demás, cuando ni la pena, ni la medida comportan privación de libertad, corresponde la acumulación de ambas consecuencias, por lo que tampoco habría desaparecido por completo el sistema dualista puro.

En los últimos tiempos se ha ido asentando en nuestro país una configuración del sistema de consecuencias jurídicas del delito en el que no existe una separación tajante entre pasado y futuro, entre penas y medidas de seguridad, sino que ambas perspectivas cohabitan a la vez. Esto se puede observar en el sistema de sanciones para las personas jurídicas (*infra* § 51), pero también en el tradicional de las personas físicas, que cada vez más se encuentran sometidas a lo que se denomina una penología del control o de la seguridad, en virtud de la cual no se trata tanto de castigar reduciendo el ejercicio de ciertos derechos a los condenados, como de sancionar con el único objetivo de neutralizar un riesgo delictivo. Así, por ejemplo, que se haya previsto la posibilidad de aplicación conjunta de penas y medidas de seguridad a sujetos plenamente imputables, según se acaba de apuntar, o la cada vez más intensa utilización de medios telemáticos de vigilancia o la reciente introducción de la identificación genética como una consecuencia más del delito, son todos ellos ejemplos que discurren en esta línea penológica. De igual modo, las penas interdictivas impuestas a las personas físicas tienen una finalidad preventivo especial preponderante propia de las medidas de seguridad, sin que ello les quite su naturaleza de penas. Es más, el contenido de muchas de estas penas coincide exactamente con el de las medidas de seguridad (p.ej., la prohibición de aproximarse a la víctima o de comunicarse con ella, la inhabilitación profesional, la privación del derecho a conducir vehículos a motor y ciclomotores, la privación del derecho a la tenencia y porte de armas, la expulsión de territorio nacional). En este sentido también va encaminado el hecho de que las penas accesorias puedan llegar a tener una duración mayor que la correspondiente a la pena ajustada a la culpabilidad (se permite y en algunos casos se obliga a imponer penas por un tiempo superior al de la duración de la pena de prisión impuesta en la sentencia). En fin, la propia prisión permanente revisable no dejaría de ser la culminación de semejante penología del control, con la que se viene a destruir un principio básico del sistema penal clásico asociado a la seguridad jurídica, como es el de la pena de duración determinada.

§ 3. UN MODELO INTEGRADOR COMO TERCERA VÍA DE REACCIÓN FRENTE AL DELITO

La comisión de un delito genera una pluralidad de expectativas para las distintas partes implicadas en el conflicto. Tradicionalmente el modelo de reacción frente al delito ha sido un modelo disuasorio, con el que se pretendía prevenir la criminalidad exclusivamente a través del castigo del delincuente, tratando de conseguir de este modo un efecto disuasorio en los demás y de refuerzo de las normas penales. Posteriormente surgió un modelo resocializador en el que se presta atención a los intereses que pueda tener el delincuente en obtener los medios necesarios para poder llevar a cabo una vida en sociedad sin volver a delinquir. Y en los últimos tiempos, cada vez es más notable el protagonismo que cobran las víctimas en el sistema de justicia penal, dando lugar a lo que se ha denominado un modelo integrador, porque no parece lógico, ni justo, que el sistema de consecuencias jurídicas del delito se olvide de dar satisfacción a los intereses de las víctimas.

Esta actual sensibilidad hacia las víctimas y hacia sus derechos viene de la mano del reconocimiento de los derechos humanos después de las atrocidades cometidas en la II Guerra Mundial, pero obedece también al desarrollo de una nueva ciencia: la Victimología. Esta ciencia, aparte de estudiar los padecimientos que sufren las víctimas como consecuencia de la comisión de un delito y tratar de remediarlos lo mejor posible, ha permitido constatar también la trascendencia que tiene la víctima en la prevención de la delincuencia, sobre todo para aquellas estrategias de prevención basadas en los efectos del enjuiciamiento, sanción y tratamiento de los delincuentes, ya que la víctima, en muchas ocasiones, se convierte en la llave del sistema penal, y sólo la criminalidad que atraviesa el filtro de la denuncia permite poner a prueba la eficacia de los mecanismos represores del Estado.

Pero satisfacer de los intereses de las víctimas o reconocer sus derechos no se trata sólo de una cuestión pragmática de conseguir una mayor eficacia del sistema de justicia penal, sino que resulta también obligado por razones de justicia. Un Estado social y democrático de Derecho solamente se consolida éticamente si defiende una solidaridad cívica para con las víctimas, y cualquier intento de regenerar el presente quedaría deslegitimado si se actúa al margen de ellas.

En este discurso promocional de los derechos de las víctimas ha cobrado una importancia básica la necesidad de neutralizar la llamada *victimización secundaria*, esto es, los daños y perjuicios que sufre la víctima de un delito al contacto con el sistema de justicia penal formal; y así, la Victimología procesal, a lo largo de estos años, ha ido produciendo una serie de reformas orientadas a neutralizar dicha victimización secundaria y que han culminado con la aprobación del Estatuto de la víctima del delito, por medio de la Ley 4/2015, de 27 de abril. Pero la promoción de los derechos e intereses de las víctimas no acaba ahí. Una política penológica especialmente sensible a los intereses de las víctimas debe tener como norte también la *reparación* del daño sufrido.

En las últimas décadas, particularmente a finales del siglo pasado, se han hecho distintas propuestas para introducir la reparación como una sanción más junto a las penas y las medidas de seguridad, a modo de una tercera vía. Desde este punto de vista, la reparación del daño no sería una cuestión meramente civil (entre dos particulares), sino que contribuiría también a la consecución de los fines propios del sistema penal. Tiene un efecto resocializador, pues obliga al autor a enfrentarse con las consecuencias de su hecho y a aprender a conocer los intereses legítimos de la víctima. Puede ser experimentada por él, a menudo más que la pena, como algo necesario y justo y puede fomentar un reconocimiento de las normas. Por último, la reparación del daño puede conducir a una reconciliación entre autor y víctima y, de este modo, facilitar la integración del culpable. Además, la reparación del daño puede contribuir considerablemente a la restauración de la paz jurídica, pues sólo cuando se haya reparado el daño, la víctima y la comunidad considerarán eliminada la perturbación social originada por el delito.

La aparición de otras alternativas al sistema penal tradicional orientadas hacia la idea de la reparación y de la conciliación ha tenido también otras manifestaciones, como han sido el abolicionismo y la privatización.

El abolicionismo entiende que el sistema penal se halla en crisis, sobre todo, su respuesta por excelencia: la cárcel. Pero el abolicionismo no critica sólo la cárcel, sino que propugna la desaparición de todas las instituciones del sistema penal: los tribunales de justicia, la policía, las instituciones penitenciarias... Lo que defiende es que sea la propia sociedad la que regule los conflictos sociales. El Estado sería un "ladrón del conflicto" y su resolución debería devolverse a sus "legítimos propietarios".

No podemos entrar ahora a criticar con profundidad el abolicionismo, pero hoy por hoy esta postura resulta demasiado utópica y comporta el peligro de retornar a la antigua venganza privada o a la ley de Lynch. No obstante, es preciso reconocer que el abolicionismo ha sido uno de los precursores de la conciliación víctima-delincuente y de búsqueda de soluciones desinstitucionalizadas al conflicto.

La privatización, a diferencia del abolicionismo, no pone en cuestión las instituciones del sistema penal, sino solamente su gestión. Y es que este fenómeno ha ido asentándose en amplios sectores del sistema penal: desde la elaboración de las leyes penales, a través de diferentes grupos de presión, pasando por el enjuiciamiento de los delitos, como sucede con la búsqueda de mecanismos de solución alternativa de conflictos (ADR, en inglés *Alternative Dispute Resolution*) (*infra* §§ 58 ss.) o la llamada *plea bargaining* o justicia negociada, hasta la misma ejecución de las penas o también el mantenimiento de la seguridad pública, antaño funciones asignadas en exclusividad al Estado a través de la policía y de las instituciones penitenciarias. En este sentido, por ejemplo, hoy resultaría inimaginable suprimir las empresas de seguridad privada, pero quizás el caso más exacerbado de lo que constituye la privatización en este terreno haya sido la implantación de cárceles privadas gestionadas por empresas con ánimo de lucro y que hasta cotizan en bolsa, como la *Corrections Corporation of America* (CCA) y el *GEO Group*.

El problema de esta privatización lucrativa es que las empresas dedicadas a estas actividades no persiguen reducir la delincuencia, al contrario, cuanta más criminalidad haya, mejor irá su negocio. El objetivo último de estas empresas es maximizar los beneficios, por lo que cuanto más duras sean las leyes penales, más penas se impongan y éstas duren más, mejor les irá. Por otro lado, esta filosofía empresarial fomentará el sentido incapacitador de la sanción penal, minimizando la inversión en medios resocializadores y centrándose exclusivamente en la mera retención y custodia del reo, y en última instancia en su segregación de la sociedad. Ahora bien, no toda privatización en este terreno tiene por qué resultar criticable, es más, una participación no gubernamental sin ánimo de lucro, que contribuya a la educación y formación profesional de los internos, así como a ofrecer trabajo productivo en los centros penitenciarios es absolutamente necesaria y encomiable.

De los posibles significados que pueden otorgarse a la reparación, algunos deben ser rechazados. Ha de rechazarse, en primer lugar, un concepto amplio de reparación como equivalente a restauración de la relación perturbada por el delito entre el delincuente, por un lado, y el Estado, la víctima y la sociedad, por otro. Así entendida, cualquier reacción al hecho punible sería una clase de reparación. En segundo lugar, tampoco se pueden considerar reparación aquellas prestaciones materiales que reciba la víctima con cargo al Erario público, como son las compensaciones a víctimas del terrorismo, de delitos violentos y contra la libertad sexual o de violencia de género. Por reparación hay que entender, por el contrario, aquella prestación por parte del responsable penal que se dirija a compensar el daño ocasionado a la víctima del delito.

Entendida así la reparación, ésta se puede integrar en el sistema de consecuencias jurídicas del delito de dos modos distintos. En primer lugar, existe una concepción restringida, en virtud de la cual la reparación sólo puede situarse en una relación de dependencia con las sanciones penales y se trataría exclusivamente de la compensación por parte del responsable penal de los efectos civiles del delito, con lo cual la reparación no perdería su naturaleza civil. Y, en segundo lugar, una concepción amplia o tercera vía, a la que antes se aludió, que considera la reparación como una consecuencia jurídica autónoma.

Nuestro ordenamiento jurídico mantiene actualmente una concepción restringida de la reparación, en el sentido de que su contenido material habrá de coincidir con el contenido de la responsabilidad civil derivada del delito: restitución, reparación o indemnización (*infra* § 44). En este sentido, se han previsto diversas disposiciones mediante las cuales se pretende contribuir a que la víctima obtenga con mayor facilidad la indemnización civil por parte del autor del delito. Esto se consigue de dos modos: o bien castigando a quien dificulte, impida o no colabore en que se haga efectivo un procedimiento de ejecución judicial (art. 258); o bien concediendo un privilegio al autor que cumple con su obligación civil o que se esfuerza en cumplirla, como sucede en el ámbito de *medición de la pena* a través de la atenuante de reparación del daño (art. 21.5ª); o en el ámbito de los *sustitutivos penales,* en que la reparación es tenida en cuenta como presupuesto para la concesión de la suspensión de la ejecución de penas privativas de libertad de corta duración (arts. 80 y 308 bis); o también durante la *ejecución de la pena,* en que se ha previsto que la reparación incida en el régimen penitenciario, pues para poder ser clasificado en tercer grado se tiene que haber satisfecho (art. 72.5 y 6 LOGP), lo cual incide igualmente en la posibilidad de obtener la libertad condicional (art. 90.1), e incluso, tras su excarcelación, en la percepción del subsidio por desempleo (art. 274.2 LGSS); o finalmente, la satisfacción de la responsabilidad civil puede influir en la imposición del decomiso, para el cual se ha previsto como criterio ponderativo a efectos de no decretarlo, o decretarlo sólo parcialmente (art. 128).

BIBLIOGRAFÍA

De la Cuesta Arzamendi, J.L.: «Consecuencias menos visibles (u ocultas) de la condena en el sistema español», *RP* 50 (2022), 53; Galain Palermo, P.: «¿La reparación del daño como "tercera vía" punitiva? Especial consideración a la posición de Claus Roxin», *REDUR* 3 (2005); Herrera Moreno, M.: «Introducción a la problemática de la conciliación víctima-ofensor. Hacia la paz social por la conciliación», *RDPC* 6 (1996), 377; eadem, *La Hora de la Víctima. Compendio de victimología,* EDERSA, Madrid, 1996; de Jorge Barreiro, A.: «Directrices político-criminales y aspectos básicos del sistema de sanciones en el Código Penal español de 1995», *AP* 2000, 487; Mapelli Caffarena, B.: «Nuevas tendencias penológicas: Hacia la penología del control», en Liber amicorum: *Estudios jurídicos en homenaje al profesor doctor Juan Ma Terradillos Basoco,* Tirant lo blanch, Valencia, 2018, 427; Muñoz Conde, F.: «Monismo y dualismo en el Derecho penal español», *EPC* t. VI (1983), 215; Quintero Olivares, G.: «Reflexiones sobre el monismo y el dualismo ante el Proyecto de Código penal», en *La reforma penal y penitenciaria,* Universidad de Santiago de Compostela, 1980, 569; idem, «Las penas en el siglo XXI», en *Un sistema de sanciones penales para el siglo XXI,* Tirant lo blanch, 2019, 33; Roxin, C.: «Pena y reparación», *ADPCP* 1999, 5 (trad. E. Gimbernat Ordeig); Sanz Morán, A.: «Penas y medidas de seguridad en el Código Penal de 1995», en *Estudios Jurídicos del Cuerpo de Secretarios Judiciales,* t. IV, 1997, 281; idem, *Las medidas de corrección y de seguridad en el Derecho penal,* Lex Nova, Valladolid, 2003; Silva Sánchez, J.M.: «La regulación de las medidas de seguridad (art. 6)», en ídem, *El nuevo Código Penal: cinco cuestiones fundamentales,* J.M. Bosch, Barcelona, 1997; Tamarit Sumalla, J.M.: «Sistema de sanciones y política criminal», *RECPC* 09-06 (2007); IDEM, «¿Hacia un sistema europeo de sanciones penales?», *LH-Gimbernat Ordeig* (2008), 1647.

Jurisprudencia

SSTS 1754/2003, 26-12 (aplicación del sistema vicarial a los supuestos de atenuantes de drogadicción); 43/2014, 5-2 (eximente incompleta: internamiento en centro adecuado para el tratamiento médico psiquiátrico de la anomalía psíquica apreciada y pena); 356/2015, 10-6 (delito de incendio, eximente incompleta de alteración psíquica, internamiento en centro psiquiátrico penitenciario y pena de prisión); 840/2015, 30-12 (descuento de la prisión preventiva del máximo legal de la medida de seguridad de internamiento).

Cuestiones prácticas

¿Sería posible abolir el sistema penal? (Ver HASSEMER, W.: «Contra el abolicionismo: acerca del porqué no se debería suprimir el Derecho penal», *RP* 11 (2003), p. 34 ss. (trad. M. Ontiveros Alonso)].

¿Qué hay detrás de la privatización de las prisiones? (Ver SANZ DELGADO, E.: «El dinero es la clave. Modelos penitenciarios privatizados», en *Un sistema de sanciones penales para el siglo XXI*, Tirant lo blanch, Valencia, 2019, 209).

Capítulo II

Las penas

LUIS ROCA DE AGAPITO

§ 4. CONCEPTO Y JUSTIFICACIÓN DE LAS PENAS

La pena consiste en la privación o restricción de derechos, establecida por la ley e impuesta por el Estado por medio de sus órganos jurisdiccionales y con las garantías de un proceso destinado a este fin, al culpable de la comisión de un delito.

En esta definición cabe destacar **tres ideas**: 1) la pena se configura como un mal; 2) se resaltan los aspectos garantistas que rodean su imposición; y 3) solamente se impondrá como justa retribución por la comisión de manera culpable de una infracción penal.

Por lo que al primer aspecto se refiere, el contenido de la pena consiste materialmente en un mal. De hecho, la pena puede ser tan lesiva como algunos hechos delictivos. En sentido naturalístico, por tanto, y pese a que en algunas ocasiones se haya pretendido que la pena sea un bien, la **pena es un mal**. Y ello con independencia de que el reo no la valore como tal, sino que incluso pudiera cumplirla con agrado. No por ello la sanción dejará de ser una pena.

El que la pena sea un mal es una característica que comparte también con otras sanciones previstas en el ordenamiento jurídico. Ahora bien, en estos sectores del ordenamiento, el castigo ocupa una posición marginal, puramente instrumental; sin embargo, la pena es consustancial al Derecho penal y constituye su propia seña de identidad.

La Administración civil, a través de su poder sancionatorio, no puede imponer en España castigos que, directa o subsidiariamente, signifiquen una efectiva privación de libertad del ciudadano, porque lo prohíbe el **art. 25.3 CE**. No obstante, existen sanciones (civiles y administrativas) que, desde un punto de vista material no se diferencian de las sanciones penales, de las penas genuinas. Por ejemplo, las sanciones pecuniarias, como la multa, o las sanciones privativas de derechos, como la privación del derecho a conducir vehículos a motor o ciclomotores o del derecho a la tenencia y porte de armas.

Para diferenciar estas sanciones de las penas, el CP asume explícitamente un **concepto formal** de pena en su **art. 34**, al declarar que «no se reputarán penas» determinadas consecuencias jurídicas aflictivas de naturaleza procesal, unas veces, y cautelar, gubernativa o disciplinaria, otras. Desde un punto de vista formal, «penas» son sólo y exclusivamente ciertas consecuencias jurídicas que reúnen las siguientes características: 1ª. Se prevén y regulan en el CP, precisamente bajo ese *nomen iuris* (Tít. III «De las penas» del Lib. I). 2ª. Las penas tienen como *presupuesto* exclusivo la comisión culpable de un hecho delictivo previsto en el CP o en la legislación penal especial. No son penas, por tanto, las sanciones que se impongan por infracciones civiles o administrativas. 3ª. Las penas se imponen por los *Jueces y Tribunales de lo criminal* en sus sentencias, dictadas de acuerdo con las leyes procesales, después de un determinado procedimiento establecido en la LECr (**art. 3.1 CP**). Además, se *cumplen y ejecutan* en la forma prevista por las Leyes y Reglamentos bajo el control de los Jueces y Tribunales competentes (**art. 3.2 CP**).

Sentado el carácter aflictivo de la pena y su distinción con otras sanciones, hay que decir que la pena se ejecuta de una determinada forma y dentro de unos límites. El sometimiento a límites es lo que convierte la mera causación de un mal en una consecuencia jurídica derivada de la comisión de un delito (*supra* § 1). Esta especial y determinada forma en que se ejerce la facultad punitiva comporta el segundo de los caracteres de la pena que habíamos resaltado al principio: la imposición de este mal en que consiste la pena ha de estar rodeada de una serie de garantías, entre las que sobresalen, por encima de todas, aquellas que se aglutinan entorno al **principio de legalidad de las penas** (*nulla poena sine lege*) (arts. 25.1 CE; 1, 2 y 3 CP; 1 y 990 LECr; 2 LOGP y 3 RP; 11 DUDH, 7 CEDH y 15 PIDCP).

El tercero de los caracteres de la definición de pena es que solamente quien haya cometido de manera culpable una infracción penal puede sufrir la imposición de una pena. Con este elemento de la definición se está reconociendo dos notas básicas de la pena: por un lado, su naturaleza retributiva, y por otro, la culpabilidad como fundamento.

La **naturaleza retributiva** de la pena la podemos deducir de ciertos aspectos del propio Derecho positivo, como son: 1º. La estructura de los preceptos del CP obliga a concebir el delito como presupuesto y la pena como su consecuencia (*supra* § 1). 2º. Los Tribunales deben acudir al Gobierno para reclamar la necesaria proporción de la pena, si es que consideran que es «notablemente excesiva, atendidos el mal causado por la infracción y las circunstancias personales del reo» (art. 4.3). 3º. Diversos artículos consagran la adecuación de la pena a la gravedad del mal causado: a mayor injusto le corresponde también mayor pena. 4º. La pena también se establece en función de la culpabilidad del autor: a menor culpabilidad corresponde también menos pena.

En cuanto a **la culpabilidad como fundamento de la pena** es sobradamente conocida la polémica que existe al respecto, y en la cual no vamos a entrar. No obstante, sí diremos que en este tema partimos de la libertad del hombre en su comportamiento. Es cierto que el ser humano no es completamente libre en su actuar, pues está influido por múltiples factores, pero tampoco se podría decir que se encuentre fatalmente abocado a delinquir. El hombre ni es completamente libre, ni está absolutamente determinado. El hombre posee un amplio margen de decisión en sus comportamientos, y en el uso que haga de dicha libertad es donde radica, a nuestro juicio, la posibilidad de atribuirle una responsabilidad penal.

Son muchos los autores que ponen en cuestión el principio de culpabilidad debido a la indemostrabilidad del «poder actuar de otro modo». Pero también son muchos los que opinan que no puede ponerse en duda la existencia del libre albedrío, o si no es así, al menos habrá que presuponerla. En realidad, la discusión acerca del determinismo o del indeterminismo debería plantearse en otro nivel distinto al de la causalidad. La libertad, igual que la dignidad humana, no es un suceso del mundo físico, sino del valorativo. El principio que regula la responsabilidad humana no es la causalidad, propio de las ciencias de la naturaleza, sino la imputación, que es el principio relativo a las ciencias que estudian al hombre, no como es, sino como debe ser.

Presuponer la libertad del hombre resulta de trascendental importancia, porque cumple dos funciones básicas respecto al *ius puniendi* del Estado. Por un lado, el principio de culpabilidad **legitima** la aplicación del cruel mal que es la pena ante el propio afectado, siempre que éste pudiese y le fuese exigible evitar el delito. Pero, por otro lado, el principio de culpabilidad **limita** el *ius puniendi* estatal en cuanto que no se podrá rebasar por razones de prevención delictiva.

El principio de culpabilidad, a diferencia de lo que acontece con el principio de legalidad penal, no se encuentra reconocido expresamente por la regulación legal. No existe ninguna cláusula que diga «no hay pena sin culpabilidad». Por el contrario, el **art. 5** se limita a señalar que «no hay pena sin dolo o imprudencia», que no es lo mismo. La culpabilidad, entendida normativamente, comporta un juicio personalizado de reproche con respecto al hecho cometido. Se requiere, por tanto, una culpabilidad personal, lo cual comportará en el ámbito de las penas, entre otras cosas, que rija el estricto **principio de personalidad de las penas**, exigencia de un Estado democrático que respete la dignidad humana.

Una vez expuesto el concepto de la pena, corresponde ahora preguntarse por su **justificación**. La pena se justifica porque es necesaria para el mantenimiento del orden jurídico como condición básica para la convivencia de las personas. En realidad, podríamos distinguir una triple justificación. Desde un punto de vista *político-estatal* la pena es necesaria porque el Estado estaría abocado a su desaparición si no evitara que las infracciones jurídicas más graves pudieran cometerse impunemente. Sin la pena el ordenamiento jurídico dejaría de tener carácter coactivo y se convertiría en una recomendación sólo éticamente vinculante. Desde una perspectiva *psicológico-social* la pena es también necesaria para satisfacer las demandas de Justicia de la colectividad. La convivencia pacífica de las personas resultaría imposible si el Estado se limitara a la mera prevención de los delitos del futuro inmediato y pretendiera que tanto la víctima como la colectividad se conformaran con el delito ya cometido, aceptando vivir con el autor como si no hubiera habido injusto alguno. Las consecuencias ciertas serían la ley de Lynch y el regreso a la venganza privada. Por último, desde un punto de vista *ético-individual* la pena resulta también necesaria, porque la aspiración a liberarse de culpa mediante una prestación expiatoria constituye una experiencia fundamental del hombre como ente moral. De ahí que crear la posibilidad de una expiación como prestación moral autónoma sea una tarea legítima del Estado. Ahora bien, se trata de una posibilidad que se ofrece al delincuente, pero no de una obligación. La expiación es posible, pero no necesaria, pues no puede ser impuesta por la fuerza.

La necesidad de la pena parece, hoy por hoy, un principio irrenunciable. Es una "amarga necesidad" (Proyecto Alternativo alemán de 1966). No se ha cumplido aquella predicción de que llegará un día en el que se dejará atrás el Derecho penal y surgiría "algo que fuese mejor que el Derecho penal". Cierto es que el Derecho penal es mejorable, pero hoy en día no se ha creado aún un instrumento de control social que le haya podido sustituir. La abolición o la privatización del Derecho penal (*supra* § 3) tiene el peligro de derrumbar las conquistas garantistas conseguidas durante siglos y sería algo así como ahuyentar al "Diablo con Belcebú".

§ 5. FINES DE LAS PENAS

Distinta de la naturaleza de las penas y de su justificación es la cuestión de sus fines. Hasta ahora se ha tratado de responder a la pregunta ¿por qué se pena? A continuación corresponde preguntarse ¿para qué se imponen las penas? Con ello se pretende averiguar cuál es el sentido que tienen tanto para el propio penado como para la sociedad. A riesgo de simplificar, las penas pueden ser entendidas desde dos perspectivas: o bien como retribución o bien como prevención. Como retribución miran hacia el pasado, hacia la infracción cometida, y pretenden compensar ese mal con otro. Como prevención miran hacia el futuro, hacia el riesgo de comisión de nuevos delitos por parte del autor o por otras personas, y pretenden evitarlo. En función de esto, las teorías elaboradas en torno a los fines de la pena son básicamente tres: las teorías absolutas, las teorías relativas y las teorías de la unión.

Las versiones más importantes de las **teorías de la retribución o teorías absolutas** de la pena se deben, sobre todo, a Kant, a Hegel y a Binding.

Para Immanuel KANT (1724-1804) la ley penal es un imperativo categórico, es decir, un mandato de la Justicia, libre de toda consideración final. Si la pena se explicase por los fines de utilidad para la sociedad, entonces se reduciría al reo a una cosa, se le utilizaría como medio para conseguir un determinado fin. Por eso, la pena debe imponerse porque se ha cometido un delito, aunque no depare ningún provecho para el reo ni para la sociedad (*teoría de la retribución ética*). Kant lo formuló en su *Metafísica de las costumbres* (1797) del modo más expresivo: "Incluso si la sociedad civil se disolviera con el consentimiento de todos sus miembros (por ejemplo, si el pueblo que habita una isla decidiera disolverse y dispersarse por todo el mundo), antes tendría que ser ejecutado el último asesino que se encontrara en la cárcel, para que cada cual sufra lo que sus hechos merecen, y para que no pese la culpa de la sangre sobre el pueblo que no ha insistido en su castigo".

Para Georg Wilhelm Friedrich HEGEL (1770-1831), de acuerdo con su conocida fórmula dialéctica, el ordenamiento jurídico representa la "voluntad general" y el delito expresa la "voluntad particular" del delincuente. Ésta sería la negación de aquélla. Pero sucede que el delito, a su vez, es objeto de anulación por parte de la pena, esto es, la pena sería la negación de la negación de la "voluntad general"; o, dicho con otras palabras, la pena es la reafirmación o la restauración ideal del orden jurídico infringido (*teoría de la retribución jurídica*). A juicio de Hegel, sólo así se trata al delincuente como un ser "racional" y "libre", y sólo así se le "honra". Si se fundamentase la pena a través de la coacción psicológica sería como "si se levanta el bastón contra un perro" (*Líneas fundamentales de la Filosofía del Derecho*, 1821).

Karl BINDING (1841-1920) formuló su teoría de la pena del modo siguiente: "La pena es un menoscabo de bienes jurídicos o derechos, que impone

> el Estado por mandato legal a un delincuente como desagravio por la violación jurídica irreparable cometida, para mantener la autoridad de la ley infringida". La finalidad de la pena es la represalia. El derecho subjetivo a la obediencia se transforma, por la desobediencia, en un derecho a la coacción, que implica el sometimiento del culpable al poder jurídico que no respetó, como represalia por la violación jurídica irreparable cometida. La pena es "la conservación del señorío del derecho a través del doblegamiento del criminal bajo la coacción jurídica" (*Grundriß des deutschen Strafrechts. Allgemeinter Teil*).

Estas teorías absolutas presentan los siguientes **caracteres en común**:

a) La pena no debe perseguir fines preventivos, pues lo contrario conculcaría la dignidad humana. Si se amenaza con una pena a los individuos para que no delincan, o se impone al delincuente una pena para que no vuelva a delinquir, se estaría convirtiendo al hombre en instrumento o medio para conseguir un determinado fin, cuando el hombre es un fin en sí mismo (diría Kant), o se le estaría tratando como a un animal (diría Hegel).

b) La pena no es que no sirva para nada, sino que lleva su fin en sí misma (*punitur, quia peccatum est*). La pena tiene que ser, porque tiene que imperar la Justicia. Con lo cual, la pena correspondiente tiene que ejecutarse siempre y en su totalidad, ya que si no se ejecuta o se ejecuta parcialmente se frustrarían las exigencias irrenunciables de la Justicia. El ejemplo de la isla que propone Kant es muy ilustrativo al respecto.

Tras las teorías absolutas subyace una filosofía de política liberal, que veía en la proporción entre la pena y el delito una garantía para el ciudadano. No se podía castigar más allá de la gravedad del delito cometido, ni siquiera por consideraciones preventivas, porque ello se opone a la dignidad humana. No obstante, a las teorías absolutas de la pena se les puede formular algunas **críticas**: 1ª. La teoría de la retribución presupone ya la necesidad de la pena, que debería fundamentar. La pura retribución (o en terminología anglosajona el *just desert*) no explica cuándo se tiene que penar, sino que dice tan sólo: «Si imponéis una pena, con ella tenéis que retribuir un delito». Queda sin resolver, por tanto, la cuestión de bajo qué presupuestos la culpabilidad humana autoriza al Estado a castigar. 2ª. La culpabilidad humana presupone el libre albedrío, y su existencia es indemostrable. De todas formas, recordemos lo dicho antes en este apartado. 3ª. La idea misma de retribución compensadora sólo se puede hacer plausible mediante un acto de fe. Considerándolo racionalmente no se puede comprender cómo se puede borrar un mal cometido, añadiendo un segundo mal, la pena. Si aplicamos el "ojo por ojo, diente por diente" (*Éxodo* 21:24), al final todos ciegos o tuertos y desdentados.

Las **teorías relativas o de la prevención** se caracterizan porque según ellas la pena tiende al logro de un fin relativo, cambiante, consistente en prevenir o evitar el delito (*nemo prudens punit, quia peccatum est, sed ne peccetur*) [Lucio Anneo SÉNECA (4-65 d.C.), *De ira*]. El sentido de la pena radica exclusivamente en su misión de evitar acciones punibles en el futuro. Pero la eficacia preventiva de la pena puede ser doble:

a) Si el resultado de la prevención ha de producirse en relación con la totalidad de los ciudadanos, se habla de prevención general. Prevención general significa, en primer término, que mediante el temor a la pena toda persona debe ser disuadida (en inglés *deterrence*) para no cometer acciones punibles (*prevención general negativa*).

Paul Joachim Anselm FEUERBACH (1775-1833) fundó la moderna teoría de la prevención general negativa bajo el nombre de la *teoría de la coacción psicológica*. El núcleo central de esta teoría estriba en hacer que el delito no sea una alternativa psicológicamente viable, y semejante coacción psicológica se conseguiría a través de la conminación penal. Otros fines, como la educación o el aseguramiento, dada la concepción liberal del Estado que mantenía no debía ser fines perseguibles por el Estado. En cualquier caso, este autor concebía la sanción penal más como garantía de libertad para el ciudadano y de eficacia de la ley penal que como instrumento represor (*Revision der Grundsätze und Grundbegriffe des positiven peinlichen Rechts*, 1799).

Pero en la prevención general hay algo más. A través de la conminación penal el Estado no sólo pretende intimidar a los posibles delincuentes, sino que repercute sobre la colectividad como "fuerza modeladora de las costumbres" (Proyecto oficial alemán de 1962). La pena procura además fortalecer a la colectividad en su conciencia jurídica y educarla en la obediencia al Derecho, acudiendo para ello a leyes penales justas y a una aplicación de estas igualitaria y comedida (*prevención general positiva o integradora*). Por consiguiente, puede hablarse también de un triple efecto de aprendizaje, confianza y pacificación.

b) Si el propósito de la prevención se dirige al propio reo, se habla entonces de **prevención especial o individual**. Se pretende apartar al reo de nuevos yerros en el futuro, y ello puede ocurrir de tres maneras: corrigiendo al corregible (resocialización); intimidando al que todavía sea intimidable (intimidación); y, finalmente, haciendo inofensivo a los que ni son corregibles ni intimidables (inocuización).

Dentro de las doctrinas preventivo-especiales se significa hoy, por su carácter positivo, la propuesta resocializadora.

El acelerado proceso de industrialización del siglo XIX traería consigo un hacinamiento en las ciudades, y lógicamente también el incremento de la criminalidad. Ante este fenómeno se entendió que el Estado no podía permanecer impasible, como lo hacía el antiguo Estado liberal, sino que debía adoptar una actitud intervencionista. Surgiría así el llamado Estado social. Esta incipiente concepción estatal tenía proyectos de asistencia y profilaxis, favorecidos por el progreso de las Ciencias naturales, que aportaban mejores conocimientos acerca de las causas de la delincuencia y de los modos de lucha eficaz frente a ella. Por este camino emprendería su marcha Franz von Liszt (1851-1919) con la "idea de fin", que determinaría la crisis de las teorías absolutas y supondría el inicio de la lucha de Escuelas y del nacimiento de las teorías de la unión que hoy son las dominantes. Von Liszt, en su llamado «Programa de Marburgo» de 1882 (*La idea del fin en el Derecho penal*), pretende conseguir la prevención de delitos a través de la imposición de una pena adaptada a la persona que ya ha delinquido para evitar que lo haga nuevamente en el futuro. Otras manifestaciones destacadas de la prevención especial han sido el correccionalismo español (Arenal y Dorado Montero), la Escuela Positiva italiana (Lombroso, Garofalo, Ferri) y el llamado movimiento de Nueva Defensa Social (Gramatica, Ancel).

A las teorías relativas de la pena también se les puede dirigir algunas **críticas**: 1ª. Por lo que a la *prevención general negativa* se refiere, la crítica reside en que ni puede fundamentar el *ius puniendi* estatal en sus presupuestos, ni limitarlo en sus consecuencias; es discutible políticocriminalmente y carece de legitimación que concuerde con los fundamentos del ordenamiento jurídico. En efecto, tiene una peligrosa inercia al rigor desmedido y el paradigma de esta orientación sería la pena de muerte; el mecanismo preventivo de la pena opera con una imagen extremadamente simplificadora del impacto psicológico que pueda tener en los delincuentes; y ya las teorías absolutas de la pena se cuestionaban la legitimidad de castigar a un individuo para que otros omitan cometer un mal. 2ª. La *prevención general positiva* también puede ser objeto de críticas similares, pero exclusivas de ella serían las siguientes: se trata de una teoría que pasa por la estigmatización del delincuente como medio necesario de integración social de los no desviados; trata de dar satisfacción a tendencias irracionales de la colectividad y asume las necesidades sociales de castigo como baremo de decisión del sí y el cuánto de la pena; peca de autoritarismo, pues atribuye al Derecho penal una función de conformación de las conciencias, en lugar de limitarse a requerir el simple respeto de las normas, sin pretender la interiorización de los valores que ellas incorporan; finalmente, responde a un modelo acrítico, eludiendo cualquier reflexión crítica del sistema y defendiendo el *statu quo*. 3ª. Respecto de la *prevención especial* y en particular de la resocialización se ha dicho que no permite trazar un límite claro y preciso al *ius puniendi*. La resocialización potencia la intervención punitiva del Estado, en lugar de limitarla. Pero mayor entidad tienen aquellas críticas que se dirigen al núcleo del concepto de resocialización, como cuando se pone en duda su eficacia, dada la imposibilidad de una educación para la libertad en condiciones de ausencia de libertad, apuntándose además el efecto desocializador suplementario que tiene la pena privativa de libertad. Pero es que también se cuestiona la legitimidad de la resocialización, pues carece de sentido resocializar al delincuente para integrarlo en una sociedad que en sí misma es criminógena, y además puede conculcar derechos individuales, puesto que, si se quiere tener éxito, ha de dirigirse a una modificación no sólo del comportamiento, sino también de la actitud interna.

En la actualidad pueden considerarse como dominantes las **teorías mixtas, unitarias o de la unión**, que pretenden compaginar las teorías absolutas y relativas sobre la base de puntos de vista de justicia y utilidad (*punitur, quia peccatum est, et ne peccetur*). Pero no se trata de una mera yuxtaposición de ambas teorías, sin más, pues ello, antes que compensar entre sí los efectos de cada teoría, en realidad los multiplicaría. De lo que se trata es que la pena se imponga hasta el límite que supone la proporción con la culpabilidad, pero nunca se rebase por razones de prevención general o especial. No obstante, la pena finalmente impuesta puede ser inferior a la proporcionada a la culpabilidad del sujeto o incluso no llegar a cumplirse por razones preventivas. Entre las teorías de la unión merece especial consideración la *teoría unificadora dialéctica* de los fines de la pena de Claus Roxin, quien considera que habría que distinguir el sentido que tiene la misma en cada una de sus tres fases esenciales: la conminación penal (prevención general), la medición de la pena (confirmación de la prevención general hasta el límite máximo de la culpabilidad) y la ejecución de la condena (resocialización).

§ 6. CLASES DE PENAS

Las penas se pueden clasificar en función de múltiples criterios. Atendiendo a su *duración* pueden distinguirse en perpetuas y temporales; a tenor de su *gravedad*, en graves, menos graves y leves (**art. 33**); por su *finalidad*, se ha distinguido entre penas aflictivas y correccionales; y en atención a su *autonomía* puede hablarse de penas principales y accesorias (**arts. 54-57**). Sin embargo, la clasificación más importante es la que atiende a su *contenido.* Así, cabe hablar de la pena capital, que supone la privación de la vida; de penas corporales, que recaen sobre la integridad física del reo o le causan dolor; y de penas infamantes, que menoscaban el honor o la dignidad mediante la estigmatización o degradación pública. Estas penas no están previstas en nuestro ordenamiento jurídico. Las que sí lo están son las penas privativas de libertad (**art. 35**), que afectan a la libertad ambulatoria; las restrictivas de la libertad, que coartan la libertad de residencia y de movimientos sin anularla; las patrimoniales, que afectan al patrimonio del penado, y que si se cuantifican en dinero se denominan pecuniarias (**art. 50**); y las privativas de otros derechos (**art. 39**), que limitan derechos políticos, civiles o profesionales.

CLASIFICACIÓN DE LAS PENAS SEGÚN SU CONTENIDO Y GRAVEDAD				
PENAS PRINCIPALES O ACCESORIAS	NATURALEZA	GRAVE	MENOS GRAVE	LEVE
	Priv. Lib.	**Prisión perm. revisable**		
Prisión	Priv. Lib.	>5a	3m-5a	
Localización permanente	Priv. Lib.			1d-3m
RPSIM	Priv. Lib.		multa > 3m multa proporcional	multa ≤ 3m
	Priv. dchos.	**Inhab. absoluta**		
Inhab. especiales	Priv. dchos.	>5a	≤ 5a	
Suspensión	Priv. dchos.	>5a	≤ 5a	
Priv. dcho. conducir	Priv. dchos.	> 8a	1a y 1d - 8a	3m - 1a
Priv. dcho. tenencia armas	Priv. dchos.	> 8a	1a y 1d - 8a	3m - 1a
Inhab. especial animales	Priv. dchos.		1a y 1d - 5a	3m - 1a
Priv. dcho. residir	Priv. dchos.	> 5a	6m - 5a	< 6m
Prohib. aproximarse	Priv. dchos.	> 5a	6m - 5a	1m - < 6m
Prohib. comunicarse	Priv. dchos.	> 5a	6m - 5a	1m - < 6m
	Priv. dchos.	**Priv. patria potes.**		
	Priv. dchos.	**Penas pers. jcas.**		
TBC	Priv. dchos.		31d - 1a	1d - 30d
Multa días-multa	Patrim.		> 3m	≤ 3m
	Patrim.		**Multa proporcional**	
Símbolos: > mayor que; < menor que; ≤ menor o igual que; a=año; m=mes; d=día				

Las *penas principales* son aquellas que el tipo penal prevé expresamente su imposición y pueden, por tanto, ser aplicadas por sí solas. Por ejemplo, en el delito de homicidio la pena principal es la prevista en el art. 138.1: pena de prisión de 10 a 15 años. Las penas principales no dependen de otras para su imposición. Por el contrario, las *penas accesorias* son aquellas que únicamente pueden ser impuestas junto a una pena principal. Las penas accesorias no están previstas de un modo específico para el concreto delito contemplado en el Libro II del CP, pero sí las establecen como añadido a las penas principales los **arts. 54 a 57** (Secc. 5ª del Cap. I del Tít. III del Lib. I). En principio, tendrán la misma duración que la pena principal, salvo que se disponga expresamente otra cosa (**art. 33.6**) y no son de aplicación automática (**art. 79**), pues si el Juez o Tribunal ha omitido su imposición en el fallo de la sentencia, las penas accesorias no podrán ejecutarse.

Podemos dividir las penas accesorias en dos clases:

a) Por declaración legal, que son aquellas que vienen impuestas al juzgador por la propia ley penal, no pudiendo dejar de establecerlas. Así, el **art. 55** dispone que «la pena de prisión igual o superior a diez años llevará consigo la inhabilitación absoluta durante el tiempo de la condena, salvo que ésta ya estuviere prevista como pena principal para el [delito] de que se trate» (en algunos casos esta salvedad puede suponer paradójicamente un privilegio injustificado, como sucede, p.ej., en el art. 167 en relación con el 166). En el ejemplo antes propuesto y teniendo en cuenta que la pena de prisión es igual o superior a diez años al reo de homicidio se impondrá, además de la pena de prisión, la pena accesoria de inhabilitación absoluta por la misma duración que tuviese la pena de prisión. Si la pena principal es prisión de hasta diez años, se impondrán como penas accesorias, una o varias de las previstas en el **art. 56**.

Para limitar un criticable automatismo en la imposición de estas penas, se ha establecido para algunas que sólo se puedan imponer cuando los derechos a los que afectan hayan tenido relación directa con el delito cometido, debiendo determinarse expresamente en la sentencia dicha vinculación.

Por otro lado, cabe destacar la pésima técnica legislativa empleada en este artículo. En este sentido destaca la remisión al art. 579, que tras la LO 2/2015, de 30 de marzo, debería haberse modificado y haber dicho art. 579 bis. Pero sobre todo hay que llamar la atención respecto a lo dispuesto en el apart. 2 del art. 56, pues literalmente conduce a consecuencias absurdas, como que se pueda castigar con menos pena una conducta de mayor gravedad (piénsese en algún caso que encuentre cobijo en los arts. 369.1.1° y 372). Parece que la *voluntas legis* de este precepto ha sido establecer una salvedad como la del art. 55, y en vez de decir «sin perjuicio de» quiere decir «salvo que».

En casos de violencia de género y doméstica, según el **art. 57.2**, para determinados delitos (la LO 8/2021 ha añadido también los delitos contra las relaciones familiares), las autoridades judiciales también acordarán la prohibición de aproximarse a la víctima u otras personas que determine, quedando en suspenso asimismo respecto de los hijos el régimen de visitas que pudiere haberse establecido. La duración de la pena accesoria en estos casos no excederá de diez años si el delito fuera grave, o de cinco si fuera menos grave, cumpliéndose simultáneamente con la pena de prisión.

b) Por declaración judicial, que son aquellas que el juzgador puede decretar para ciertos delitos, en virtud de lo dispuesto en el **art. 57**. En el catálogo de delitos previstos en este artículo, la autoridad judicial tiene la facultad de imponer una o varias de las prohibiciones del art. 48 (*infra* § 17) y su duración no excederá de diez años si el delito fuera grave, cinco si fuera menos grave o seis meses si fuera leve. Si la pena principal fuese prisión, la duración de estas penas accesorias será entre uno y diez años superior a la de la prisión, si el delito fuera grave, y entre uno y cinco años, si fuera menos grave. En este caso, la prisión y las prohibiciones accesorias se cumplirán de forma simultánea.

BIBLIOGRAFÍA

Álvarez García, F.J.: *Consideraciones sobre los fines de la pena en el ordenamiento constitucional español*, Comares, Granada, 2001; idem, «¿Para qué nos sirve la pena?», en *Un sistema de sanciones penales para el siglo XXI*, Tirant lo blanch, Valencia, 2019, 73; Díez Ripollés, J.L.: «La evolución del sistema de penas en España: 1975-2003», *RECPC* 08-07 (2006); Hassemer, W.: «¿Por qué y con qué fin se aplican las penas? (Sentido y fin de la sanción penal)», *RDPC* 3 (1999), 317; Jakobs, G.: *La pena estatal: significado y finalidad*, Civitas, Madrid, 2006; Roxin, C.: «Sentido y límites de la pena estatal», en *Problemas básicos del Derecho penal* (trad. D.M. Luzón Peña), Reus, Madrid, 1976, 11.

Jurisprudencia

ATC 486/1985, 10-7, SSTC 2/1987, 21-1; 28/1988, 23-2; 79/1998, 1-4; 120/2000, 10-5; 160/2012, 20-9; 128/2013, 3-6 (el art. 25.2 CE no contiene un derecho fundamental, sino un mandato constitucional dirigido al legislador para orientar la política penal y penitenciaria); SSTC 167/2003, 29-9; 299/2005, 21-11 (el art. 25.2 CE no establece que la reeducación y la reinserción social sean la única finalidad legítima de la pena privativa de libertad); SSTC 19/1988, 16-2; 55/1996, 28-3; 161/1997, 2-10; 167/2003, 29-9; 299/2005, 21-11; 160/2012, 20-9 (la reeducación y reinserción social no son los únicos objetivos admisibles de la privación penal de libertad, ni tiene que ser inconstitucional la aplicación de una pena que pudiera no responder exclusivamente a dicha finalidad; la finalidad de reinserción social se proyecta esencialmente sobre la fase de ejecución, pero ha de armonizarse con otros fines legítimos de la pena, como la prevención general, tanto en su vertiente de disuasión, como de reafirmación de la confianza de los ciudadanos en el respeto de las normas penales); SSTC 41/2012, 29-3, 169/2021, 6-10 (las penas acumuladas de larga duración –treinta años por aplicación del art. 70.2 CP/1973–, o la prisión permanente revisable no infringen el art. 25.2 CP, aunque no pudieran verse reducidas por la aplicación de otros instrumentos normativos, como la redención de penas del anterior CP (art. 100) o porque se impongan restricciones para el acceso a determinados instrumentos de reinserción social, porque tales restricciones no abarcan otras medidas e intervenciones características del sistema de individualización científica desarrollado en la LOGP y su Reglamento, como la clasificación en diversos grados, los permisos ordinarios y extraordinarios de salida, las salidas programadas, las comunicaciones personales, las actividades terapéuticas, educativas, formativas y laborales y la posibilidad de obtener la libertad condicional); STC 8/2024, 16-1 –caso Alberto Rodríguez– (al sustituir la pena de prisión inferior a tres meses por multa según lo dispuesto en el art. 71 CP, ya no cabe imponer como pena accesoria del art. 56 la de inhabilitación especial para el derecho de sufragio pasivo; vid. también el voto particular formulado por cuatro magistrados del TC).

Cuestiones prácticas:

¿Sería jurídicamente admisible en nuestro país la pena de muerte? (Arts. 15 CE; 2 CEDH y su Protocolo Adicional nº 13). Argumentos a favor y en contra de la pena de muerte. Actualidad: www.es.amnesty.org).

Comentario de la novela de Anthony Burgess, *La naranja mecánica* (1962) o de la película homónima de Stanley Kubrick (1971).

Capítulo III

Penas privativas de libertad

MARÍA MARTA GONZÁLEZ TASCÓN

§ 7. CLASES, FINES Y ALGÚN APUNTE SOBRE SU CUMPLIMIENTO

El eje de nuestro sistema de penas está constituido por la pena privativa de libertad, que presenta en la actualidad hasta cuatro **clases** distintas: la prisión permanente revisable, la prisión, la localización permanente y la responsabilidad personal subsidiaria por impago de multa –RPSIM– (**art. 35**). Todas ellas tienen en común el hecho de comportar una afectación al derecho fundamental a la libertad ambulatoria (art. 17 CE), sin perjuicio de su repercusión en otros derechos, encontrándose el elemento diferenciador de unas y otras en aspectos relativos a su duración, modo de cumplimiento (continuado o discontinuo), intensidad del cumplimiento continuado, lugar de cumplimiento, origen o funciones. De la **regulación legal** de estas penas se encarga principalmente la Secc. 2ª del Cap. I del Tít. III del Lib. I del CP (**arts. 35-38**), que lleva por rúbrica «De las penas privativas de libertad», aunque en realidad la RPSIM, cuyo origen se encuentra en la imposibilidad de satisfacer el cumplimiento de la pena de multa, es objeto de atención en la Secc. 4ª, dedicada a la pena de multa (**art. 53**), siendo en este manual analizada junto con esta pena (*infra* § 22). El CP aborda algunas cuestiones relativas a su cumplimiento, pero son otras normas, a las que el propio CP hace una remisión (**art. 35**), las que se encargan principalmente de disciplinar el régimen de cumplimiento de estas penas. En especial la LOGP y el RP (*infra* § 37).

Sobre su **finalidad** se ha manifestado expresamente la CE, estableciendo en su **art. 25.2** que «las penas privativas de libertad estarán orientadas hacia la reeducación y reinserción social», pronunciamiento que no es óbice para la asignación de otros fines a estas penas como los de retribución y de prevención general. Esta declaración, por otra parte, y según reiterada doctrina del TC, constituye "un mandato dirigido al legislador penitenciario y a la Administración por él creada para orientar la ejecución de las penas privativas de libertad" (STC 150/1991, 4-7, FJ. 4º), que "aunque pueda servir de parámetro de la constitucionalidad de las leyes, no es fuente en sí mismo de derechos subjetivos en favor de los condenados a penas privativas de libertad, ni menos aún de derechos fundamentales susceptibles de amparo constitucional" (STC 204/1999, 8-11, FJ. 3º). Ese mismo precepto señala además que las mencionadas penas no pueden consistir en trabajos forzados y que el condenado a pena de prisión que estuviere cumpliendo la misma «gozará de los derechos fundamentales de este Capítulo, a excepción de los que se vean expresamente limitados por el contenido del fallo condenatorio, el sentido de la pena y la ley penitenciaria», reconociéndosele en todo caso el derecho a un trabajo remunerado y a los beneficios correspondientes a la seguridad social, así como el acceso a la cultura y al desarrollo integral de su personalidad. Consiguientemente el condenado a esta pena no deja de ser un ciudadano como cualquier otro, si bien sujeto a las limitaciones propias que entraña su cumplimiento. Su condición de persona privada de libertad determina además el nacimiento de una relación jurídica intensa con el Estado de la que se derivan derechos y deberes recíprocos.

Antes de adentrarnos en la regulación legal de cada una de estas penas, es interesarte referirnos a una disposición del CP relativa al día en que comienzan a cumplirse. En este punto se distinguen dos casos dependiendo de si el penado ya estuviere preso o no. Si está preso, la duración de las penas empezará a computarse desde el día en que la sentencia condenatoria haya quedado firme; en cambio si no fuera así, la duración de las penas empezará a contarse desde que ingrese en el establecimiento adecuado para su cumplimiento (**art. 38**). Aunque no existe norma jurídica sobre este particular, es importante señalar que en la práctica forense no se sigue un cómputo natural del tiempo de condena a pena de prisión, sino que se considera más equitativo estimar que un año de prisión comprende 365 días y un mes abarca 30 días. Asimismo, se computa un día de cumplimiento independientemente de la hora de entrada o salida del centro penitenciario. Estos criterios han de ser tenidos en cuenta en el momento de la liquidación de la condena.

§ 8. LA PENA DE PRISIÓN PERMANENTE REVISABLE

Esta pena se introdujo en nuestro sistema de penas con la reforma del CP por la LO 1/2015, configurándose legislativamente como una pena de prisión más, sólo cuantitativamente diferente del resto, aun cuando este tipo de pena no podría ser nunca concebida como el mero resultado de agregar más tiempo de privación de libertad a la pena al construirse a partir y sobre la base de una privación definitiva de la libertad, que encierra la negación del derecho de todo ser humano a cambiar a lo largo de su vida. Aunque bajo su confusa denominación se esconde en realidad una modalidad de la pena de reclusión o prisión perpetua o de por vida, a tenor de la regulación legal, habría que **definirla** como una pena privativa de libertad que comporta el internamiento del penado en un establecimiento penitenciario donde quedará sometido a un determinado régimen de vida a perpetuidad, salvo que se decrete la suspensión de la ejecución del resto de la pena. Esta posibilidad se encuentra tan alejada del tiempo de la condena y tan desconectada de la propia existencia física del ser humano que se han suscitado serias dudas sobre el encaje de esta pena en un marco constitucional como el español, que defiende la dignidad humana como fundamento del orden público y de la paz social (**art. 10.1 CE**), proscribe las penas inhumanas o degradantes (**art. 15 CE**) y proclama la reeducación y reinserción social de los condenados a penas privativas de libertad (**art. 25.2 CE**). El Pleno del Tribunal Constitucional se ha pronunciado al respecto en su sentencia nº. 169/2021, de 6 de octubre, desestimando, con el voto discrepante de tres Magistrados, el recurso de inconstitucionalidad interpuesto contra su regulación legal, con las precisiones a las que haremos referencia más adelante al hilo de la suspensión condicional de su ejecución.

Se trata de la pena más grave de nuestro sistema penal (**art. 33.2.a**), y, consiguientemente, su **ámbito de aplicación** se ha circunscrito a infracciones consideradas de excepcional gravedad (arts. 140, 485, 573 *bis* 1, 605, 607 y 607 *bis*).

Su marcado carácter retribucionista ha dinamitado además el esquema básico de la **ejecución penitenciaria** orientada a la reinserción social del penado conforme a la LOGP a través de la introducción de diversas disposiciones en el CP que afectan negativamente a los instrumentos determinantes de la consecución de una reincorporación constructiva del penado a la sociedad como son la concesión de los permisos de salida, la clasificación del penado en tercer grado penitenciario y la suspensión condicional del resto de la ejecución de la pena (*infra* § 28). A tenor de los **arts. 36.1 párr. 2 y 78 *bis*.1**, la **clasificación del condenado en tercer grado penitenciario,** que determina el cumplimiento de la pena en régimen abierto, deberá ser autorizada por el tribunal, **previo pronóstico individualizado y favorable de reinserción social,** oídos el Ministerio Fiscal e Instituciones Penitenciarias. Pero este pronóstico sólo se puede realizar una vez que el penado ha cumplido el denominado **período de seguridad**, esto es, el tiempo de cumplimiento de la pena que, por razones meramente de retribución del delito, es necesario haber cumplido para poder acceder al régimen abierto. Este mínimo de cumplimiento de la pena está en función de dos criterios: por un lado, se toma en consideración el hecho de que se trate o no de la única pena de cumplimiento, y, por otro lado, se atiende en particular a unas figuras delictivas muy concretas. Si se trata de una única pena, la clasificación en tercer grado penitenciario no podrá efectuarse hasta que se haya cumplido 15 años de prisión efectiva, salvo en el caso de que el penado lo hubiera sido por un delito del Cap. VII del Tít. XXII del Lib. II (delitos relativos a las organizaciones y grupos terroristas y a los delitos de terrorismo), supuesto en el que se requiere el cumplimiento de 20 años, al igual que ocurre en el caso del reo de asesinato condenado por la muerte de más de dos personas (art. 140). Cuando el sujeto ha sido condenado por dos o más delitos y, al menos, uno de ellos esté castigado por la ley con pena de prisión permanente revisable, la progresión del condenado al tercer grado penitenciario requerirá del cumplimiento de un mínimo de 18, de 20, de 22, de 24 o de 32 años en función de diferentes combinaciones condenatorias, en las que tiene un peso específico el hecho de que se trate de delitos referentes a organizaciones y grupos terroristas y delitos de terrorismo mencionados, o cometidos en el seno de organizaciones criminales. Partiendo de la base de que, en todos estos casos, el penado ha de haber sido condenado por varios delitos, la letra a) del art. 78 *bis*.1 exige del cumplimiento de un mínimo de 18 años de prisión cuando sólo uno de ellos esté castigado con pena de prisión permanente revisable y el resto de las penas impuestas sumen un total que exceda de cinco años. La letra b) transforma ese supuesto únicamente en el extremo relativo a la suma total del resto de penas impuestas, que ha de exceder en este caso de quince años, requiriéndose entonces del cumplimiento mínimo de 20 años antes de la clasificación en tercer grado. Su letra c) contempla dos supuestos diferentes que encierran la misma consecuencia jurídica, esto es, un período de seguridad mínimo de 22 años, que se proyecta cuando dos o más delitos están castigados con una pena de prisión permanente revisable, o cuando uno de ellos está castigado con una pena de prisión permanente revisable y el resto de penas impuestas suman un total de veinticinco años o más. Estos límites mínimos de cumplimiento se elevan cuando a cada uno de los supuestos enunciados se añade el hecho de que se trata de los delitos referentes a organizaciones y grupos terroristas y delitos de terrorismo mencionados, o cometidos en el seno de organizaciones criminales (art. 78 *bis*.3 párr. 1º). Si este dato se integra en los supuestos contemplados en las letras a) y b), se hará necesario el cumplimiento de 24 años de prisión antes de proceder a la clasificación en tercer grado, y si se une a lo dispuesto en la letra c) se requerirá el transcurso de al menos de 32 años de prisión. El período de seguridad asociado a la pena de prisión permanente revisable es imperativo e inmodificable salvo por razones de humanidad. A ello se refiere el **art. 36.4**, común tanto a esta pena como a la pena de prisión, en virtud del cual se faculta a la autoridad judicial para acordar, previo informe del Ministerio Fiscal, Instituciones Penitenciarias y las demás partes, la progresión a tercer grado por motivos humanitarios y de dignidad personal de penados enfermos muy graves con padecimientos incurables y de los septuagenarios. A este fin se valorará especialmente su escasa peligrosidad. La redacción que este precepto ha recibido de la LO 10/2022 suscita la duda sobre la autoridad judicial competente (".... la autoridad judicial de vigilancia penitenciaria, según corresponda, ...).

Por lo que se refiere a los **permisos de salida** –ordinarios– se precisa para su concesión, además del requisito general relativo a la no observancia de mala conducta (art. 47.2 LOGP), que el penado haya cumplido en el supuesto general un mínimo de 8 años de prisión; y en el caso del terrorista un mínimo de 12 años. A estos efectos no se recogen particularidades en caso de pluralidad de penas.

§ 9. LA PENA DE PRISIÓN

La **pena de prisión** es la pena privativa de libertad por excelencia y podría **definirse** como aquella pena que comporta la privación de libertad temporal del penado mediante su internamiento continuado en un establecimiento penitenciario –excepcionalmente en viviendas o centros extrapenitenciarios– donde queda sometido a un determinado régimen de vida. La **extensión natural** de esta pena oscila entre un mínimo de 3 meses y un máximo de 20 años, salvo lo que excepcionalmente dispongan otros preceptos del CP (**art. 36.2 párr. 1°**). Ambos límites se pueden ver excepcionados por distintos motivos. En el caso del límite mínimo de duración nos encontramos con una excepción en el **art. 71.2** (*infra* § 29) y otra en los **arts. 801.1.2° y 2 LECr**. El límite máximo de duración de esta pena se supera en algunos delitos si bien no llega a exceder de los 30 años (arts. 138.2, 139, 166.2, 473, 485, 573 *bis* 1.2° y otras infracciones tipificadas en la legislación especial en virtud de lo dispuesto en la disposición transitoria undécima del CP), salvo en una hipótesis extraña del art. 167. Este mismo límite opera como límite absoluto extraordinario para los supuestos en los que el límite de 20 años se vea rebasado al aplicar las reglas de determinación de la pena superior en grado (**art. 70.3.1°**). En atención a su duración la pena de prisión puede ser una pena grave o menos grave (*supra* § 6).

La pena de prisión presenta, por otra parte, la particularidad de llevar consigo durante el tiempo de la condena **penas accesorias**; una particularidad que también afecta a la pena de prisión permanente revisable, por ser ésta concebida legislativamente como una pena de prisión más (**arts. 54-56**) (*supra* § 6).

Adentrándonos en las previsiones que contiene el CP relativas a la **ejecución** de la pena de prisión nos detenemos en estos momentos en la regulación que el **art. 36.2** realiza del período de seguridad. Este **período de seguridad** está previsto, desde la LO 7/2003, para la pena de prisión superior a cinco años, se extiende durante un espacio temporal coincidente con la mitad de la duración de la pena impuesta y, dependiendo del tipo de condena, puede ser aplicado de forma potestativa por el tribunal o impuesto por imperativo legal. Concretamente es obligatorio y además definitivo el haber cumplido la mitad de la pena de prisión superior a cinco años impuesta para poder acceder a la clasificación en tercer grado en el caso de los penados por los delitos referentes a organizaciones y grupos terroristas y delitos de terrorismo mencionados, los delitos cometidos en el seno de una organización o grupo criminal, los delitos del Título VII bis del Libro II de este Código (delito de trata de seres humanos) cuando la víctima sea una persona menor de edad o persona con discapacidad necesitada de especial protección (novedad de la reforma por LO 10/2022), los delitos del art. 181 –agresiones sexuales a menores de dieciséis años– (adaptación a la nueva regulación de determinados delitos sexuales ejecutada por la LO 10/2022), y los delitos del Cap. V del Tít. VIII del Lib. II del CP –delitos relativos a la prostitución, a la explotación sexual y a la corrupción de menores–, cuando la víctima sea menor de dieciséis años (ajuste realizado por la LO 10/2022 tomando en consideración que la edad legal de consentimiento sexual se elevó por la LO 1/2015 de 13 a 16 años). En referencia a los tres últimos casos mencionados, la LO 10/2022 ha introducción un ulterior condicionante para la clasificación del condenado en tercer grado de tratamiento penitenciario, exigiéndose, en el párrafo final del art. 36.2, que no se pueda esta efectuar sin la valoración e informe específico acerca del aprovechamiento por el reo del programa de tratamiento para condenados por agresión sexual. Nótese en este punto que la participación en los programas de tratamiento penitenciario no puede constituir un deber del penado. Asimismo, adviértase que la trata de seres humanos puede tener otros fines distintos de la explotación sexual.

Fuera de estos casos, es el juez o tribunal quien valora la procedencia o no de establecer esta restricción al régimen general del cumplimiento de la pena de prisión previsto en la LOGP. En este caso la limitación sí podrá ser revocada de forma razonada por parte del JVP, en base a la existencia de un pronóstico individualizado y favorable de reinserción social y a la valoración, en su caso, de las circunstancias personales del reo y la evolución del tratamiento reeducador. A tal fin es necesario dar audiencia al Ministerio Fiscal, a Instituciones Penitenciarias y a las demás partes.

Al igual que vimos en relación con la pena de prisión permanente revisable, siempre existe la posibilidad de que la autoridad judicial de vigilancia penitenciaria pueda acordar la progresión a tercer grado por motivos humanitarios y de dignidad personal (**art. 36.4**).

§ 10. LA PENA DE LOCALIZACIÓN PERMANENTE

Esta pena se incorporó al sistema de penas por la LO 15/2003 con el doble **objetivo** de prevenir la comisión de infracciones penales leves –en aquel entonces las faltas–, y de evitar los efectos perjudiciales del internamiento en un establecimiento penitenciario; problema que no se habría resuelto satisfactoriamente con la implementación de la pena de arresto de fin de semana, a la que esta pena en parte reemplazó y con la que tiene alguna similitud. No obstante su denominación, que parece evocar la idea de que el penado tiene que encontrarse localizado en todo momento sin prejuzgar la manera mediante la que ese efecto se consigue, nos encontramos ante una auténtica pena privativa de libertad singularizada por su duración, su lugar y forma de cumplimiento. A tenor de su regulación legal podríamos **definirla** como aquella pena privativa de libertad que obliga al penado a permanecer temporalmente de forma continuada o discontinua en su domicilio o en un lugar determinado fijado por el Juez (**arts. 35 y 37**). En esta definición ya se deja ver la proyección del principio de flexibilidad que rige el **cumplimiento** de esta pena en aras de permitir que la misma se adapte plenamente a la vida del penado para evitar los costes personales y sociales que puede llevar aparejado. En principio la pena se tiene que cumplir de **forma continuada**, esto es, un día tras otro, pero si el reo lo solicita y las circunstancias lo aconsejan, el juez o tribunal sentenciador, oído el Ministerio Fiscal, puede acordar que se cumpla durante los **sábados y domingos** –lo que implica ya un cumplimiento discontinuo, pero con una periodicidad semanal– o **de forma no continua**. Existe otra posibilidad de cumplimiento interrumpido que, sin embargo, no responde a la finalidad no desocializadora que avala el principio de flexibilidad, sino a un intento de inocuizar al penado en períodos concretos. Se trata de la posibilidad de cumplimiento durante los sábados, domingo y días festivos, prevista para los casos de reiteración delictiva en los que expresamente lo disponga la ley. En el momento presente no existe ninguna figura delictiva en la que se contemple esta posibilidad. Antes de la reforma por LO 1/2015 fue el caso único de la falta reiterada de hurto.

Se prevén diferentes opciones sobre el **lugar de cumplimiento** de esta pena, no habiéndose establecido ningún criterio de preferencia en favor de ninguna de ellas. Una posibilidad es el propio **domicilio del penado**, esto es, el lugar en el que el penado reside habitualmente; de ahí que esta pena también recuerde al arresto domiciliario que era una forma de cumplimiento de la antigua pena de arresto menor. En los concretos tipos penales en los que se contempla esta pena se ha precisado además que en caso de que éste coincida con el de la víctima del delito el cumplimiento se realizará en domicilio diferente y alejado del de la víctima. Siendo éste un criterio puramente lógico, no está previsto, sin embargo, que así sea también en aquellos casos en los que la pena de localización permanente desplaza a otra pena privativa de libertad. La otra posibilidad está constituida por un **lugar determinado fijado por el juez** en sentencia o posteriormente en auto motivado. La determinación de este lugar puede ser complicada por tratarse de una expresión muy general y también por la propia realidad de nuestras infraestructuras. La finalidad con la que cobró vida esta pena llevó a entender principalmente que ese lugar no podía ser un establecimiento penitenciario ni un depósito municipal de detenidos, no obstante, a partir de la LO 5/2010 se introdujo un supuesto concreto en el que se facultaba al juez a ordenar su cumplimiento en centro penitenciario más próximo al domicilio del penado –el caso de la falta reiterada de hurto–. Esta hipótesis de cumplimiento se ha mantenido en la actualidad, si bien ya no existe ninguna infracción penal que pudiera dar ocasión al cumplimiento de esta pena en tal lugar. La naturaleza privativa de libertad de esta pena aboga, por su parte, a que este lugar tenga que ser necesariamente un lugar cerrado; pudiéndose precisar a mayores que tiene que ser un lugar donde la persona pueda vivir en condiciones dignas durante el cumplimiento de la pena. En esta línea la FGE precisa que debe ser en todo caso un lugar cerrado y de características análogas al domicilio, y además disponer de unos mínimos de habitabilidad e higiene.

Esta pena presenta desde la LO 5/2010 una **extensión natural** de hasta seis meses –originariamente sólo abarcaba hasta 12 días–, pero tras la reforma del CP por LO 1/2015 sólo se ha configurado como una pena leve de duración de 1 día a 30 días (**art. 33.4.h**). Dentro del sistema penal esta pena desarrolla distintas **funciones**, si bien siempre en alternativa con otras penas. Como *pena principal* tiene un ámbito de aplicación muy reducido pues únicamente se vincula a cuatro delitos leves (arts. 171.7, 172.3 y 173.4 p. 1 y p. 2). En su faceta de *sustitutivo penal* aparece entre las penas susceptibles de sustituir a la pena de prisión de duración inferior a tres meses resultante de aplicar las reglas de determinación de las penas, vía a través de la cual podría llegar a tener una duración de 89 días (art. 71.1); mantiene su posición como *modo de cumplimiento de la RP SIM* impuesta por un delito leve, marco éste en el que como máximo podría alcanzar los 45 días de duración; pero con la transformación por LO 1/2015 de la institución de la sustitución de penas privativas de libertad en un supuesto de suspensión condicional de la ejecución de la pena ha perdido su papel como pena sustitutiva directa de la pena de prisión.

En relación con el **cumplimiento** de esta pena existe un vacío legislativo importante, habiéndose limitado a señalar la LO 5/2010 que el juez o tribunal podrá acordar la utilización de medios mecánicos o electrónicos que permitan la localización del reo. Esta posibilidad fue objeto de desarrollo en realidad unos años antes en el derogado RD 515/2005, que debido a su rango normativo se vio obligado a exigir el consentimiento de los titulares del domicilio para salvaguardar sus derechos fundamentales. El RD 840/2011 sólo se ocupa de disciplinar el cumplimiento de esta pena en centro penitenciario (arts. 12-13). Si el juez no acuerda el control electrónico, se realizará el tradicional control a cargo de los Cuerpos y Fuerzas del Estado, consistente básicamente en la presencia policial aleatoria de los agentes en el lugar de cumplimiento para constatar que el penado se encuentra allí.

§ 11. LOS PROBLEMAS DE LAS TRADICIONALES PENAS PRIVATIVAS DE LIBERTAD

Las denominadas tradicionales penas privativas de libertad, caracterizadas por implicar una privación de libertad de cumplimiento continuado en un establecimiento penitenciario, bajo un determinado régimen de vida y al servicio de unos fines penológicos, que se irán enfocando progresivamente en una línea resocializadora, tienen su origen a finales del siglo XVIII como una alternativa humanitaria y racional a la pena de muerte. Desde entonces se encuentran inmersas en una crisis constante motivada por los efectos colaterales que se derivan del tiempo y las condiciones en las que la persona es privada de libertad. Reiteradamente se llama la atención sobre el hecho de que la prisión no es el medio adecuado para conseguir la reeducación y reinserción social del condenado porque, en sí misma, constituye un ambiente anormalizador, transmisor de gran violencia; sobre la grave contradicción que encierra el pretender educar para vivir en sociedad sirviéndose precisamente del aislamiento de la persona de esa sociedad; o sobre el hecho de que en las instituciones penitenciarias, muchas veces masificadas, lo que prima son las cuestiones regimentales y de seguridad, siendo la intervención positiva sobre el penado algo realmente secundario. El internamiento de una persona en una prisión significa además su separación de su entorno familiar y social para someterle a un régimen de vida de privación de libertad estructurado de una forma totalmente rígida y al margen de la participación por parte del internado que anula por completo el desarrollo de un aspecto tan necesario para convivir pacíficamente en la sociedad como es la responsabilidad individual, de forma que el penado se enfrenta al riesgo de convertirse en un sujeto cada vez más dependiente. Pero no es el único riesgo que acecha al interno. El estado en que se encuentran los establecimientos penitenciarios, el tiempo de permanencia en los mismos y la dureza del régimen de vida inciden en la salud tanto física como psíquica del penado. Así lo han corroborado algunos estudios que han constatado cómo la permanencia en prisión, especialmente durante largo tiempo, provoca en la persona un grave deterioro de la personalidad; debiéndose igualmente señalar que las condiciones de vida en los establecimientos penitenciarios (masificación, falta de higiene y salubridad...) favorecen la transmisión de enfermedades muy graves como pueden ser la tuberculosis o el sida. Por si esto no fuese suficiente, es frecuente encontrarnos en las prisiones con una subcultura fruto de la propia comunidad carcelaria, que identifica a sus líderes, crea sus propias normas, tiene sus propios hábitos, costumbres, o crea su propio lenguaje. Una vez que el penado queda atrapado en esa subcultura carcelaria se produce un refuerzo de la moral delictiva, se aprenden nuevas técnicas delictivas y se pierde el miedo a la prisión, siendo difícil que la persona, bajo el efecto de la prisionización, una vez en libertad, estigmatizada por su paso por la prisión, deje la actividad delictiva en una sociedad que evoluciona rápidamente y que rara vez ofrece nuevas oportunidades. La prisión, consiguientemente, produce un cúmulo de consecuencias indeseables desde la perspectiva de los derechos humanos para quien únicamente ha sido privado en sentencia condenatoria de su libertad de movimiento. Estas consecuencias se agudizan como es lógico cuando se trata de penas privativas de libertad de larga duración y se convierten en un gravamen innecesario en el caso de las clásicas penas privativas de libertad de corta duración. Estas últimas presentan además la particularidad de que no permiten con carácter general, debido a la brevedad de su duración, el desarrollo con éxito de un tratamiento penitenciario y sí, en cambio, aíslan al penado de su entorno social, lo exponen al llamado efecto criminógeno de las prisiones y obstaculizan la satisfacción de la responsabilidad civil derivada del delito cuando comportan la pérdida del trabajo del penado. El coste económico del cumplimiento de la respuesta penal no debe de ser obviado en el contexto de las penas de prisión de corta duración, pues existen en la actualidad diversos mecanismos que siendo potencialmente capaces de alcanzar los mismos efectos que la pena corta de prisión son menos costosos que ésta, de forma que el recurso a ellos, además de evitar las consecuencias dañinas de estas penas, permitiría una mejor gestión del dinero público.

La nocividad de la tradicional pena privativa de libertad, que brevemente hemos apuntado, es conocida prácticamente desde siempre, sin embargo, se entendía justificada en la idea retributiva del castigo –*punitur quia peccatum est*–. Una vez que esta idea comienza a superarse y se van abriendo camino las teorías preventivas sobre los fines de las penas, da comienzo la búsqueda de mecanismos que permitan poner fin a las encarcelaciones excesivamente largas y, sobre todo, se idean instrumentos para restringir el uso de las penas cortas privativas de libertad de cumplimiento continuado en prisión.

La búsqueda de alternativos a las clásicas penas cortas privativas de libertad arranca en el último tercio del siglo XIX en el seno de la Escuela Positiva, con el florecer de un pensamiento de política criminal orientado a la supresión de dichas penas, cuyo máximo auspiciador será Franz von Liszt, y continua en el presente. De ello ha dado muestra evidente nuestro sistema penal, especialmente con el CP/1995, que situó entre sus objetivos la limitación del uso de este tipo de penas; suprimiendo a tal fin del catálogo de penas a la prisión inferior a seis meses, si bien en las reformas por LO 11/2003 y LO 15/2003 el límite mínimo de esta pena se rebaja a los tres meses; reconfigurando la pena de multa con arreglo al sistema de días-multa en aras de reducir las posibilidades de su incumplimiento; incorporando la PTBC, cuyo papel originariamente muy limitado se vería potenciado en posteriores reformas del CP; o introduciendo una novedosa pena privativa de libertad, la pena de arresto de fin de semana, que por su especial forma de ejecución, discontinua y en régimen de aislamiento, no conllevaría los efectos perniciosos de las tradicionales penas cortas de privación de libertad y sí mantendría un aspecto positivo de esta clase de penas como es el llamado efecto *shock,* o de advertencia o intimidación. Esta pena, no obstante, sería suprimida por LO 15/2003, que apostaría en su lugar por la pena de localización permanente. Aparte de las reformas concernientes a las penas, se ampliaron las posibilidades de la suspensión condicional de la ejecución de las penas privativas de libertad; se introdujo una institución plenamente novedosa como era la sustitución de penas, que tras la reforma por LO 1/2015, ha perdido su autonomía; y se articularon otras formas de cumplir la RPSIM ajenas al cumplimiento en centro penitenciario.

Los grandes retos que plantean las penas privativas de libertad de larga duración han tratado de solucionarse por medio de la mejora de las condiciones de vida de los presos y del reconocimiento de derechos a los internos en centros penitenciarios (LOGP); mediante el establecimiento de un límite máximo de duración de la pena de prisión así como de un límite máximo de cumplimiento de las penas de prisión (art. 76); por vía de la articulación de mecanismos tendentes a facilitar una progresiva incorporación del penado a la vida en libertad en el propio marco de la ejecución de la pena de prisión (permisos ordinarios, salidas programas, salidas de fin de semana, modalidades de cumplimiento semiabierto, por ejemplo) o dirigidos a poner fin de forma condicionada al cumplimiento de la pena (así la suspensión condicional de la ejecución del resto de la pena –arts. 90 ss.–); a través del establecimiento de instituciones diversas que posibilitan la puesta en libertad del penado por razones de humanidad (arts. 36.4 y 91); o por medio de instituciones de gracia como el indulto parcial (*infra* § 56).

No obstante lo dicho, recientemente los problemas de las penas de prisión de larga duración en nuestro sistema legal se han agravado como consecuencia de la introducción de la pena de prisión permanente revisable. La adecuación de esta pena a nuestro ordenamiento jurídico ha sido, como apuntábamos, seriamente cuestionada por gran parte de la doctrina penal en atención a las dudas que su configuración legal suscita desde el mandato constitucional de la reeducación y resocialización del penado (**art. 25.2 CE**), la proscripción de las penas inhumanas o degradantes (**art. 15 CE**) o la dignidad humana (**art. 10 CE**), entre otros motivos.

BIBLIOGRAFÍA

ABEL SOUTO, M.: *La pena de localización permanente,* Comares, Granada, 2008; BURILLO ALBACETE, F.J.: *El nacimiento de la pena privativa de libertad,* EDERSA, Madrid, 1999; CERVELLÓ DONDERIS, V.: «Una lectura de la STC 169/2021 de 6 de octubre en clave de ejecución: evitar la perpetuidad de la prisión permanente revisable», *RGDP* 40 (2023); CUERDA RIEZU, A.: *La cadena perpetua y las penas muy largas de prisión: por qué son inconstitucionales en EspañaX,* Atelier, Barcelona, 2011; DAUNIS RODRÍGUEZ, A., «La prisión permanente revisable. Principales argumentos en contra de su incorporación al acervo punitivo español», *RDPC* 10 (2013), 65 ss.; GONZÁLEZ TASCÓN, M.M.: *Pasado, presente y futuro de la pena de arresto de fin de semana,* Universidad de Oviedo, 2007; EADEM, «Regulación legal de la pena de prisión permanente revisable», *RdPP* 41 (2016), 91 ss.; LEÓN ALAPONT, J.: *La prisión permanente revisable en España,* Tirant lo blanch, Valencia, 2024; RÍOS MARTÍN, J.C.: *La prisión perpetua en España. Razones de su ilegitimidad ética y de su inconstitucionalidad,* San Sebastián, 2013; RODRÍGUEZ YAGÜE, C. (dir.), *El diseño de la ejecución penitenciaria de la prisión permanente revisable,* Tirant Lo Blanch, Valencia, 2024; VVAA, *Personas condenadas a prisión permanente revisable en España: Cuestiones penales y penitenciarias, Dykinson, Madrid, 2024.*

Jurisprudencia:

Doctrina constitucional sobre el artículo 25.2 CE (por ejemplo, STC nº. 150/1991, de 4 de julio, FJ. 4º); y sobre la regulación legal de la pena de prisión permanente revisable (STC nº. 169/2021, de 6 de octubre).

Documentos de interés:

FGE: Circular 2/2004, sobre aplicación de la reforma del Código Penal operada por Ley Orgánica 15/2003, de 25 de noviembre. (Primera parte); Consulta 1/2016, de 24 de junio, sobre la pena imponible en los casos de quebrantamiento de una pena de localización permanente. *Instituciones Penitenciarias*: Instrucción de la DGCTMA 11/2011, de 7 de julio, sobre pena de localización permanente en centro penitenciario.

Cuestiones prácticas:

Argumentos a favor y en contra de una pena de privación de libertad de por vida. ¿Se adecúa a la CE la pena de prisión permanente revisable?

Páginas web de interés:

http://www.institucionpenitenciaria.es

https://www.defensordelpueblo.es/area/centros-penitenciarios

Capítulo IV

Penas privativas y restrictivas de derechos

Si bien toda pena priva o restringe algún derecho, por penas privativas o restrictivas de derechos se entiende aquellas penas que privan de otros derechos que no sean la vida, la libertad o el patrimonio y se identifican con las previstas en el **art. 39**. Según el **art. 32**, «las penas que pueden imponerse, bien con carácter principal bien como accesorias, son las penas privativas de libertad, las privativas de otros derechos y la multa». Las penas privativas de derechos se regulan en la Secc. 3ª del Cap. I del Tít. III del Lib. I (**arts. 39 a 49**). La exposición de estas penas vamos a dividirla en cuatro grupos: las inhabilitaciones y suspensiones (*infra* § 12); las privaciones de otros derechos (*infra* § 13); los trabajos en beneficio de la comunidad (*infra* § 14); y, por último, las penas específicas para proteger a las víctimas, que por la importancia que cada vez más están cobrando, les dedicamos un Capítulo aparte (*infra* §§ 15 ss.).

§ 12. INHABILITACIONES Y SUSPENSIONES

ANA GUTIÉRREZ CASTAÑEDA

En las **letras a), b) y c) del art. 39** se recoge un amplio catálogo de inhabilitaciones y la suspensión de empleo o cargo público, penas que cumplen fines de prevención general intimidatoria y, al menos en algunos casos, de inocuización, pues tratan de impedir que el condenado vuelva a delinquir en el ejercicio de los cargos, actividades o derechos afectados por la pena.

Algunas de estas penas gozan de una importante tradición histórica y hunden sus raíces en las antiguas sanciones infamantes y de exclusión (por ejemplo, en la muerte civil, la pérdida de la paz o la pena de infamia). Aunque, evidentemente, han experimentado una importante evolución, la actual regulación de las penas de inhabilitación aún presenta vestigios importantes de su antigua configuración como sanciones infamantes y de exclusión que invitan a reflexionar sobre la necesidad de llevar a cabo una reforma integral de su regulación y sobre el papel que deben desempeñar en un Derecho penal democrático para dar respuesta a determinadas formas de criminalidad caracterizadas por su vinculación con el ejercicio de determinados cargos, derechos o actividades. Aun reconociendo la existencia de otros aspectos importantes, esta reflexión debería centrarse principalmente en un aspecto: la aplicación de algunas de las penas de inhabilitación y –en menor medida– de suspensión no se hace depender de la relación entre el delito y el contenido de la pena y, por ello, no son susceptibles de cumplir las funciones preventivo-generales y especiales atribuidas a la pena en un sistema penal democrático.

Salvo la inhabilitación especial para otras actividades determinadas en el Código, todas ellas tienen una doble naturaleza, pudiendo imponerse como penas principales y como accesorias de la prisión (*supra* § 6).

Entre las penas que recaen sobre los empleos y cargos públicos, la más grave es la **inhabilitación absoluta,** que afecta a todos los empleos y cargos públicos, así como a los honores de los que sea titular el penado. Por empleos y cargos públicos ha de entenderse todos aquellos que se integran en la función pública, independientemente de la Administración a la que pertenezcan (estatal, autonómica, local o, incluso, institucional), de las características de la relación (funcionario, laboral, interino, etc.) y de la concreta situación administrativa de su titular (p.ej., en situación de excedencia).

Algún autor se ha mostrado crítico con esta interpretación tan amplia de los empleos o cargos públicos que pueden ser objeto de inhabilitación, poniendo en evidencia la necesidad de adoptar criterios limitadores que, al menos, traten de mitigar el carácter totalizador de esta pena.

En cambio, respecto de los honores se mantiene una interpretación restrictiva, que limita el alcance de la pena a las distinciones y condecoraciones civiles o militares que tengan carácter público y de la que estarían excluidos los títulos y grados académicos.

Pese a la interpretación restrictiva mantenida por la Doctrina, la privación de los honores del penado confiere a la inhabilitación absoluta un marcado carácter infamante que, en nuestra opinión, es incompatible con un modelo penal democrático dirigido a la prevención del delito. Esta crítica se ve reforzada si atendemos al hecho de que estamos ante una pena totalizadora que afecta a todos los empleos o cargos públicos –independientemente de su relación o no con el delito cometido– y cuyo fin primordial viene a ser la protección de la dignidad de la función pública.

Según el **art. 41**, la inhabilitación absoluta comporta para el penado un doble efecto. En primer lugar, la privación definitiva de todos los honores, empleos y cargos públicos de los que sea titular el condenado, incluidos los cargos públicos electivos. Este primer efecto tiene carácter perpetuo y no puede graduarse en función de las circunstancias del delito. A diferencia de la suspensión de empleo o cargo público, el condenado a inhabilitación absoluta pierde definitivamente todos sus honores, empleos y cargos públicos, sin que pueda recuperarlos automáticamente tras cumplir la condena.

En segundo lugar, da lugar a la incapacidad del penado para adquirir los mismos cargos, empleos y honores de los que ha sido privado o cualesquiera otros, así como del derecho de sufragio pasivo durante el tiempo de la condena. Este segundo efecto tiene carácter temporal, por lo que, una vez cumplida la pena, el condenado podrá adquirir cualquier empleo o cargo público a través de los procedimientos legalmente previstos para el acceso a los mismos.

El alcance real de esta pena no puede comprenderse adecuadamente sin tener en cuenta la legislación extrapenal relativa al acceso a los empleos o cargos públicos, que puede agravar *de facto* los efectos de la inhabilitación e, incluso, prolongarlos más allá del tiempo de la condena. En este sentido, ha de destacarse que el acceso a algunos empleos o cargos públicos se condiciona a la ausencia de antecedentes penales, lo que, en la práctica, supone prolongar los efectos de la pena hasta la cancelación de dichos antecedentes. Asimismo, es preciso tener en cuenta que en el ámbito administrativo –p.ej., en el EBEP o en la LOPJ– se regula la llamada "rehabilitación", que permite al condenado a una pena de inhabilitación acceder a empleos o cargos públicos sin necesidad de superar de nuevo las pruebas de acceso.

La titularidad y ejercicio de empleos y cargos públicos es objeto también de la **inhabilitación especial de empleo o cargo público**, que, según el **art, 42**, comporta para el penado un doble efecto: la privación definitiva del empleo o cargo público determinado en la sentencia y de los honores anejos al mismo, así como la incapacitación durante el tiempo de la condena para adquirir el mismo cargo o empleo, u otros análogos, entendiendo por tales aquellos que impliquen el ejercicio de funciones similares.

La inhabilitación recae sobre el empleo o cargo público en su totalidad, sin que su alcance pueda quedar limitado a facetas o aspectos concretos del mismo o a actividades especiales que puedan ser realizadas por el condenado en su condición de empleado o titular de un cargo público (SSTS 695/2012, 19-9 y 887/2008,10-12).

La limitación de los efectos de esta pena a determinados empleos o cargos públicos tiene como lógica consecuencia la obligación judicial de concretar en la sentencia condenatoria los empleos o cargos públicos afectados por la inhabilitación, a la que se refiere expresamente el art. 42. Esta obligación de concreción alcanza, no solo al empleo o cargo público del que ha de privarse al penado, sino también a los cargos análogos para cuya adquisición se le incapacita durante el tiempo de la condena.

La determinación del concreto empleo o cargo público afectado por la inhabilitación es lo que confiere especificidad a esta pena, diferenciándola de la inhabilitación absoluta. Así, entendemos que la falta de concreción de dicho empleo o cargo en la sentencia podría llegar a impedir la ejecución de la pena, sin que ello pueda eludirse, en sede de ejecución, a través de la inclusión como objeto de la misma de todos los empleos o cargos públicos, pues ello supondría convertir la inhabilitación especial impuesta en la sentencia en una inhabilitación absoluta.

Especiales dificultades plantea el cumplimiento de esta obligación respecto de los empleos o cargos análogos, que están siendo determinados por los Jueces y Tribunales con un grado de precisión diverso. Partiendo de las inconvenientes que entrañaría exigir la inclusión en la sentencia de un listado exhaustivo, entendemos que, al menos, han de establecerse con claridad los criterios generales que permitan determinar, en la fase de ejecución, a qué concretos empleos o cargos públicos alcanza la incapacitación del penado por ser análogos a aquél del que es privado el condenado. En este sentido, es importante destacar la insuficiencia de expresiones excesivamente genéricas que, en realidad, no doten a la cláusula de analogía de un mínimo contenido y que terminen convirtiendo la inhabilitación en una pena indeterminada.

La **suspensión de empleo o cargo público** tiene un alcance mucho menor al de la inhabilitación absoluta y la inhabilitación especial de empleo o cargo público, pues, a diferencia de éstas, comporta únicamente la prohibición temporal de ejercer un empleo o cargo público. Aunque el CP no establezca expresamente esta obligación, a nuestro juicio, será el Juez el que deba determinar en la sentencia condenatoria el cargo o empleo sobre el que ha de recaer la suspensión, que habrá de ser aquel en cuyo ejercicio se haya cometido el delito.

En consecuencia, el condenado no pierde la titularidad del empleo o cargo –cuyo ejercicio puede reanudarse tras el cumplimiento de la pena–, ni se ve incapacitado para adquirir otros empleos o cargos, aunque supongan el ejercicio de funciones análogas a las del cargo afectado por la suspensión.

La última de las penas que afectan al ejercicio de empleos o cargos públicos es la **inhabilitación especial para el derecho de sufragio pasivo**, que recae sobre el derecho a participar en los asuntos públicos –reconocido en el art. 23 CE– y cuyo contenido se regula en el **art. 43**. Aunque esta pena encuentra su ámbito de aplicación más importante como accesoria de la prisión de duración igual o inferior a 10 años, la LO 1/2015 ha ampliado su campo de juego como pena principal, previéndola en delitos relacionados con la corrupción. En cuanto a su contenido, priva al penado del derecho a acceder a cualquier cargo público electivo durante el tiempo de la condena.

El CP/1995 suprimió el derecho de sufragio activo como posible objeto de las penas de inhabilitación, rompiendo con la línea seguida en nuestro país durante el proceso codificador. En nuestra opinión, ello supuso una importante aportación al proceso de adaptación del sistema de penas privativas de derechos a nuestro actual modelo de Estado, en el que el derecho al voto –reconocido como derecho fundamental en el art. 23.1 CE– está indisolublemente vinculado al sistema democrático, y su privación solo podría explicarse apelando a criterios morales inadmisibles en un sistema penal democrático.

El **art. 45** regula la **inhabilitación especial para profesión, oficio, industria o comercio u otras actividades, sean o no retribuidas,** que priva al penado de la posibilidad de ejercer, durante el tiempo de la condena, una profesión u oficio de carácter privado u otras actividades, independientemente de que sean o no retribuidas. La referencia a estas últimas ha sido introducida por la LO 8/2021, de 4 de junio, de protección integral a la infancia y la adolescencia frente a la violencia, que ha ampliado el objeto de esta pena a otras actividades, retribuidas o no, que carecen de carácter profesional o laboral (por ej. al voluntariado), dando así cobertura a las inhabilitaciones especiales para profesiones o actividades que implican un contacto directo y regular con menores que se prevén en algunos delitos.

Esta misma Ley ha introducido una novedad importante, que venía siendo reclamada por una parte de la Doctrina y que puede contribuir a dotar a esta pena de una mayor orientación resocializadora: la facultad judicial de limitar sus efectos no a la profesión o actividad en su conjunto, sino a aquellas funciones o facetas de la misma que estén directamente relacionadas con el delito cometido. De este modo, el condenado podría continuar ejerciendo las funciones no afectadas por la pena, lo que reduciría notablemente sus efectos desocializadores.

En cuanto a las concretas actividades profesionales o laborales que pueden ser objeto de esta pena, el CP no establece limitación alguna, siendo irrelevante que se trate de profesiones cuyo ejercicio esté sometido a algún tipo de control (por ejemplo, a través de la colegiación obligatoria) o no.

Al tratarse de una inhabilitación especial, los efectos de la pena se circunscriben a una profesión o actividad determinada que debe concretarse expresa y motivadamente en la sentencia y que, lógicamente, habrá de tener una relación directa con el delito cometido. Esta obligación judicial de concreción del objeto de la pena cobra actualmente una mayor relevancia, sobre todo cuando la inhabilitación alcance solo a algunas de las funciones de la profesión o actividad.

Pese a que el CP establece expresamente la obligación judicial de establecer motivadamente la concreta profesión u oficio afectado por esta pena, cada vez son más los preceptos de la Parte Especial que concretan el objeto de la inhabilitación, vaciando de contenido la obligación judicial a la que se refiere el art. 45. Así lo hacen, por ej., los arts. 192.3 (inhabilitación especial para cualquier profesión u oficio que conlleve contacto regular y directo con menores de edad), 337 (inhabilitación especial para profesión, oficio o comercio que tenga relación con los animales) o 510.5, 511 y 512 (inhabilitación especial para profesión u oficio educativos, en el ámbito docente, deportivo y de tiempo libre).

La **letra b) del art. 39** contempla también la **inhabilitación especial para otras actividades determinadas en el Código**. A través de esta pena se da cobertura a un conjunto de privaciones de derechos y prohibiciones de realizar determinadas actividades que se encuentran dispersas en diversos tipos de la Parte Especial y que no son objeto de previsión expresa en el catálogo general de penas privativas de derechos.

Cabe citar la pérdida de la posibilidad de obtener subvenciones o ayudas públicas y del derecho a disfrutar de beneficios o incentivos fiscales o de seguridad social, la privación del derecho a cazar o pescar, la prohibición de licitar en subastas judiciales o la prohibición de contratar con la Administración Pública.

En el **art. 46** se regula la **inhabilitación especial para el ejercicio de la patria potestad, tutela, curatela, guarda o acogimiento** tiene por objeto la patria potestad –incluidas la prorrogada y las instituciones análogas reguladas en la legislación civil de algunas CCAA–, así como las instituciones civiles de la tutela, la curatela, la guarda y el acogimiento, y tiene un fin fundamentalmente preventivo especial.

En cuanto a su alcance y contenido, cuando recae sobre la tutela, la curatela, la guarda o el acogimiento, la imposición de esta inhabilitación conlleva su extinción y la incapacidad del condenado para adquirir estos cargos durante el tiempo de la condena. En cambio, cuando tiene por objeto la patria potestad la determinación de su alcance presenta una mayor dificultad. De lo dispuesto en el art. 46 se deduce claramente que la pena afecta únicamente al ejercicio de los derechos inherentes a esta institución por parte del progenitor condenado, que se reanudará una vez transcurrido el tiempo de la condena. En consecuencia, dicho progenitor seguirá estando obligado a cumplir los deberes propios de quien ostenta la patria potestad.

Sin embargo, la subsistencia de estos deberes puede dificultar notablemente la ejecución de la pena, pues la patria potestad está integrada por un conjunto de facultades –recogidas en el art. 154 CC– en las que se entremezcla la condición de derecho y deber, y cuyo reconocimiento responde al interés de los hijos. Por ello, en sede de ejecución habrán de determinarse con claridad las facultades que han de permanecer vigentes, que, en nuestra opinión, serán aquellas en las que exista un predominio absoluto del interés del hijo y cuya satisfacción no ponga en peligro el fin de la pena. En este sentido, subsistirá la obligación de prestación de alimentos y aquellas otras facultades cuyo mantenimiento redunde exclusivamente en interés del hijo y cuyo cumplimiento no ponga en riesgo los fines de la pena.

La LO 1/2015 ha introducido en la **letra b) del art. 39** una nueva **inhabilitación especial para la tenencia de animales**, que se prevé como pena principal en los delitos de maltrato y abandono de animales de los arts. 337 y 337 *bis* y cuyo contenido y alcance no son objeto de una regulación específica. Su imposición comporta, en nuestra opinión, la privación del derecho a la tenencia de cualquier tipo de animal –doméstico o no–, de modo que durante el tiempo de la condena se priva al penado de la posibilidad de poseer animales, independientemente de que ostente o no la titularidad formal de los mismos.

En nuestra opinión, esta interpretación es la que mejor responde al fin inocuizador al que se dirige esta pena, que podría verse frustrado de limitarse el alcance de la prohibición a la condición de titular formal de los animales. Ello no nos impide, sin embargo, reconocer los graves problemas que la ejecución de esta pena planteará, previsiblemente, en orden a un adecuado control de su cumplimiento.

El catálogo de inhabilitaciones especiales recogido en el art. 39 se cierra con la **inhabilitación especial para cualquier otro derecho,** que le confiere un carácter abierto, en la medida en que permite la privación de derechos que no han sido expresamente contemplados por el Legislador como objeto de otras inhabilitaciones, y que habrán de concretarse expresa y motivadamente en la sentencia. Esta exigencia de concreción judicial del derecho afectado por esta inhabilitación –que, lógicamente, habrá de estar relacionado con el delito– no impide afirmar que estamos ante una pena indeterminada que, en nuestra opinión, vulnera la exigencia de taxatividad que se deriva del principio de legalidad penal.

Al no preverse como pena principal en ningún delito, su operatividad queda limitada a su imposición como accesoria de la prisión de duración igual o inferior a 10 años.

§ 13. PRIVACIONES DE DETERMINADOS DERECHOS

ANA GUTIÉRREZ CASTAÑEDA

La **letra d) del art. 39** recoge la **privación del derecho a conducir vehículos a motor y ciclomotores**, que se prevé únicamente como pena principal en delitos directamente relacionados con la conducción de dichos vehículos (delitos contra la seguridad vial, homicidio imprudente y lesiones imprudentes cometidos en la conducción de un vehículo a motor o ciclomotor). La falta de previsión expresa de esta pena en los arts. 55 y 56 impide imponerla como accesoria de la prisión a través de la inhabilitación especial para cualquier otro derecho, que sí se contempla en el art. 56.

Con la excepción que se expondrá a continuación, la pena recae únicamente sobre el derecho a conducir, cuyo ejercicio se prohíbe al penado durante el tiempo de la condena. Ello tiene como consecuencia, por un lado, que la pena puede imponerse a cualquier persona –independientemente de que haya obtenido o no el correspondiente permiso de conducir– y, por otro lado, que, una vez cumplida la pena, el sujeto puede volver a ejercer su derecho sin necesidad de obtener de nuevo el permiso, cuya vigencia no se ve afectada por la condena. Sin embargo, la LO 15/2007, de 30 de noviembre, agravó los efectos de esta pena, que comportará la pérdida de vigencia del permiso de conducir cuando se imponga con una duración superior a dos años.

Similares características presenta la **privación del derecho a la tenencia y porte de armas**, contemplada en la **letra d) del art. 39** y cuyo contenido se regula también en el **art. 41**. Se prevé solo como pena principal en algunos delitos relacionados con el uso de armas, sin que pueda imponerse como accesoria de la prisión como consecuencia de su falta de previsión expresa en los arts. 55 y 56. Tal y como entiende la Doctrina mayoritaria, la prohibición alcanza a la tenencia y porte de armas, entendiendo por tales únicamente las armas de fuego, cuya tenencia está sometida a control administrativo. Al igual que la privación del derecho a conducir vehículos a motor y ciclomotores, la imposición de esta pena por tiempo superior a dos años da lugar a la pérdida de vigencia del permiso de armas, que habrá de ser obtenido de nuevo por el penado tras el cumplimiento de la condena de acuerdo con lo establecido en la normativa correspondiente.

La LO 5/2010 introdujo entre las privativas de derechos una nueva pena de **privación de la patria potestad**, cuyo fundamento reside en el ejercicio inadecuado de los deberes inherentes a la misma por parte de su titular y que tiene por finalidad la protección de los hijos.

Pese a las dudas manifestadas por algún autor, no estamos ante la privación de la patria potestad regulada en el art. 170 CC –que podría imponerse por los órganos jurisdiccionales penales en la propia sentencia condenatoria–, sino de una auténtica pena sometida a los principios y reglas penales y cuya aplicación procederá solo cuando el CP la prevea como pena principal o autorice su imposición como pena accesoria de la prisión en delitos relacionados con el ejercicio de la patria potestad.

De acuerdo con lo dispuesto en el **art. 46**, la pena recae sobre la patria potestad (incluida la prorrogada) y las instituciones análogas que se regulan en la legislación civil de algunas Comunidades Autónomas. Su imposición conlleva la pérdida definitiva de la patria potestad sobre el hijo o hijos en cuyo interés se imponga, subsistiendo los derechos de los que sea titular el hijo respecto del progenitor condenado. Respecto de estos últimos, la LO 8/2021, de 4 de junio ha introducido la necesidad de que sean concretados por el Juez o Tribunal atendiendo al interés superior del menor o persona con discapacidad en relación con las circunstancias del caso concreto.

La subsistencia de los derechos de los hijos sometidos a patria potestad plantea los mismos problemas que fueron expuestos respecto de la inhabilitación especial para el ejercicio de la patria potestad, por lo que, en nuestra opinión, debería haberse incluido una previsión similar relativa a la concreción de los deberes del titular de la patria potestad que no quedan afectados por la inhabilitación.

Dado su carácter perpetuo, la privación de la patria potestad tiene siempre la consideración de pena grave.

§ 14. LA PENA DE TRABAJOS EN BENEFICIO DE LA COMUNIDAD

MARÍA MARTA GONZÁLEZ TASCÓN

La pena de trabajos en beneficio de la comunidad (en adelante PTBC), introducida en el sistema de penas por el CP/1995, se podría **definir**, a tenor del **art. 49**, como aquella pena que mediando el consentimiento del penado le obliga a prestar su cooperación no retribuida en determinadas actividades de utilidad pública. Este concepto recoge los elementos esenciales de nuestra PTBC: realización de un trabajo de utilidad pública, voluntario y no remunerado. No obstante, podríamos ofrecer un concepto más amplio en aras de resaltar algunas de las condiciones relativas al trabajo que se ha de realizar. Así podríamos decir que la PTBC es aquella pena que mediando el consentimiento del penado le obliga a prestar su cooperación no retribuida, durante un máximo de ocho horas al día, en determinadas actividades de utilidad pública, no supeditadas al logro de intereses económicos ni atentatorias contra la dignidad del penado, facilitadas por la Administración.

Como ya se habrá advertido, se trata de una pena *sui generis* en base principalmente a dos de sus notas **características**: la necesidad de que el propio penado consienta la aplicación de la pena y el hecho de que éste tenga que adoptar, en principio, una posición activa en su cumplimiento como consecuencia de quedar obligado a cooperar en la realización de determinadas actividades de utilidad pública.

La necesidad del **consentimiento del penado** se explica por los recelos que ha suscitado la imposición de la obligación personalísima de realizar un trabajo desde la perspectiva del respeto de los derechos fundamentales de las personas, destacadamente la dignidad humana, que habría llevado a la proscripción del trabajo forzado (**arts. 10.1, 15 y 25.2 CE**). Pero como el trabajo forzoso, en la medida en que evoca un trabajo penoso, que impuesto obligatoriamente a una persona le ocasiona de forma buscada un sufrimiento, no puede ser sinónimo nunca de un TBC, cada vez son más quienes defiende que una PTBC que prescindiera del consentimiento del penado podría adecuarse a nuestro ordenamiento jurídico. Distinto es que, en atención a la otra de las notas resaltadas, la exigencia de ese consentimiento resulte muy interesante desde un enfoque práctico, pudiéndose destacar que el consentimiento contribuye a la realización de la función resocializadora de la pena; sienta las bases para que la pena sea cumplida, evitando en mayor medida una reduplicación de trámites procesales; y garantiza que la situación del penado no sea más gravosa que la resultante de la imposición de una pena privativa de libertad. El consentimiento se tiene que emitir con carácter previo a la aplicación judicial de la pena, de forma personal, es decir, debe otorgarlo por sí mismo el acusado o condenado, según el caso, y además debe hacerlo expresamente, bien verbalmente bien por escrito (por ejemplo, mediante documento público), en aras de que quede suficientemente garantizada su disposición a cumplir la pena.

La exigencia de que la **actividad** a realizar por el penado esté caracterizada por la nota **de utilidad pública** se explica en base a dos de los fines que se predican de esta pena: la reparación simbólica del daño y la resocialización del penado. La PTBC tiene que producir un beneficio, un bien para la sociedad en su conjunto, que se materializa cuando la actividad que el penado desempeña repercute positivamente en toda la comunidad y no sólo en el beneficiario concreto de la misma. Ello provoca que no toda actividad pueda dar sustrato a esta pena, únicamente aquella que está orientada al interés de todos. Asimismo, el hecho de que la actividad esté enfocada al interés común de la comunidad siembra el terreno para que a través de la misma se pueda satisfacer el objetivo de la resocialización del penado, si bien este último sería en mejor medida alcanzable si en el cumplimiento de la pena participasen personas que pudieran constituir un referente prosocial y desempeñasen una función de asistencia del penado. A la luz de la normativa relacionada con el desarrollo de actividades de utilidad pública (Ley 43/2015, de 9 de octubre, del tercer sector de acción social; LO 1/2002, de 22 de marzo, reguladora del derecho de asociación), podríamos vislumbrar un amplio terreno de cultivo para el desarrollo de **puestos de TBC**, en el que principalmente nos encontraríamos con actividades o labores de asistencia social, completadas con otras actividades en sectores muy diferentes; a modo simplemente de ejemplo y siguiendo el planteamiento de Instituciones Penitenciarias, cabría destacar en particular la colaboración en comedores sociales (indigentes y niños); el reparto de alimentos y ropa; el apoyo a personas con discapacidad física y psíquica, a personas mayores y dependientes, a enfermos terminales; el apoyo a transporte adaptado y ambulancias; el apoyo en centros de día, residencias para personas mayores y teleasistencia; el apoyo en centros de día (programas de inserción sociolaboral, drogodependencias, violencia de género o doméstica); el apoyo en programas de orientación y búsqueda de empleo; el apoyo en comunidades terapéuticas; el apoyo en campañas y eventos culturales y deportivos; el apoyo en campañas de prevención, sensibilización, etc., ante el consumo de drogas, alcohol; el apoyo o participación en programas (alfabetización, español para extranjeros, formación profesional, inserción laboral, educación vial, primeros auxilios, socorrismo, ocio y tiempo libre para distintos colectivos –mujeres, niños, jóvenes y extranjeros–; mantenimiento y limpieza; el apoyo administrativo (archivos, almacenes, atención al teléfono, ofimática, mensajería, etc.); el apoyo en oficios varios (albañilería, carpintería, fontanería, electricidad, cocina, etc.). El tipo de actividad que en concreto se realiza es fundamental e influye, como era de esperar, en la valoración que los condenados hacen de los TBC. Hay estudios que concluyen que éstos perciben especialmente útiles aquellas actividades que implican un contacto directo con las personas inmediatamente beneficiarias de la actividad y ello contribuye a reducir una reincidencia futura.

La LO 15/2003 añadió una referencia expresa a que esta actividad pública pudiera consistir en la **realización de labores de reparación de los daños causados o de apoyo o asistencia a las víctimas de hechos delictivos de similar naturaleza al cometido por el condenado**. Esta especificación tiene la virtualidad, por un lado, de acentuar el componente rehabilitador de esta pena a través de esa referencia expresa a la reparación de daño y al contacto con las víctimas de los delitos y, por otro lado, de disponer de forma diáfana que el TBC puede consistir en la realización de actividades a favor de las víctimas individualizadas de delitos. En cuanto a su contenido, estas actividades se reducen a la reparación de daños causados y al apoyo o asistencia a las víctimas. No obstante, pese a que esta posibilidad resulta especialmente interesante al enfrentar directamente al condenado con las consecuencias de actos como los que él ha realizado, presenta, sin embargo, algunas limitaciones derivadas del propio perfil del condenado, que podría ser inidóneo para participar en esos programas, de la falta de cooperación de las víctimas, de las reticencias de las personas que realizan el trabajo en el que ha de colaborar el condenado o de la existencia misma de este tipo de programas. Hasta el momento presente esta vía habría cobrado mayor interés en el marco de los delitos contra la seguridad vial, seguramente debido a la menor dificultad para encontrar actividades de utilidad pública relacionadas con las consecuencias de estos delitos (desde actividades preventivas –facilitación de información a la ciudadanía sobre los peligros de la conducción de vehículos–, pasando por actividades de recuperación de las personas que han sufrido un accidente de tráfico o han sido víctimas de un delito de esta índole –ayuda en hospitales y centros de rehabilitación–, hasta actividades de mejora de la calidad de vida de las mismas –ayuda y asistencia en su día a día–). Pero también para dar respuesta al incremento de estos delitos tras la intensificación de la utilización del instrumento penal para garantizar la seguridad vial en 2007.

La LO 5/2010 ha introducido una nueva acepción del término actividad pública con la que en cierta manera se ha desvirtuado la esencia de esta pena en aras de incrementar el número de plazas de TBC. Una brecha que se había comenzado a abrir, aunque de forma más respetuosa con la naturaleza de esta pena, por vía reglamentaria en el marco de los delitos contra la seguridad vial (RD 1849/2009). En concreto se ha reconocido la condición de actividad pública a la **participación del penado en programas** formativos o de reeducación, laboral, culturales, de educación vial, sexual, de resolución de conflictos, parentalidad positiva –estos últimos mencionados expresamente a raíz de la LO 8/2021– y otros similares; lo que hace difícil poder seguir afirmando en estos casos que el penado está desarrollando un TBC. Instituciones Penitenciarias ha aprobado diversos programas para dar contenido a esta pena: intervención para agresores de violencia de género en medidas alternativas (PRIA-MA), intervención frente a la delincuencia sexual con menores en la red (Fuera de la red), intervención psicoeducativa en seguridad vial (PRO-SEVAL), sensibilización y reeducación en habilidades sociales (PROBECO), intervención frente a la violencia familiar en medidas alternativas (Programa Encuentro) y sensibilización en drogodependencias (Programa Cuenta Contigo). Este último está destinado exclusivamente a estos condenados, mientras que el resto pueden operar también en las suspensiones de la pena.

Las particularidades de esta pena y el hecho de que el CP se limite a enumerarla en el catálogo de las denominadas penas privativas de derechos [art. 39 letra i)] han provocado la existencia de diversas posiciones doctrinales sobre la **restricción o privación de derechos** que entraña. Se pueden identificar posiciones generalistas que predican que esta pena afecta a la libertad en general del ser humano y al libre desarrollo de la personalidad, o apelan a una limitación de la calidad de vida. Y otras muy concretas, que señalan la privación de uno o varios derechos, como podrían ser el derecho a la libertad de movimiento (art. 17.1 CE), a la remuneración por el trabajo (art. 35.1 CE), a elegir un trabajo (art. 35.1 CE), y muy especialmente, en nuestra opinión, a la libertad de disponer del tiempo de ocio (arts. 17.1 y 43.3 CE). Tras la aparición de una nueva acepción de actividad de utilidad pública en 2010 para abarcar la participación del penado en programas, cabría hacer una ulterior precisión sobre el bien jurídico afectado por la pena en estos casos para destacar que en los mismos resulta más adecuado hablar de la libertad en general.

La PTBC presenta una **extensión natural** de 1 día a 1 año, salvo lo que excepcionalmente dispongan otros preceptos del CP (art. 40.4 y 5); unas excepciones que se manifiestan únicamente cuando la realización de un TBC opera en contextos en los que se utiliza para desplazar a la pena principal. Se precisa además que la duración diaria de la pena o jornada no puede exceder de 8 horas al día (art. 49). En atención a su duración puede ser pena menos grave y pena leve (*supra* § 6).

Nos encontramos ante una pena que destaca por su capacidad para satisfacer los distintos **fines** que se predican de las penas (de retribución y de prevención), pudiendo acentuarse más unos u otros a través de su concreta configuración y puesta en práctica. Se suele destacar sobre todo de ella su naturaleza reparadora del daño causado a la comunidad a cargo del propio causante y su componente humanizador, que se reflejaría en su carácter no estigmatizador y en el mantenimiento e incluso revitalización de los vínculos sociales. En sus orígenes tuvo una **función** muy secundaria en el sistema penal al habérsele asignado únicamente la posibilidad, en alternativa con otra pena, de cumplir un papel de pena sustitutiva de la pena principal de arresto de fin de semana (art. 88.2) y de la pena de RPSIM (art 53). Dos décadas después, tras las modificaciones llevadas a cabo por diversas leyes (LO 11/2003, LO 15/2003, LO 1/2004, LO 15/2007, LO 5/2010, LO 1/2015, LO 4/2022, LO 10/2022 y LO 3/2023), su importancia ha crecido de forma considerable a raíz de la ampliación de su papel como instrumento alternativo al cumplimiento de determinadas penas privativas de libertad –RPSIM (art. 53.1 y 2), pena de prisión inferior a tres meses (art. 71.2), penas privativas de libertad susceptibles de ser suspendidas condicionalmente (art. 84.1.3ª)– y de su articulación como pena principal en una serie de delitos, que si bien cuantitativamente es muy limitada, tiene una importancia estadística reconocible. Concretamente se prevé en figuras delictivas conectadas con la violencia de género, doméstica o asimilada o sobre personas especialmente vulnerables (arts. 153.1 y 2; 171.4, 5 y 7, p. 2; art. 172.2 y 3, p. 2; 172 *ter* p. 2; y 173.4, p. 1 y p. 2, 172 *quater*); en escasas infracciones contra el patrimonio (arts. 244.1; 270.4 y 274.3); en el campo de los delitos contra la seguridad vial (arts. 379.1 y 2; 384; y 385) y en los delitos contra los animales (arts. 340 bis y 340 ter).

La **ejecución** de esta pena se encuentra perfilada en el art. 49 y desarrollada en el **RD 840/2011**, de 17 de junio, por el que se establecen las circunstancias de ejecución de las penas de trabajo en beneficio de la comunidad y de localización permanente en centro penitenciario, de determinadas medidas de seguridad, así como de la suspensión de la ejecución de las penas privativas de libertad y sustitución de penas (**arts. 3 a 11**). A su tenor, y de forma sucinta, podríamos destacar desde una perspectiva organizativa que la atribución de la ejecución de esta pena está encomendada a la Administración Penitenciaria, encargándose concretamente el SGPMA de la planificación y del seguimiento de su cumplimiento. No obstante, dadas las características de esta pena y las dificultades para crear una red de puestos de TBC suficientemente amplia, diversa y próxima al ciudadano para satisfacer en mejor medida sus fines, la Administración penitenciaria ha seguido tres líneas de trabajo por lo que se refiere a la creación de puestos de TBC (creación por sí misma de la plaza, celebración de convenios con terceros que dispusiesen de la plaza y aceptación de una propuesta presentada por el propio condenado) que han implicado a otras entidades tanto públicas como privadas e incluso al propio penado en el cumplimiento de la pena. A este respecto hay que tener en cuenta que en la actualidad toda la Administración, estatal, autonómica o local, está obligada a facilitar puestos de TBC, pudiendo a tal efecto recurrir al sistema de celebración de convenios entre sí o con otras entidades públicas o privadas que desarrollen actividades de utilidad pública. El control de la ejecución de la pena le corresponde, sin embargo, al JVP, quien a tal fin requerirá los informes sobre el desempeño del trabajo a la Administración, entidad pública o asociación de interés general en que se presten los servicios.

El cumplimiento de la PTBC está regido de forma implícita por el principio de flexibilidad con el objetivo de garantizar su adaptación a las circunstancias personales, familiares y laborales del penado en orden a eludir sus posibles efectos desocializadores. Consiguientemente el mismo está precedido de una fase previa en la que el SGPMA se encarga de su planificación. Esto implica en concreto la valoración del caso para determinar la actividad más adecuada. Esta valoración se realiza a partir de la información que remite el juzgado (resoluciones judiciales y cualquier documentación relevante a tal fin) y de la que facilita el propio penado que, habiendo sido citado por el SGPMA, acude a una cita con el objetivo de que se conozcan sus características personales o familiares y sus circunstancias laborales así como el horario que le resultaría más adecuado para el cumplimiento de la pena en aras de compatibilizar, en la medida de lo posible, el mismo con el normal desarrollo de sus actividades diarias. Durante la cita se le informa al penado sobre las distintas plazas existentes, con indicación de su contenido, horario y lugar de realización, y se escucha la propuesta que el penado realice. El plan elaborado por el SGPMA es inmediatamente ejecutivo, sin perjuicio de que se dé traslado del mismo al JVP para su control.

A lo largo de la planificación y cumplimiento de la pena se pueden suscitar algunas situaciones con capacidad de obstruir o dificultar el cumplimiento de la pena. Algunas de ellas han sido especialmente consideradas por el legislador quien ha dispuesto en el **art. 49** que los servicios sociales penitenciarios (léase SGPMA), hechas las verificaciones necesarias, comuniquen al JVP las incidencias relevantes de la ejecución de la pena y, en todo caso, si el penado: a) se ausenta del trabajo durante al menos dos jornadas laborales, siempre que ello suponga un rechazo voluntario por su parte al cumplimiento de la pena; b) a pesar de los requerimientos del responsable del centro de trabajo, su rendimiento fuera sensiblemente inferior al mínimo exigible; c) se opusiera o incumpliera de forma reiterada y manifiesta las instrucciones que se le dieren por el responsable de la ocupación referidas al desarrollo de la misma; d) por cualquier otra razón, su conducta fuere tal que el responsable del trabajo se negase a seguir manteniéndolo en el centro. El JVP, tras valorar el informe, tiene tres opciones alternativas: acordar su ejecución en el mismo centro, enviar al penado para que finalice la ejecución de la misma en otro centro o entender que el penado ha incumplido la pena. En este último caso, se deducirá testimonio para proceder por el delito de quebrantamiento de condena (art. 468).

En relación con la ausencia al trabajo se ha precisado que si ésta se debe a una causa justificada no se entenderá como abandono de la actividad, no obstante, el trabajo perdido no se le computará en la liquidación de la condena, lo que significa que tiene que recuperar la jornada.

La previsión legislativa de que a estos penados se les otorgue durante el cumplimiento de la pena cierta protección por parte de la Seguridad Social se encuentra limitada en el momento presente a aquellos penados que efectivamente realizan un trabajo, habiendo sido excluidos de la misma quienes participan en talleres o programas formativos o de reeducación, laborales, culturales, de educación vial, sexual u otros similares (art. 11 RD 840/2011). La protección que se les ha reconocido versa sobre las contingencias de accidentes de trabajo y enfermedades profesionales por los días de prestación efectiva de dicho trabajo (art. 22 RD 782/2001).

SOBRE PENAS PRIVATIVAS DE DERECHOS:

Bibliografía:

BRANDARIZ GARCÍA, J.A. “La pena de inhabilitación especial para el derecho de sufragio pasivo: fundamento y deficiencias de una pena de aplicación masiva”, en *Diario La Ley* nº 7873 (2012); FARALDO CABANA, P./PUENTE ABA, L. (dirs.) *Las penas privativas de derechos y otras alternativas a la privación de libertad*, Tirant lo Blanch, Valencia, 2013; GUTIÉRREZ CASTAÑEDA, A. *Las penas privativas de derechos políticos y profesionales. Bases para un nuevo modelo regulativo*, Tirant lo Blanch, Valencia, 2012; EADEM, “El futuro de las penas privativas de derechos políticos y profesionales. Algunas propuestas para una nueva regulación”, en *Revista Peruana de Ciencias* Penales, nº 26 (2013); EADEM, “Penas privativas de derechos (arts. 39, 46 y 48.1)”, en F.J. Álvarez García/J.L. González Cussac (dirs.) *Comentarios a la reforma penal de 2010*, Tirant lo blanch, Valencia, 2010; EADEM, “La determinación del objeto de la pena de inhabilitación especial para empleo o cargo público”, en Roca de Agapito, L. (dir.), *Un sistema de sanciones penales para el siglo XXI*, Tirant lo blanch, Valencia, 2019; MAPELLI CAFFARENA, B. “La pena de inhabilitación absoluta. ¿Es necesaria?”, *CPC* nº 108 (2012); PUENTE ABA, L.M. *La pena de inhabilitación absoluta*, Comares, Granada, 2013; RODRÍGUEZ MORO, L.: *La pena de privación del derecho a conducir vehículos a motor y ciclomotores*, Tirant lo blanch, Valencia, 2016.

Jurisprudencia:

STC 151/1999, 14-9 (considera análogos los cargos de Alcalde y Senador); STS 885/2021, 17-11 (considera que la inhabilitación especial para empleo o cargo público impuesta a un Alcalde por un delito de prevaricación en la celebración de un contrato menor debe extenderse a cualquier empleo o cargo público con facultades de contratación); STS 750/2021, 6-10 (considera que la sustitución de la pena de prisión inferior a tres meses por una multa no afecta a la pena accesoria de inhabilitación especial para el derecho de sufragio pasivo); STS

477/2020, 28-9 (considera que la inhabilitación especial para empleo o cargo público debe extenderse a todo cargo público electivo que implique funciones de gobierno), ya sea de ámbito estatal, autonómico o local); STS 259/2015, 30-4; STS 597/2014, 30-7 (considera cargos análogos al de Alcalde los cargos electivos que implican el ejercicio de funciones de gobierno, independientemente de que se desarrollen en ámbitos distintos de la Administración); STS 552/2006, 16-5 (considera análogos al de Alcalde los cargos de teniente alcalde, concejal y, en general, cualquier otro de electivo que suponga la participación en el gobierno municipal); STS 568/2015, 30-9 (impone la privación de la patria potestad como accesoria a condenado por intento de homicidio de su cónyuge realizado ante la hija menor de ambos).

ESPECÍFICAMENTE SOBRE PTBC:

Bibliografía:

Blay Gil, E., *Trabajo en beneficio de la comunidad: regulación y aplicación práctica,* Atelier, Barcelona, 2007; Brandariz García, J. A., *El trabajo en beneficio de la comunidad como sanción penal,* Tirant lo Blanch, Valencia, 2002; González Tascón, M. M., *Estudio teórico y práctico de la pena de trabajos en beneficio de la comunidad,* Ministerio del Interior, Madrid, 2014; Tenreiro Martínez, J. M., *La sanción penal de trabajos en beneficio de la comunidad,* Tesis doctoral en la Universidad de La Coruña, 2012; Torres Rosell, N., *La pena de trabajos en beneficio de la comunidad: Reformas legales y problemas de aplicación,* Tirant lo Blanch, Valencia, 2006.

Jurisprudencia:

Sobre las controversias existentes acerca del momento y la forma de emisión del consentimiento del penado en la pena de TBC, así como de las consecuencias que de ello se pueden derivar, vid. Reunión de los Magistrados de las Secciones Penales de la Audiencia Provincial de Madrid de 18 de junio de 2009 para la unificación de criterios.

Cuestiones prácticas:

Planificación del cumplimiento de la PTBC.

Documentos de interés:

SGTIP: Instrucción 9/2011, de 1 de julio, sobre procedimiento de gestión administrativa de la PTBC y el nuevo manual de ejecución; Instrucción 1/2014, de 30 de enero, el cumplimiento de la PTBC en el caso de los delitos contra la seguridad del tráfico. Ampliación del ámbito de aplicación de los talleres de sensibilización en seguridad vial actividades de seguridad vial "TASEVAL"; Instrucción 1-10/2015, de 18 de diciembre, los nuevos programas de intervención de penas y medidas alternativas. Procedimientos y metodología; Circular 2/2004, sobre aplicación de la reforma del CP operada por LO 15/2003, de 25 de noviembre (Primera parte). En alguna jurisdicción se ha elaborado un protocolo de actuación respecto de la PTBC, así Protocolo para la ejecución de la pena de trabajos en beneficio de la comunidad. Art. 49 del CP (LO 15/2003, de 25 de noviembre), acordado por el TSJ de Valencia, la AP de Alicante, la Diputación Provincial de Alicante y la Consejería de Justicia de la Generalidad de Cataluña.

Páginas web de interés:

http://www.institucionpenitenciaria.es/web/portal/PenasyMedidasAlternativas/tbc.html#c2

http://justicia.gencat.cat/web/.content/documents/arxius/criteris_intervencio.pdf

Capítulo V

Penas privativas de derechos en interés de la víctima

SONIA VICTORIA VILLA SIEIRO

§ 15. CONSIDERACIONES GENERALES: NATURALEZA, CLASIFICACIÓN Y DURACIÓN

La privación del derecho a residir o a acudir a determinados lugares, la prohibición de aproximación a la víctima u otras personas y la prohibición de comunicarse con la víctima u otras personas [art. 39 letras f), g) y h), y art. 48] son tres penas que pueden considerarse como privativas de derechos en atención a la víctima ya que están orientadas a la específica protección de la misma, de su familia y de otras personas relacionadas con ella y con las que se pretende impedir que el autor cometa nuevas infracciones sobre cualquiera de esos sujetos. Aunque, con carácter general las penas privativas de derechos reciben ese nombre porque implican una privación de derechos específicos que afectan a un derecho diferente a la vida, la libertad ambulatoria o el patrimonio (*supra* § 12), algunas de las sanciones incluidas en la Secc. 3ª del Cap. I del Tít. III del Lib. I, como la prevista en el art. 48.1, también implican restricciones de la libertad ambulatoria. Evidentemente, por ello no se puede llegar a afirmar que estemos ante penas privativas de libertad, porque éstas, en sentido estricto, implican reclusión, esto es, el sujeto queda limitado a moverse en un espacio reducido con un concreto régimen de vida, lo cual difiere de lo que sucede en el citado art. 48.1, en virtud del cual el sujeto mantiene su libertad de movimiento por todas partes excepto por un concreto lugar y, además, no se le impone régimen de vida específico alguno. En consecuencia, aunque exista cierta limitación ambulatoria, no dejamos de situarnos ante una pena cuya naturaleza es privativa de derechos puesto que lo que se limita, en esencia, es algo diferente a la libertad; concretamente un derecho recogido en el art. 19 CE (libertad de elección de residencia y circulación). El carácter de estas penas, en general consideradas de alejamiento, como privativas de otros derechos es aún más evidente en los dos siguientes apartados del art. 48 pues, además de limitarse la circulación, se limita la libertad de expresión (art. 20 CE); en definitiva, otros derechos diferentes a la vida, libertad o patrimonio.

Es destacable en estas penas una específica funcionalidad político-criminal. Su finalidad no es tanto la de castigar al autor del delito por su comisión, como la de mantener alejado al delincuente de determinadas personas como forma de proteger o evitar nuevos peligros a estas últimas, ya que se entiende que el contacto con el agresor podría derivar en nuevos resultados perjudiciales para ellas como consecuencia de un razonado temor de que vuelvan a ser víctimas del mismo autor. De ahí que se afirme que el fundamento más inmediato de la pena no reside en la comisión de un hecho delictivo, sino en la peligrosidad de su autor.

Por lo que respecta a su naturaleza y duración, las tres pueden clasificarse en graves [art. 33.2 letras h), i) y j)], menos graves [art. 33.3 letras g), h) e i)], y leves [art. 33.4 letras d), e) y f)], (*supra* § 6), operando como graves cuando, por su extensión, pueden incluirse en graves y menos graves, y como leves cuando, en virtud de la misma consideración, puedan incluirse entre las menos graves y las leves (arts. 33 y 13.4).

La duración mínima en el caso de las penas de prohibición de aproximarse a la víctima o a aquellos de sus familiares u otras personas que determine el juez o tribunal y de comunicarse con ellas es de un mes, a diferencia de lo que sucede en relación con la privación del derecho a residir en determinados lugares o acudir a ellos para la que no se ha fijado un mínimo, sino simplemente un máximo de 10 años (art. 40.3), si bien, dada la clasificación de las penas (art. 33), se ha de entender que el mínimo en este caso es un mes (*supra* § 6). La duración máxima para cualquiera de las tres penas es, en términos generales, de 10 años pero conviene también tener presente que es posible que sea superior (arts. 33.6 y 40.5) y se alcancen los 20 años cuando, en relación con el cálculo de la pena superior en grado, fuera de aplicación lo preceptuado en el art. 70.3 (apartados 6°, 7° u 8°) (*infra* § 24). Por otra parte, el citado máximo puede ser incluso mayor cuando se impongan estas penas como accesorias, pues en estos casos habrá de estarse a los máximos derivados de lo dispuesto en el art. 57, según el cual será posible, en ciertos supuestos sancionados con prisión, imponer una o varias de las penas del art. 48 por un período de tiempo de hasta 10 años más que lo que dure la pena de prisión impuesta.

§ 16. CONTENIDO

Las tres penas pueden considerarse penas novedosas en la medida en que, sin perjuicio de que se hayan buscado antecedentes en otras penas del CP/1973, como la de destierro, su introducción propiamente se produjo con el CP/1995. En su redacción original se contempló la privación del derecho a residir o acudir a determinados lugares en el art. 39 letra f), y, posteriormente se introdujeron en la misma letra f), las otras dos penas en virtud de la LO 14/1999, de 9 de junio, de modificación del Código Penal de 1995, en materia de protección a las víctimas de malos tratos y de la LECr.

La prohibición del derecho a residir o a acudir a determinados lugares se encuentra regulada en el art. 48.1. Se trata de dos prohibiciones diferentes. Concretamente con la primera se prohíbe al condenado residir en determinados lugares y con la segunda acudir al lugar en que se haya cometido el delito, o aquel en que resida la víctima o su familia, si fueren distintos.

Originariamente la regulación de la pena prevista en el 48.1 se limitaba a impedir al penado volver al lugar de comisión del delito o de residencia de la víctima o de su familia, si fueran distintos. En consecuencia, el precepto no se correspondía con su intitulación legal pues, en principio, y salvo que el sujeto ya tuviera fijada su residencia en tales lugares, no se producía privación alguna de residencia ya que ello no se contemplaba expresamente (aunque, ciertamente, ésta podía verse afectada en lo que se refería a fijarla en un futuro en esos lugares). La prohibición de residencia es directa en referencia tanto al lugar de comisión del delito como al de residencia de la víctima o su familia, si fueran distintos, desde la reforma operada por LO 15/2003.

Ambas, no obstante, son de carácter locativo a diferencia de las restantes del art. 48 que tienen carácter personal y de las que también se diferencian por los sujetos que protegen (otras personas que determine el juez o tribunal además de la víctima y su familia). Con ambas se pretende evitar encuentros entre la víctima o sus familiares y el agresor en los lugares en que realizan su vida cotidiana. Ahora bien, la prohibición de residir se cuestiona de lege ferenda por cuanto, aunque cuenta con una fuerte carga simbólica y está arraigada en la legislación penal nacional, lo cierto es que en la prohibición de acudir se encuentra ya implícita la de residir. En todo caso, con la redacción actual se defiende que se impondrá la prohibición de residencia sólo si el lugar de residencia del penado (domicilio –habitual o vacacional–) coincidiera con el de la víctima. En otro caso, se optará por la prohibición de acudir a ciertos lugares. Y ello sin perjuicio de que se recurra a las dos, que es lo más usual, ya que sólo la prohibición de residencia no excluiría la posibilidad de que el reo acudiera ocasionalmente al lugar donde tiene fijada su residencia la víctima o sus familiares.

Lo que pueda entenderse por lugar o lugares a los que el sujeto no puede acudir no es sencillo y no es posible establecer un criterio definitivo al respecto. Es la autoridad judicial la que ha de establecerlo en cada supuesto, en función de las particulares circunstancias del caso concreto, y tratando de causar la menor afectación a la libertad del penado.

> Lugar es un concepto indeterminado que viene asociándose a la localidad o municipio en el que se ha cometido el delito o reside la víctima o sus familiares. Una vez fijado, un cambio de residencia de la víctima o sus familiares podría ser problemático porque podría dar lugar a efectos indeseados como la desprotección de la víctima o su imposibilidad de cambiar la residencia impuesta en la sentencia para que la prohibición no decaiga. Por ello parece adecuado el uso de cláusulas abiertas en las sentencias, aunque, en ocasiones, ello no depende tanto de los jueces como de las partes al solicitar la pena dado el principio acusatorio que rige en el Derecho Penal Procesal. Otro modo de lograr que la víctima quedara cubierta en todo caso sería recurrir a la prohibición de aproximación, aunque también se afirma que con ella se cubrirían todas las necesidades de seguridad de la víctima por lo que la prohibición de residencia sería totalmente innecesaria.

La redacción del precepto permite entender que podría aplicarse la prohibición tanto al lugar de comisión de la infracción penal como al de la residencia. Sin embargo, dado que lo que se busca es proteger a la víctima y familiares, parece que, desde una perspectiva teleológica, carece de sentido ampliar la protección a un lugar en el que no residen, aunque fuera en el que se cometió el delito (p.ej., si el delito se comete durante unas vacaciones puntuales en Menorca, y ninguno de los dos reside allí, no tendría sentido extender las prohibiciones del art. 48.1 a esa circunscripción territorial).

No sólo delimitar el lugar de aplicación de la prohibición es problemático, sino también los sujetos a proteger cuando se trata de familiares, pues el término familia resulta impreciso. Aunque es discutido, la doctrina se inclina por seguir la definición dada por la RAE, pero ello lleva a un concepto restringido de familia, ya que la afinidad que se liga a ella exige al parentesco que exista matrimonio.

Por otra parte, la reforma de la LO 1/2015 ha ampliado el art. 48.1 añadiendo un nuevo párrafo en virtud del cual, ante una –declarada– discapacidad intelectual o de origen en un trastorno mental, se estudiará el caso concreto para resolver atendiendo a los bienes jurídicos a proteger y también al interés superior de la persona discapacitada, que tendrá que contar con los medios precisos para el cumplimiento de la medida. Curiosamente esta nueva previsión se ha limitado a este apartado del art. 48 sin hacerse extensiva a ninguna de las otras prohibiciones por él contempladas, pero aún más llamativo es, por una parte, el desafortunado empleo del término medida para aludir a esta consecuencia situada entre las penas y, por otra, que no haya una regulación parecida entre las propias medidas de seguridad a pesar de que, precisamente, esta nueva previsión alude a la aplicación de una consecuencia jurídica a una persona con su capacidad de culpabilidad alterada por un trastorno mental.

La prohibición de aproximación a la víctima, o aquellos de sus familiares u otras personas que determine el juez o tribunal impide al penado acercarse a ellos «en cualquier lugar donde se encuentren así como acercarse a su domicilio, a sus lugares de trabajo y a cualquier otro que sea frecuentado por ellos» (art 48.2). Se busca establecer lo que se ha dado en llamar un "cordón sanitario" en torno a esas personas para prevenir la repetición de hechos delictivos y la causación de un daño que las circunstancias hacen aparecer como previsible. Por ello, en primer término, se prohíbe al reo acercarse a determinadas personas estén donde estén y, después, se refuerza la prohibición de acercarse a unos puntos concretos. Se cuestiona el elenco de lugares referidos, pues incluye aquellos que puedan ser frecuentados por los sujetos protegidos, aunque, eventualmente, no se encuentren en ellos. En todo caso, no se puede olvidar que se busca impedir que el condenado se acerque y garantizar que no pueda tomar represalias tampoco sobre los bienes de la víctima. En este sentido, se defiende, para evitar problemas, la conveniencia de concretar en la sentencia todos los lugares afectados, prescindiendo aquí de cláusulas abiertas en torno a lugares frecuentados que dejen duda sobre si uno lo es o no lo es, en especial porque la pena supone una restricción de movimientos para el penado y es preferible no incluir aquellos en los que no se vaya a producir encuentro.

El art. 48.2 también prevé específicamente la suspensión del régimen de visitas, comunicación y estancia reconocido en sentencia civil respecto de los hijos hasta que se cumpla totalmente la pena. Obsérvese que nada se indica sobre los casos de tutela, curatela, guarda o acogimiento respecto de menores e incapaces. Más allá de eso, se ha discutido la oportunidad de dicha previsión por cuanto parece claro que de la imposición de la prohibición de acercamiento a los hijos se deriva de facto la suspensión de los citados regímenes ya que devienen incompatibles. Así, si a los hijos, por haber sido víctimas o bien como familiares, se les considera necesitados de la protección que implica la prohibición de aproximación, no cabrá régimen de visita alguno, aunque estuviera previsto en sentencia civil.

La referencia a la suspensión del régimen de visitas ha quedado redactada en términos de obligatoriedad. Sin embargo, la ley que la introdujo (LO 15/2003) aludía a ella en su Exposición de Motivos con carácter potestativo pues, habrá casos, en los que el menor no haya tenido relación con el delito cometido o no tenga necesidad de ser alejado de su progenitor.

La prohibición de comunicarse con la víctima, o con aquellos de sus familiares u otras personas que determine el juez o tribunal, impide al penado establecer con ellas contacto escrito, verbal o visual por cualquier medio de comunicación o medio informático o telemático (art. 48.3). Así, en la práctica, supone una imposibilidad de comunicación directa (cara a cara) con tales sujetos pero también cualquier comunicación que se pueda producir sin necesidad de contacto físico como consecuencia de los medios tecnológicos existentes. Y ha de destacarse que la referencia a cualquier medio de comunicación o medio informático o telemático es lo suficientemente amplia como para que se abarque cualquier modo de comunicación entre personas, no sólo ya existente, sino que incluso se invente en un futuro cercano. En consecuencia, el contacto escrito podría producirse, por ejemplo, por carta, notas escritas, e-mail, fax, mensajes de móvil (a través de WhatsApp u otra aplicación), chats o foros. Con el contacto verbal no sólo se alude al contacto directo cara a cara con la víctima, sino también por teléfono, radio, walkie-talkie o cualquier otro medio que permita comunicación oral entre partes. Finalmente, el contacto visual no se limita tampoco al directo, in situ, sino al que pudiera lograrse con prismáticos, teleobjetivos u otros dispositivos.

Estamos, pues, ante una pena abierta e indeterminada, que otorga un gran margen de discrecionalidad al órgano jurisdiccional, ya que puede impedir diferentes tipos de contacto (escrito, verbal o visual), aunque, lo más habitual, es que se afecte a todas las vías de comunicación contempladas en el artículo. En todo caso, será preciso, de nuevo, que se determine motivadamente en la sentencia cuáles se aplican y a qué concretas personas. Además, se afirma que el art. 48.3 resulta más eficaz si se aplica junto con otra pena de alejamiento, y, en particular, la del art. 48.2 ya que se complementan bien mutuamente. Piénsese que, en ocasiones, la mera presencia en los mismos sitios puede ocasionar efectos perturbadores en la víctima, aunque no se llegue a producir contacto. Sin embargo, en otras ocasiones es idónea su aplicación única y, por ende, menos aflictiva (p.ej., en casos no especialmente graves o en los que no se aprecie excesiva peligrosidad objetiva del delincuente o cuando, por motivos laborales, los sometidos a la pena de alejamiento no puedan distanciarse físicamente).

§ 17. FUNCIONES

Las tres penas privativas de derechos que analizamos pueden operar, en principio, como penas principales (art. 32), pero también como penas accesorias (arts. 32 y 57), como posible vía para que el juez o tribunal condicione la suspensión de la ejecución de la pena (art. 83.1. 1º, 2º y 4º), o como medida cautelar (art. 544 bis LECr). Pero, además, dos de las penas de privación del art. 48 (las prohibiciones de aproximación y comunicación) se relacionan con las medidas de seguridad a través de la medida no privativa de libertad de libertad vigilada [arts. 96.3.3ª y 106.1 letras e) y f)].

El papel de las prohibiciones de residir o acudir a determinados lugares, aproximarse y comunicarse con la víctima u otras personas como pena principal es casi inexistente. De hecho, en la actualidad, sólo se encuentra en el art. 558 cuando, en relación con los desórdenes públicos, prevé la posibilidad de imponer también, además de la de prisión o multa, «la pena de privación de acudir a los lugares, eventos o espectáculos de la misma naturaleza por un tiempo superior hasta tres años a la pena de prisión impuesta».

Con la referencia a lugares, eventos o espectáculos de la misma naturaleza se alude a los que previamente fueron referidos en el artículo y en los que se hubiera perturbado el orden: la audiencia de un tribunal o juzgado, los actos públicos propios de cualquier autoridad o corporación, colegio electoral, oficina o establecimiento público, centro docente o con motivo de la celebración de espectáculos deportivos o culturales. La indicación de que la privación dure un tiempo superior al de la condena de prisión impuesta responde al mismo motivo que la previsión del art. 57.2 párr. 2º.

Si se tiene en cuenta que dos de las tres prohibiciones fueron introducidas en 1999 por una ley de protección a las víctimas de malos tratos, resulta particularmente llamativo que, al menos, en esos delitos no se encuentre ninguna de ellas ni siquiera unida a otra pena principal (como acumulativa o alternativa).

Más trascendente es su función como penas accesorias del art. 57. Según se desprende de este artículo, para la aplicación de una o varias de las penas previstas en el art. 48, habrán de tenerse en cuenta varias cuestiones: 1) el tipo de delito cometido, 2) quién es la víctima del mismo, 3) la concreta gravedad de la pena y 4) qué pena se impone como principal por el hecho cometido. La combinación de esos parámetros será la que determinará si la pena –o penas– privativa de derechos se aplica por el juez con carácter potestativo (declaración judicial) o preceptivo (declaración legal) y su duración (*supra* § 6).

Dada la regulación del art. 57, nos encontramos ante penas accesorias en sentido impropio (o especial o sui generis) y no accesorias sentido estricto, pues se aplican exclusivamente por ciertos delitos (los de los Títs. I, II, III, VI, VII, VII bis, VIII, X, XI, XII –incluido éste por la LO 8/2021, de 4 de junio– y XIII del Lib. II y los comprendidos en los arts. 572 a 577, sobre terrorismo, en virtud de lo previsto en el art. 578), en lugar de asociarse a alguna pena en concreto.

Si se comete alguno de los delitos indicados en el art. 57.1 se deberá de atender, en segundo término, a quién fue la víctima. Si fuera alguna de las que aparecen en el apartado segundo del mismo artículo –personas del núcleo o ámbito familiar– el juez deberá, ante delitos graves y menos graves, imponer necesariamente la pena de alejamiento del art. 48.2 (sin perjuicio de que, también, pueda imponer potestativamente otra de las del art. 48).

Las personas a las que se refiere el art. 57.2 son las mismas del art. 173.2 (relativo a la violencia de género y doméstica). Se han discutido muchos aspectos de este precepto en relación con estas personas. Por una parte, la oportunidad de la remisión a los delitos del art. 57.1, ya que la pena carecerá de operatividad en algunos. Así, p.ej., la cláusula del art. 268 impedirá su aplicación en muchos casos cuando se trate de delitos patrimoniales y tampoco se aplicará en buena parte de los delitos contra el orden socioeconómico, ya que en su práctica totalidad estos se comenten sin violencia o intimidación.

Por otra parte, y al margen de las dudas que también ha suscitado la concreta selección de sujetos listados en el art. 57.2 así como su difícil delimitación en ocasiones, se ha cuestionado mucho la presunción iuris et de iure de que, una vez cometido alguno de los delitos citados en el art. 57.1, la proximidad entre el delincuente y su familia (u otras personas) da lugar a una situación objetivamente peligrosa en sí misma que es necesario evitar. Aquí las opiniones son encontradas y, aunque aún un sector defiende la imposición obligatoria del art. 48.2, son numerosas e importantes las voces que proponen que la pena sea de imposición potestativa al igual que en el régimen general (así, informes del CGA y FGE o la enmienda nº 109 del Grupo Parlamentario de IU, ICV-EUiA, CHA y La Izquierda Plural a la reforma operada por LO 1/2015). Se destaca que su obligatoriedad da lugar a que, materialmente, nos situemos ante una pena que en su funcionamiento se asemeja a una MS postdelictiva no asociada a la capacidad de imputabilidad del sujeto, sino a una presunta peligrosidad, lo que dio lugar a cuestiones de inconstitucionalidad hasta el momento desestimadas. Se ha concluido, ya que no hay trámite de audiencia, ni se prevé la petición de la persona a proteger, ni se contemplan mecanismos para levantar o sustituir la prohibición impuesta, que el interés que predomina aquí, por encima del de protección de las personas protegidas, es el estatal de la reducción de la violencia familiar y de género. De hecho, su introducción por LO 15/2003 tenía una fuerte carga político criminal pues buscaba luchar contra la actitud abstencionista que había caracterizado a un sector de la judicatura ante los malos tratos en el ámbito familiar.

Si, por el contrario, la víctima no perteneciera a ese ámbito familiar se podrá imponer cualquiera de las penas del art. 48 (una o varias), tanto si se trató de un delito grave como de uno menos grave o de uno leve. Para decidir si se aplica o no la pena se atenderá a la gravedad de los hechos y al peligro que represente el delincuente.

Con la vigente redacción del precepto es posible entender que cabe imponer, ante las referidas tipologías delictivas, las prohibiciones en atención alternativamente a la gravedad de los hechos o al peligro que el delincuente represente, a diferencia de lo que sucedía antes de 1999, en que era necesario que confluyeran acumulativamente ambas cuestiones. Esta redacción nació con la finalidad de permitir la aplicación de las penas para las extintas faltas de los arts. 617 y 620 (que no cumplían con el criterio de gravedad), pero teleológicamente parece preciso un mínimo de peligrosidad en todo caso no siendo suficiente con la gravedad de la infracción para aplicar las penas. Así pues, para aplicar el art. 48 se sigue entendiendo, como en origen, que es preciso conjugar ambas cuestiones, ya que un juicio de peligro mínimo es imprescindible. Ese juicio de peligro no se realiza como para la imposición de una MS (concepto estricto de peligrosidad criminal o peligrosidad subjetiva o personal), sino con un juicio de pronóstico relativo (peligrosidad objetiva) en el que se tiene presente el objeto de la propia pena, derivándose de ciertos factores como la naturaleza del hecho cometido y su forma de comisión o la existencia de una relación próxima entre delincuente y víctima que permita vislumbrar una probable reiteración delictiva de persistir el contacto. En consecuencia, son precisas tanto la peligrosidad del delincuente como la gravedad de los hechos, entendiendo que mientras la peligrosidad del delincuente se mide atendiendo a la probabilidad de repetición delictiva de hechos de la misma naturaleza sobre la víctima o su familia, la gravedad de los hechos se mide en el caso concreto atendiendo a las circunstancias que rodearon su comisión, es decir, al mayor o menor desvalor de la acción y/o resultado de la concreta conducta delictiva cometida (sin que quepa asumir la gravedad por el tipo de delitos referidos, ya que, si fuera así, éste último no sería un criterio a tener en consideración).

La duración de la pena o penas de prohibición accesorias a imponer por el Juez (de modo potestativo o preceptivo, según quién sea la víctima) se establecerá, dentro de los marcos que se reflejan en el cuadro, en atención a si el sujeto que fue condenado por la comisión de algún delito del listado del art. 57.1, lo fue a una pena de prisión o a otro tipo de pena, y si lo fue por un delito con la consideración de grave, menos grave o leve.

	DURACIÓN PENAS DEL ART. 48	
DELITO ART. 57.1	PENA DE PRISIÓN	OTRA PENA
GRAVE	Duración de prisión + 1 a 10 años	≤ 10 años
MENOS GRAVE	Duración de prisión + 1 a 5 años	≤ 5 años
LEVE	–	≤ 6 meses

En el caso de la pena de prisión está previsto, desde la LO 15/2003, el cumplimiento simultáneo de la misma y de la pena accesoria que sea de aplicación. Antes no se concretaba el momento de inicio del cumplimiento de la pena en estos casos lo que podía ser problemático, pues la ejecución de la pena de prisión no era garantía de que no se produjeran riesgos derivados del encuentro entre víctima y agresor (p.ej., ante un permiso de salida, la concesión del tercer grado o la libertad condicional). También ha de darse el cumplimiento simultáneo cuando se trate de otra pena. Éste se inicia en el momento en que la sentencia condenatoria alcance firmeza. En todo caso, ha de tenerse presente que, cuando la aplicación es potestativa, si se decide la misma los efectos del párrafo segundo del 57.1 (casos de pena de prisión) no son potestativos, sino preceptivos («lo hará»).

Finalmente, para concretar la duración de la pena se atenderá exclusivamente a los aspectos de gravedad de los hechos y peligro que el delincuente represente (también utilizados para determinar si procede o no su imposición cuando ésta es potestativa). No será preciso, pues, atender a las reglas de los arts. 61 ss.

La tercera de las funciones de estas penas se encuentra en el art. 83.1, que permite que el juez o tribunal condicione la suspensión de la ejecución de las penas privativas de libertad (*infra* § 28) al cumplimiento de una serie de prohibiciones (cuando sea necesario para evitar el peligro de comisión de nuevos delitos) entre las que se encuentran: 1) la de prohibición de aproximación o comunicación con la víctima, sus familiares u otras personas que determine el juez o tribunal, debiendo ser esta prohibición siempre comunicada a las personas con relación a las cuales se acuerde (regla primera), y 2) la prohibición de residir en un lugar determinado o de acudir al mismo, cuando allí pueda encontrar la ocasión o motivo para cometer nuevos delitos (regla cuarta).

La última función común a todas las penas del art. 48 es la de medida cautelar. Esta posibilidad se introdujo en el art. 544 bis LECr por LO 14/1999. Aunque no se trate de una pena, pues aún no ha recaído sentencia firme, la restricción de derechos que implica es la misma. De hecho, la LECr prevé que cuando se investigue alguno de los delitos del art. 57 se podrá, de forma motivada y cuando sea estrictamente necesario para la protección de la víctima, imponer cautelarmente al inculpado la prohibición de residencia o de acudir a «un determinado lugar, barrio, municipio, provincia u otra entidad local, o Comunidad Autónoma», así como la de «aproximarse o comunicarse, con la graduación que sea precisa, a determinadas personas». Igualmente se prevé que para adoptar la medida se tendrá en cuenta la situación económica del inculpado, así como a su salud, situación familiar y especialmente la laboral, ya que se procurará la continuación en la actividad laboral «tanto durante la vigencia de la medida como tras su finalización».

Conviene tener presente que si las privaciones de derechos se acordaron cautelarmente en el curso del proceso se procederá a su abono íntegro para el cumplimiento de la pena impuesta (art. 58.4). Además, en el contexto de violencia familiar y de género resultan de gran importancia no sólo las medidas cautelares penales, sino también en otros órdenes como el civil. Para facilitar que la víctima pueda acceder a los diversos instrumentos de amparo, el art. 544 ter LECr incluyó, por Ley 23/2003, la Orden de protección de las víctimas de violencia doméstica. Posteriormente, la LOVG amplió el catálogo de medidas cautelares y creó el Juzgado de Violencia sobre la Mujer, por lo que desde entonces se sustancia en él un procedimiento rápido que permite acceder a un estatuto integral de protección. Para ayudar a la efectividad de todas las medidas cautelares se ha creado también un Registro Central para la Protección de las Víctimas de Violencia Doméstica (*infra* § 57).

Desde la LO 5/2010 no se incluye ninguna de estas prohibiciones directamente como MS no privativa de libertad. Sin embargo, las prohibiciones de aproximación y comunicación, pueden guardar relación con las MS en virtud de lo dispuesto en el art. 106.1 letras e) y f), ya que cuando regula la libertad vigilada (art. 96.3.3ª) señala que consiste en el sometimiento del condenado a control judicial a través del cumplimiento por su parte de alguna o algunas de las medidas en él indicadas, entre las que se encuentran las dos citadas (*infra* § 34).

§ 18. ALGUNOS ASPECTOS RELATIVOS A SU EJECUCIÓN

El art. 48.4 prevé la posibilidad de que el juez o tribunal acuerde que el control de estas medidas se realice a través de los medios electrónicos que lo permitan. Esta opción fue incorporada por LO 15/2003 para dotar de mayor eficacia al cumplimiento de las prohibiciones ya que era necesaria una previsión legal que amparara tales medios, ya usados en otros supuestos (como en el seguimiento de los presos clasificados en tercer grado –*infra* § 38– o la ejecución de la pena de localización permanente –*supra* § 10–), pues con ellos se pueden afectar a otros derechos como la intimidad. La imposición de los mismos no está ligada a la gravedad del hecho ni a la peligrosidad del delincuente, sino más bien a los medios económicos con que se cuente, ya que el control telemático implica un elevado coste para las arcas públicas.

Los medios electrónicos pueden ser de muy distintos tipos. Se ha recurrido a los teléfonos móviles que permiten que sea la víctima quien directamente contacte con la policía si advierte la proximidad del penado o se siente amenazada, pero también al uso dispositivos que avisan directamente a la policía cuando el penado se aproxima a cierto punto o a la pulsera o brazalete como dispositivos de seguimiento que permiten detectar la posición del sujeto a través de un sistema de triangulación por satélite, cuando se trata de las penas del art. 48.1 y 2. En el caso del art. 48.3 los medios electrónicos van encaminados a intervenir las comunicaciones del condenado con las personas que se pretenden proteger y no a la determinación espacial del sujeto.

En el contexto de violencia de género se cuenta con un protocolo para la instalación, gestión de avisos y retirada de dispositivos de seguimiento por medios telemáticos. En él se hace referencia al dispositivo para el inculpado/condenado (DLI), que consta de un transmisor de radiofrecuencia ajustado al cuerpo y una unidad de rastreo GPS, y al dispositivo para la víctima (DLV), que es un GPS de alerta en movimiento que proporciona una alerta sonora, visual y/o de vibración cuando el transmisor DLI se encuentra dentro del rango de alcance establecido. También se remite a un protocolo específico de actuación en el ámbito penitenciario pues, como es sabido, será preciso controlar al penado en sus permisos y durante un periodo de tiempo tras la finalización del cumplimiento de la pena de prisión.

Parece evidente que para que alguno de estos dispositivos empleados en relación con la pena del art. 48.1 y 2 se active el sujeto deberá estar en un punto «no autorizado» por ser demasiado próximo, por ejemplo, a la víctima u otros sujetos determinados por el tribunal. Por ello, cabría preguntarse cuál es la amplitud de esa «zona de exclusión» que ha de mantenerse. El Protocolo de actuación de las Fuerzas y Cuerpos de Seguridad para la protección de la violencia de género aconseja, para permitir una rápida respuesta policial y evitar incluso la confrontación visual entre la víctima y el imputado, una distancia de, al menos, 500 metros. No obstante, esto no es preceptivo por lo que cada juez puede fijar la distancia que estime pertinente en sentencia y es más frecuente, cuando se fija, que se sitúe por debajo de 500 metros, ya que no siempre una mayor distancia supone un mayor control a la hora de cumplir la medida. Además, se intenta ponderar las circunstancias del hecho y también las personales del reo para que la distancia fijada resulte lo menos lesiva posible sin dejar de garantizar al tiempo las necesidades de protección que dimanan de la prohibición.

Ya que el CP no introduce medidas para conseguir una adecuada garantía ni con un control efectivo supervisado por el órgano judicial responsable de la ejecución ni por la vía de sustitución motivada de la pena cuando el sujeto se sustraiga a su cumplimiento, parece que sólo queda la sanción por el delito de quebrantamiento de condena del art. 468, en los casos de incumplimiento de la pena, MS o incluso una medida cautelar. En este sentido, es reseñable, además de la pena de multa de 6 a 24 meses (pues estamos ante penas no privativas de libertad) prevista en el art. 468.1 para los quebrantamientos de condena, MS o medida cautelar, que el art. 468.2 prevé imperativamente la pena de prisión de 6 meses a un año para los que quebranten una pena del art. 48 o una medida cautelar o MS de la misma naturaleza cuando el ofendido sea alguna de las personas que hemos dado en denominar del «ámbito familiar» (art. 173.2). También se ha de destacar la inclusión por la LO 1/2015 del apart. 3 del art. 468, que permite considerar delito de quebrantamiento los supuestos de inutilización o perturbación del funcionamiento de los medios telemáticos de control del cumplimiento de penas, MS o medidas cautelares (p.ej., no reemplazando su batería o rompiendo brazalete pero sin entrar en la «zona de exclusión»), algo que antes no podía ser más que un delito de desobediencia, pues estos dispositivos, en sí, son sólo un instrumento para controlar el cumplimiento de la pena, pero no una pena o medida propiamente. Sin embargo, el principal problema en relación con el delito de quebrantamiento es que en él podría incurrir no sólo el autor de la conducta delictiva por la que se impuso el contenido del art. 48, sino también, eventualmente, la víctima, como inductora o cooperadora necesaria, cuando permite o anima al condenado a retomar el contacto con ella; algo particularmente frecuente en el contexto de violencia de género y que no ha sido resuelto de forma unánime ya que, en estos casos, se ha defendido desde la inevitable autoría también de la víctima (pues el interés protegido, Administración de Justicia, es indisponible por ella) hasta su completa ausencia de responsabilidad dado su consentimiento, pasando por la falta de responsabilidad por inexigibilidad de otra conducta, apreciación de error de prohibición invencible o error sobre los presupuestos fácticos de una causa de justificación.

> Distinto sería el caso en el que la víctima o personas con las que el delincuente tiene establecida alguna de estas prohibiciones iniciara un intento de «aproximación» al que la otra parte no respondiera, ya que para tal incitación no se prevé sanción alguna: no hay un deber de comportamiento ni prohibición alguna por parte de la víctima, por lo que no cometería delito de desobediencia (art. 550) ni un delito de quebrantamiento de condena en grado de participación ya que este delito no habría sido cometido por el penado.

En relación con la imposición de cualquiera de las prohibiciones de derechos que nos ocupan con motivo de la suspensión condicional de la pena interesa señalar que ha de ser comunicada, según el art. 83.3, a las Fuerzas y Cuerpos de Seguridad del Estado, que han de velar por su cumplimiento. Según el mismo precepto, si se produjera un quebrantamiento de alguna de ellas se comunicará al Ministerio Fiscal y al juez o tribunal de ejecución, el cual, de acuerdo con el art. 86.1 letra b), si considera que hay un incumplimiento grave o reiterado de las citadas prohibiciones o si el sujeto se sustrae del control de los SGPMA de la Administración penitenciaria, podrá revocar la suspensión y ordenar la ejecución de la pena. Si, por el contrario, el incumplimiento de las prohibiciones no fuera grave o reiterado se podrán imponer al penado nuevas prohibiciones, deberes o condiciones, modificar las ya impuestas o prorrogar el plazo de suspensión (art. 86.2).

Finalmente, se ha de tener presente también la previsión del art. 544 ter LECr para los casos de incumplimiento de alguna de las prohibiciones estudiadas en este capítulo cuando funcionan como medida cautelar, según el cual, sin perjuicio de las responsabilidades que pudieran resultar del incumplimiento, cabría también imponer prisión provisional.

BIBLIOGRAFÍA

FARALDO CABANA, P.: *Las prohibiciones de residencia, aproximación y comunicación en el derecho penal. Especial referencia a los malos tratos en el ámbito familiar y a la violencia de género,* Tirant lo blanch, Valencia, 2008; FARALDO CABANA, P./PUENTE ABA, L.M.: *Las penas privativas de derechos y otras alterativas a la privación de libertad,* Tirant lo blanch, Valencia, 2013; GARCÍA ALBERO, R.: «Artículo 57», en G. Quintero Olivares (dir.): *Comentarios al Código Penal Español.* Tomo I, Aranzadi, Navarra, 2016, 499 ss.; GRACIA MARTÍN, L. (Coord.): *Lecciones de consecuencias jurídicas del delito. El sistema de penas, de medidas de seguridad, de consecuencias accesorias y de responsabilidad civil derivada del delito,* Tirant lo blanch, Valencia, 2016; ROCA AGAPITO, L.: *El sistema de sanciones en el derecho penal español,* Bosch, Barcelona, 2007; TAMARIT SUMALLA, J.M.: «Artículo 48», en G. Quintero Olivares (dir.): *Comentarios al Código Penal Español.* Tomo I, Aranzadi, Navarra, 2016, 471 ss.; VÁZQUEZ-PORTOMEÑE SEIJAS, F.: *Violencia contra la mujer: manual de derecho penal y proceso penal: adaptado a la Ley 1/2015, de reforma del Código Penal,* Tirant lo blanch, Valencia, 2016.

Jurisprudencia

SSTS 353/2004, 17-3 (importancia de la inmediación de la prueba y elementos a considerar para valorar la peligrosidad delictiva a los efectos de aplicación del art. 57); 1156/2005, 26-9 (interpretación en el sentido de que no hay delito de quebrantamiento de condena cuando la persona en cuyo favor se adoptó la medida de alejamiento acepta reanudar la convivencia); 827/2011, 25-10 (establecimiento de la prohibición de residencia de la víctima o sus familiares sin ulteriores especificaciones para evitar desprotección ante cambios de la misma); 488/2013, 5-6 (el cumplimiento de la pena privativa del art. 48 impuesta en virtud del art. 57 junto con una pena de prisión es de forma simultánea y sucesiva); STC 60/2010, 7-10 (sobre la constitucionalidad de la obligatoriedad de la pena de prohibición de aproximación del art. 57.2 a pesar de alegarse vulneración de derechos fundamentales como el de personalidad de las penas, el libre desarrollo de la personalidad, la libertad o la dignidad de la persona); STJUE de 15-9-2011 (desestima dos cuestiones prejudiciales planteadas sobre la obligatoriedad del art. 57.2).

Recursos en red

https://violenciagenero.igualdad.gob.es/ (página del Ministerio de Igualdad, Delegación del Gobierno contra la Violencia de Género, por una sociedad libre de violencia de género).

Documentos de interés

SGIP: Instrucción 9/2015, de 1 de diciembre, protocolo de actuación en el ámbito penitenciario del sistema de seguimiento por medios telemáticos del cumplimiento de las medidas y penas de alejamiento en materia de violencia de género; Protocolo de actuación del sistema de seguimiento por medios telemáticos del cumplimiento de las medidas y penas de alejamiento en materia de violencia de género; CGPJ: Protocolo de actuación de las Fuerzas y Cuerpos de Seguridad para la protección de la violencia de género; Informe del Grupo de Expertos y Expertas en violencia doméstica y de género, acerca de los problemas técnicos detectados en la aplicación de la LO 1/2004, de medidas de protección integral contra la violencia de género, y en la normativa procesal, sustantiva u orgánica relacionada, y sugerencias de reforma legislativa que los abordan, de enero de 2011; FGE: Circular 2/2004, de 25-11, sobre aplicación de la reforma del Código Penal operada por LO 15/2003; Instrucción 2/2005, sobre la acreditación por el Ministerio Fiscal de las situaciones de violencia de género; Memorias de 2005 y de 2012; Congreso: Enmienda nº 109 del Grupo Parlamentario de IU, ICV-EUiA, CHA y La Izquierda plural al proyecto de reforma del CP que dio lugar a la LO 1/2015; Documento refundido de medidas del Pacto de Estado en materia de violencia de género, en el que se incluyen algunas medidas relativas a estas penas (última versión disponible de 13 de mayo de 2019).

Cuestiones prácticas

¿Cuál será, en la práctica, la duración máxima posible para cualquiera de las penas que se estudian en este capítulo? 50 años, ya que si se aplican como accesorias cabría la posibilidad de que un sujeto fuera condenado por un concurso real de delitos en el que dos de los mismos (situados en el listado del art. 57.1) estuvieran castigados con pena de prisión superior a veinte años, en cuyo caso, de acuerdo con lo previsto en el art. 761.c) sería posible imponer una pena de 40 años durante la cual se cumpliría simultáneamente la pena o penas impuestas del art. 48, que se seguirían cumpliendo después de la prisión por un periodo de tiempo de hasta 10 años más por tratarse de delito grave (art. 57.1 párr. 2º).

¿Cuál es el límite mínimo posible cuando se imponga la prohibición de aproximación del art. 48.3 como pena accesoria del art. 57 si su imposición es a consecuencia de un delito grave?, ¿y si fuera por uno menos grave o por uno leve? El art. 57 únicamente refleja topes máximos. Sin embargo, en virtud del criterio sistemático es posible afirmar que tratándose de delitos graves el límite mínimo a imponer será de 5 años, en los menos graves será de 6 meses y en el caso de los delitos leves de un mes (arts. 33.2, 33.3 y 33.4).

Lea los arts. 172.3, 57.2 y 57.3. ¿Considera que el juez debería o simplemente podría imponer una pena accesoria de prohibición de aproximación de hasta 6 meses si la víctima fuera pareja del condenado? El art. 172 sanciona las coacciones leves entre las personas del 173.2 (como es el caso de parejas) como delito leve. Los casos de delito leve en este contexto son residuales, pero podrían suscitar la duda de si su aplicación es facultativa o preceptiva. Entendemos que, por más que pueda no resultar coherente con la línea adoptada en relación con esta tipología delictiva por el legislador, únicamente es preceptiva la aplicación de dicha pena en los casos de delitos graves y menos graves, resultando facultativa para todos los leves, con independencia de quién sea la víctima. Interesa destacar que en los debates parlamentarios de la reforma derivada de la LO 1/2015 se defendió que «la naturaleza de estas prohibiciones aconseja que.... en caso de infracciones leves no se impongan de un modo obligatorio, sino como medidas facultativas en atención a la protección a la víctima. La imposición obligatoria, incluso en delitos relacionados con violencia de género o doméstica, puede tener efectos perjudiciales para la propia víctima, y ello aconseja que sea el Juez sentenciador el que valore la conveniencia de su imposición» (Enmienda nº 958 del Grupo Parlamentario Popular en el Senado). Así pues, en estos casos (delitos leves), su aplicación sería potestativa, como lo sería, en su caso, la aplicación (adicional y potestativa) del art. 48.1 y/o 48.3 para tales sujetos.

Según el cuadro del texto no se ha previsto por el legislador duración alguna para las penas del art. 48 cuando nos encontremos ante un delito leve del art. 57.1 condenado con prisión. ¿A qué cree que se debe? La pena de prisión sólo puede ser, de acuerdo con el art. 33, grave y menos grave, es decir, nunca leve. En consecuencia, no se encontrarán supuestos en el CP en los que un delito de los citados en el art. 57.1 sea castigado con pena de prisión leve.

Imagine que una madre da una bofetada a su hijo (en un exceso del ius corrigendi) que le causa una lesión en el tímpano de carácter preterintencional. ¿Se le podría o debería aplicar una prohibición de aproximación? ¿Por qué? ¿Qué opina al respecto? ¿Se le ocurre algún ejemplo que haga pensar que el elenco de delitos para los que se prevé la medida de protección es excesivamente amplio como para que ésta opere ex lege? Se le debería aplicar, pues la relación que media entre ambos sujetos es de las que se incardinan en el art. 57.2 y encajaría en uno de los delitos previstos en el art. 57.1 (art. 152 o incluso art. 153) por lo que la aplicación opera de modo preceptivo. La oportunidad de esta decisión es discutible. En este sentido se pueden consultar, por ejemplo, la Memoria FGE de 2005 o el informe de expertos en violencia de género del CGPJ propuestos en el apartado de documentos de interés. En la medida en que el art. 57.1 no diferencia entre delitos dolosos e imprudentes, ni se ha articulado en modo alguno una previsión que permita evitar que se aplique en aquellos supuestos, aunque sean residuales, en los que no exista gravedad del hecho o peligro del delincuente (como sucede en el régimen potestativo) caben otros ejemplos que ponen de manifiesto que esta previsión puede resultar excesiva.

Capítulo VI

Pena de multa

LUIS ROCA DE AGAPITO

§ 19. CONCEPTO, MODELOS Y FUNCIONES DE LA PENA DE MULTA

Las penas que afectan al patrimonio se denominan penas patrimoniales, y si éstas se concretan en dinero, las denominamos penas pecuniarias. La pena de multa es una pena pecuniaria, pudiendo definirse como una intervención en el patrimonio del condenado, realizada en el ejercicio del *ius puniendi* del Estado y cuyo importe se determina en dinero. El CP la define de un modo innecesario y confuso en el **art. 50.1**.

No toda pena patrimonial tiene por qué ser una pena de multa, aunque en la regulación penal actualmente vigente sea así. De hecho, en otros países existe, por ejemplo, la caución o la confiscación de bienes. En España actualmente no se contemplan dichas penas, pero sí que existen otras consecuencias económicas, que pueden plantear problemas a la hora de distinguirlas de la pena de multa.

La distinción entre la pena de multa y la *multa administrativa* estriba en criterios puramente formales (art. 34) (*supra* § 4). Sin embargo, también es posible observar alguna diferencia de tipo material, por cuanto la multa administrativa nunca puede ser sustituida por una privación de libertad en caso de impago (art. 25.3 CE). En cuanto a las *multas procesales*, éstas no obedecen al castigo de una infracción penal, sino que son un medio coercitivo para forzar una determinada conducta dentro de un procedimiento (p.ej., art. 420 LECr). En cuanto al *decomiso* de los efectos, instrumentos y ganancias del delito, éste no se ha configurado como una pena, sino como una consecuencia accesoria (*infra* § 48), por lo que está permitido que recaiga sobre quien no es responsable penalmente o incluso sobre terceras personas (p.ej., arts. 127 *ter* y *quater*). Las *costas procesales* son los gastos del proceso que deben soportar las partes (*infra* § 47) y no son propiamente una sanción por la comisión de una infracción. De la *responsabilidad civil ex delicto* (*infra* § 43) se diferencia en que ésta se puede imponer a una persona inocente desde el punto de vista penal (art. 118), a favor de un particular (la multa es para el Estado) y lo que se pretende es reparar el daño ocasionado a la víctima, mientras que la multa pretende causar un mal al penado. Esta última característica está presente también en *otras penas* que pueden comportar un perjuicio económico en la forma de lucro cesante, como la pérdida de subvenciones, ayudas públicas, beneficios o incentivos fiscales o de la Seguridad Social, o la prohibición de contratar con el sector público [arts. 33.7 f), 262, 286 *ter*, 305 ss., 418, 424, 429, 436], pero se diferencian de la multa en que estas penas son privativas de derechos y hay que concebirlas más bien como inhabilitaciones (*supra* § 12).

En nuestra actual cultura jurídica se considera que para la pequeña y mediana criminalidad la pena de multa puede ser una sanción más justa y útil que las penas privativas de libertad, lo cual resulta perfectamente comprensible si se observa el saldo favorable que presenta la misma entre sus ventajas e inconvenientes. La mayor parte de los inconvenientes que se le achacan tienen que ver con un desigual reparto de la carga aflictiva según la posición económica del multado (dado que unos tienen más y otros tienen menos, el principio de igualdad de sacrificio puede verse en entredicho). Históricamente lo que ha imperado en nuestro país, hasta la entrada en vigor del CP/1995, ha sido un modelo de multa global, que consistía en prever una cantidad fija (con lo cual poco importaban las condiciones económicas del penado), o bien en establecer una cuantía mínima y máxima entre las cuales el juez debía concretar el importe final de la multa, conjugando a la vez dos coordenadas: la gravedad del delito y la situación económica del delincuente. Este sistema, sin embargo, comportaba una carga aflictiva exageradamente desigual para pobres que para ricos. Para evitar este problema se ideó un sistema, denominado de días-multa o también sistema escandinavo, pues fue allí donde primero se desarrolló legalmente, que separa en dos fases la concreción del importe de la multa. En la primera se determina el número de unidades multa que se va a imponer en función de la gravedad del hecho cometido y de la culpabilidad de su autor y luego se procede a establecer el importe correspondiente a cada unidad multa atendiendo a la situación económica del multado.

Si la ley prevé una pena de multa de 1.000 € para una determinada infracción, ese importe sin duda supone un gran esfuerzo económico para un estudiante universitario normal. Sin embargo, para un alto ejecutivo de una multinacional ese importe no pasaría de ser calderilla. Lo que el sistema de días-multa haría para tratar de igualar la carga aflictiva de los dos es: 1°, si ambos han cometido el mismo hecho (igual gravedad de injusto y de culpabilidad), imponer a ambos el mismo número de días-multa, pongamos 60 días-multa; y 2°, fijar el importe del día-multa en función de su capacidad económica; al alto ejecutivo se le impondría el máximo legalmente previsto, 400 €, y al estudiante universitario una cantidad próxima al mínimo, 5 €, por ejemplo. Multiplicando el importe del día-multa por el número de días impuesto, calculamos la cantidad a pagar. El estudiante tendría que pagar 300 €, mientras que el alto ejecutivo tendría que pagar 24.000 €. A ambos se les ha castigado por igual (60 días-multa), pero la carga aflictiva es diferente para los dos. Cuestión distinta es si el máximo actualmente previsto resulta insuficiente.

El sistema de días-multa resulta mucho más justo que el sistema de multa global, ya que se adapta mejor al principio de igualdad de sacrificio, pero también ofrece una mayor transparencia a la hora de imponer la multa, porque permite conocer el importe correspondiente a cada una de las dos fases en que se divide la fijación de la multa. No obstante, conviene advertir que esta fórmula suele pasar desapercibida para el conjunto de la población. Por último, soluciona mucho mejor el problema del impago de la multa, y ello desde una doble perspectiva. Por un lado, mediante este sistema la pena de multa adquiere una dimensión temporal, similar a la de otras penas (prisión, TBC, localización permanente), lo cual va a permitir que su conversión en esas otras penas para el caso de impago sea más fácil y, a la inversa, facilite el abono de la prisión preventiva. Bastará con atender al módulo de conversión que establezca la ley. Y lo que resulta más importante, la mejor adaptación de la multa a la capacidad económica del autor permite que se reduzca el número de casos en que no se satisface la multa, y, por tanto, el número de arrestos sustitutorios.

En términos cualitativos, una de las principales novedades que introdujo el CP/1995 en el sistema de sanciones penales fue precisamente la adopción del sistema de días-multa como modelo principal de la pena de multa. Ello se deduce de lo dispuesto en el **art. 50.2**. Según este sistema habrá que separar en dos fases la determinación del importe de la multa (**art. 50.5**): por un lado, habrá que determinar la extensión de la pena de multa conforme a las reglas generales de determinación de la pena, y por otro, el importe de las cuotas, teniendo en cuenta para ello exclusivamente la situación económica del reo. Pero junto a este sistema de días-multa existe también la llamada multa proporcional (**art. 52**), que consiste en una pena pecuniaria en la que se opera con múltiplos, divisores o tantos por cientos que se aplican a una magnitud determinada (perjuicio causado, beneficio pretendido u obtenido, importe de lo apropiado, etc.) para calcular su importe. En la legislación actualmente vigente coexisten, por tanto, dos sistemas distintos de multa: el de días-multa y el de multa proporcional.

Cuantitativamente hablando la pena de multa también ha experimentado un considerable impulso por el CP/1995, pues se ha previsto como *pena principal* para muchos delitos. En el caso de las personas físicas aparece como pena *única* o como pena *alternativa* o *acumulada* a otras de distinta naturaleza; y para las personas jurídicas, desde 2010, está prevista como pena *principal* (salvo en el art. 570 *quater*) *única* o *acumulada* a otras (sobre la regulación de la pena de multa para las personas jurídicas, *infra* § 52).

Inicialmente el CP/1995 había previsto la pena de multa como pena *sustitutiva* de la prisión de hasta un año, excepcionalmente hasta dos años (art. 88 CP antes 2015). Ahora esto ha cambiado y se prevé como *condición para la suspensión* de penas privativas de libertad no superiores a dos años (**art. 84 CP/2015**) (*infra* § 28). En la actualidad sólo ha quedado como pena *sustitutiva* para penas de prisión inferiores a tres meses (**art. 71.2**).

§ 20. EL SISTEMA DE DÍAS-MULTA

Dentro del sistema de días-multa existen **dos variedades**: 1) el modelo escandinavo en sentido estricto, que exige pagar la multa en un único acto, aunque para facilitar su abono se puede conceder la posibilidad de aplazar el pago; y 2) el modelo de multa temporal, en el cual los pagos aplazados no son simplemente un medio para facilitar el cumplimiento de la multa, sino que son un elemento esencial de la misma, mediante el cual se pretende conseguir que el reo se vea privado de parte de sus ingresos a lo largo de un determinado período de tiempo, limitando así su *standard* de vida. La regulación actualmente vigente, aun manteniendo un sistema muy flexible en cuanto al tiempo y la forma de pago (**art. 50.6**), se puede decir que se ha inclinado hacia el **sistema escandinavo de pago único**.

Según lo dispuesto en el **art. 33**, la multa de más de tres meses y la multa proporcional se consideran penas **menos graves** [apart. 3 j) y k)], y la multa de hasta tres meses, pena **leve** [apart. 4 g)]. Para las personas jurídicas, tanto la multa por cuotas como la multa proporcional siempre tendrán la consideración de penas **graves** [apart. 7 a)].

Su **extensión** oscila, en principio, para las personas físicas entre un mínimo de diez días y un máximo de dos años (**art. 50.3**). Sin embargo, tanto ese límite mínimo como el máximo se pueden desbordar. Así, en el caso de tener que imponer una pena superior en grado se podrá superar dicho límite, pero sólo hasta los treinta meses (**art. 70.3**) y en la suspensión condicional de penas privativas de libertad la multa puede llegar hasta treinta y dos meses (**art. 84.1.2ª** = 2/3 · 24 meses · 2 cuotas/día). También se puede quedar por debajo del límite mínimo de diez días por sucesivas rebajas en grado (**art. 71.1**), así como lo previsto en las leyes penales especiales para infracciones penales leves [**Disp. Transit. 11ª, apart. 1 j)**]. Para multa a las personas jurídicas, el **art. 50.3** sólo establece un límite máximo de cinco años. El límite mínimo tiene que deducirse de lo previsto en la Parte Especial para cada delito y no hay ninguno con pena inferior a seis meses.

Para el **cómputo de la extensión** de la multa habrá que entender que los meses son de 30 días y los años de 360 (**art. 50.4**), a diferencia de lo que sucede con la pena de prisión, para la que los años son de 365 días. La cifra de 360 días tiene más sentido en la pena de multa, pues no es más que el resultado de multiplicar 30 días por 12 meses. De este modo no sería perjudicado aquel condenado a un año de multa en comparación con el penado a dos multas de seis meses cada una. En la pena de prisión esto no sucede: no es lo mismo condenar a alguien a 2 años que a 24 meses.

Por lo que a la **cuantía de la cuota diaria** se refiere, ésta oscila entre un mínimo de 2 € y un máximo de 400 €, en la multa para las personas físicas. Estas cifras no ofrecen un arco de posibilidades satisfactorio, pues la *ratio* para adaptar la cuota diaria a las circunstancias económicas del reo es de 1 a 200. Esta magnitud resulta insuficiente a todas luces para abarcar las diferencias económicas que existen en la sociedad española. Hubiese sido mucho más adecuado haber establecido para el límite máximo una cifra mayor. En cualquier caso, y por respeto al mandato de certeza que se deriva del principio de legalidad, considero que siempre habrá que establecer expresamente un límite máximo y no dejarlo indeterminado. Para las personas jurídicas el abanico es todavía menor, pues el importe de la cuota diaria oscila entre un mínimo de 30 € y un máximo de 5.000 €, es decir, una *ratio* de 1 a 166,67.

Quizás el mayor problema que plantea la actual regulación de la pena de multa sea la **determinación del importe de la cuota diaria**. A tenor de lo dispuesto en el **art. 50.5**, la fijación del importe de la cuota se hará en la sentencia en función de la capacidad económica del condenado, la cual se deducirá de la totalidad del patrimonio del reo, contabilizando el activo y el pasivo. Para ello, dice este precepto, se tendrá en cuenta el «patrimonio, ingresos, obligaciones y cargas familiares y demás circunstancias personales del mismo».

El *patrimonio* comprende todas las rentas que produzca su patrimonio, tanto el mobiliario como el inmobiliario. Se computarán los valores (acciones, obligaciones, etc.), el importe del capital y el importe de los demás bienes de los que sea propietario, como las obras de arte, por ejemplo. También deberán considerarse las cargas que pesen sobre el patrimonio.

Los *ingresos* comprenden los que el reo obtenga de su trabajo y también los derivados de las rentas del capital o los procedentes de otras rentas (arrendamientos, pensiones, dividendos, intereses bancarios, sueldos, etc.). Se plantea aquí el problema de la concreción de la cuota diaria en aquellas personas que carecen de ingresos, como estudiantes, amas de casa o parados. El criterio que debería tomarse como referencia puede ser el que resultaría de su derecho a la prestación de alimentos del Derecho civil, y en relación con los parados, el del subsidio de desempleo. También deberá tenerse en cuenta los cambios previsibles en la situación de los ingresos en el momento de dictarse la sentencia, como p.ej., ante la próxima jubilación o una excedencia temporal, etc.

En las *obligaciones y cargas familiares* se pueden incluir los gastos escolares de los hijos, del personal doméstico, gastos familiares especiales por enfermedad, vestido, alimentos, etc. Precisamente en algunos casos, para que estas obligaciones o cargas familiares no se vean resentidas, la imposición de la pena de multa no está permitida (**art. 84.2**).

La legislación española ha querido dejar abierta la posibilidad de tomar en consideración también otras obligaciones, pues habla de «*demás circunstancias personales*». Aquí pueden incluirse los gastos de la compra a plazos de una vivienda, el seguro del automóvil, o incluso los impuestos que debe pagar, etc. No pueden incluirse, en cambio, las obligaciones dinerarias derivadas del propio hecho penal, como las indemnizaciones o las costas procesales. El pago de estas obligaciones tiene preferencia sobre la multa (**art. 126**).

Los problemas que se suscitan en este punto son varios: unos de índole práctica y otros de naturaleza legal. De índole práctica, en lo que se refiere a la indagación de la situación económica del sujeto. Y de naturaleza legal, por cuanto que, incluso conociéndola, la ley no establece ningún criterio a la hora de relacionar dicha capacidad económica con el importe final de la cuota diaria, sino que lo deja al prudente arbitrio del juzgador.

Los *problemas de índole práctica* surgen muchas veces porque no se tramita durante la fase de instrucción la llamada pieza de responsabilidad civil (**art. 589 LECr**). Lo que sucede es que bien por la rapidez del procedimiento [arts. 795 ss. (juicios rápidos) y 962 ss. (juicio sobre delitos leves) LECr], o bien por la dificultad inherente a la indagación del patrimonio del acusado, ésta no se lleva a cabo o bien se hace inadecuadamente. La carencia de medios materiales y personales muchas veces, así como la rapidez en dictar sentencia, que obliga a indagar sobre la capacidad económica del acusado en la propia vista oral, pueden poner en tela de juicio la verdadera eficacia del sistema de días-multa. De todas formas, la pieza de responsabilidad no es el único medio para probar la capacidad económica del penado (STS 421/2007, 24-5).

En cuanto a los *problemas de origen legal*, éstos estriban fundamentalmente en que, una vez concretada la situación económica del multado, los Jueces y Tribunales gozan de un amplio margen a la hora de individualizar la cuota diaria. Es más, la jurisprudencia ha llegado a señalar que no es preciso efectuar una inquisición exhaustiva de todos los factores directos o indirectos que pueden afectar a las disponibilidades económicas del acusado, sino únicamente deben tomarse en consideración aquellos datos esenciales que permitan efectuar una razonable ponderación de la cuantía que haya de imponerse.

Al no fijarse por ley ningún criterio que relacione la capacidad económica con el importe final de la cuota, se ha producido cierta discusión en los órganos judiciales a propósito de fijar el mínimo. Mientras que algunas resoluciones (STC 108/2001, 23-4 o la STS 454/2003, 28-3), consideran que en caso de falta de motivación de la capacidad económica del acusado, lo que corresponde imponer es el mínimo, en cambio, otra jurisprudencia, que se ha convertido en mayoritaria (STS 711/2006, 8-6; 739/2006, 28-6; 1155/2006, 20-11; 624/2008, 21-10), ha estimado que aunque no existan datos sobre el patrimonio del condenado, ello no supone la obligatoriedad de acudir al mínimo absoluto, siendo también adecuadas cantidades cercanas al mismo (3, 6, o incluso 25 €; la STS 428/2009, 28-4 habla de entre 6 y 12 €; las SSTS 529/2021, 17-6; 677/2020, 11-12 imponen 10 € sin más), sin más justificación. La cuota mínima quedaría reservada para casos de especial miseria o indigencia extrema (ej., las SSTS 288/2022, 23-3; 448/2022, 9-5). Las SSTS 722/2018, 23-1, 230/2019, 8-5, 564/2023, 6-7, no exigen una especial motivación justificativa de la cuota situada en tramos no mínimos, pero bajos de la escala.

Estos problemas de origen legal relacionados con el amplio margen de que gozan los Tribunales a la hora de individualizar la cuota diaria se podrían reducir si se estableciese por ley un porcentaje fijo de detracción de la capacidad económica del sujeto (p.ej., una fracción de sus ingresos). Alguna sentencia ha utilizado un criterio, que, aunque no tenga ninguna base legal, no está prohibido y puede tener cierta utilidad en este punto, como ha sido fijar la cuota diaria en un 1% del salario mensual (SAP Girona 3ª 179/2002, 15-4).

En cuanto al **tiempo y forma de pago** de la multa, como ya he indicado, el modelo que se ha adoptado es el sistema escandinavo de pago único. No obstante, según lo dispuesto en el **art. 50.6**, «el tribunal, por causa justificada, podrá autorizar el pago de la multa dentro de un plazo que no exceda de dos años desde la firmeza de la sentencia, bien de una vez o en los plazos que se determinen. En este caso, el impago de dos de ellos determinará el vencimiento de los restantes». Por tanto, el incumplimiento de dos plazos no daría lugar a responsabilidad personal subsidiaria, sino a la obligación de pagar de una sola vez todos los plazos. Luego, si no se puede pagar el monto total, se acude a la RPSIM.

En el caso de que la **capacidad económica del sujeto varíe** en el intervalo que va desde el pronunciamiento de la sentencia hasta el cumplimiento del plazo, el **art. 51** ha previsto la posibilidad de «modificar tanto el importe de las cuotas periódicas como los plazos para su pago». Lo que no está permitido es la modificación del número de cuotas impuestas, pues éste no depende de la situación económica del penado. Hay que distinguir según que la capacidad económica del sujeto mejore o empeore. En principio, la posibilidad de modificar *in peius* la multa, aumentando el importe de la cuota diaria si las circunstancias económicas mejoran, hay que descartarla, por ser contraria a la garantía de ejecución derivada del principio de legalidad (art. 3.1). En caso de mejoría sólo cabría reconsiderar las facilidades de pago que se hayan concedido (revocar el aplazamiento del pago o alterar los pagos fraccionados). En caso de que las circunstancias empeoren sí cabe reducir el importe de la cuota, así como ampliar los plazos para el pago.

§ 21. LA MULTA PROPORCIONAL

Junto al sistema de días-multa coexiste también la **multa proporcional (art. 52)**, que tiene un ámbito de aplicación muy concreto, previéndose fundamentalmente para los delitos socioeconómicos y de funcionarios (p.ej., arts. 264 ss., 285, 286 *bis*, 291, 292, 295, 301, 304 *bis*, 305 ss., 319, 368 ss., 386, 418, 428 s., 442, 471 *bis* y 576 CP y 3 LO 12/1995, de 12 de diciembre, de represión del contrabando) y para la responsabilidad penal de las personas jurídicas (*infra* § 52; arts. 156 *bis*, 177 *bis*, 189 *bis*, 251 *bis*, 264, 288, 310 *bis*, 318 *bis*, 319, 328, 348, 369 *bis*, 386, 427).

La multa proporcional es una pena pecuniaria en la que para calcular su importe se opera con múltiplos, fracciones o tantos por cientos que se aplican a una magnitud determinada, fundamentalmente en función del perjuicio causado o del beneficio pretendido u obtenido. Para el tráfico de drogas, por ejemplo, el **art. 377** establece que la multa proporcional se calculará en atención al valor de la droga, que será el precio final del producto o, en su caso, la recompensa o ganancia obtenida por el reo, o que hubiera podido obtener.

El mantenimiento de la multa proporcional, con carácter general, es una cuestión discutida. De una parte, se defiende su permanencia sobre la base de que se trata de una respuesta adecuada para aquellos casos que se encuentran también sancionados administrativamente, pero con una multa que supera los límites máximos de la sanción penal por cuotas. También se pretende justificar su presencia junto al sistema de días-multa por razones retributivas y de prevención general en relación con delitos caracterizados por la obtención de grandes beneficios económicos, respecto de los cuales la multa por cuotas puede resultar excesivamente benigna y por ello ineficaz como instrumento intimidatorio. Pero, por otra parte, se considera que mantener la multa proporcional puede ser criticable, ya que ésta resulta incompatible con el sistema de días-multa, porque precisamente se opone a la idea central del nuevo sistema. La multa proporcional toma en consideración en un único acto el injusto del hecho y la culpabilidad del autor, por un lado, y las capacidades económicas del sujeto, por otro, sin separar debidamente ambas cosas (**art. 52.2**).

Los argumentos que se aducen en favor de su mantenimiento no parecen del todo convincentes. En primer lugar, el problema de las elevadas multas administrativas, muchas veces superiores a las penales, es un problema real, pero la solución correcta no consiste en mantener la multa proporcional, sino en un replanteamiento general de los límites entre lo ilícito penal y lo ilícito administrativo. En segundo lugar, si se alega que dicha pena está prevista para delitos que producen grandes beneficios o perjuicios, como los socioeconómicos, el narcotráfico, etc., la gravedad de estos hechos puede apuntar más bien a que la pena indicada en estos casos deba ser la privativa de libertad, y no la de multa. En el caso de las personas jurídicas tal gravedad lo que puede recomendar es, en vez de imponer una multa, acordar su disolución o la prohibición de realizar ciertas actividades. Y, en tercer lugar, con respecto a los efectos provenientes del delito y el beneficio reportado hay que tener en cuenta que serán decomisados (art. 127).

Igual que para el sistema de días-multa también se han previsto facilidades para el pago mediante el establecimiento de pagos aplazados (para las personas jurídicas pueden llegar hasta 5 años, según el **art. 53.5**), así como la posibilidad de reducir el importe de la multa proporcional en el caso de que empeore la situación económica del penado (**art. 52.3**).

Para las personas jurídicas existe, además, un sistema de sustitución de la multa proporcional, en el supuesto de que no se pueda determinar su importe, por una multa cuantificada conforme al sistema de los días-multa (**art. 52.4**) (*infra* § 52).

§ 22. RESPONSABILIDAD PERSONAL SUBSIDIARIA POR IMPAGO DE MULTA

Por mucho que uno se esfuerce en la adaptación de la pena de multa a las capacidades económicas del penado nunca se va a poder evitar que haya personas que no quieran o que no puedan pagar total o parcialmente la sanción impuesta. Si sucediese esto, el legislador penal, ya desde muy antiguo, ha dispuesto que la pena se tiene que cumplir, aunque sea de otro modo (*qui non habet in ære, luat in corpore*). El CP español no ha sido una excepción a este principio general y ha previsto en su **art. 53** una responsabilidad personal subsidiaria por impago de multa (RPSIM). Es ésta una institución de cierre del sistema, por medio de la cual se pretende evitar que quede sin efecto una de las penas que se aplican a los niveles menos graves de la criminalidad, como es la pena de multa. Su **fundamento**, por tanto, estriba en garantizar la inderogabilidad de las penas pecuniarias.

Según el **art. 35**, la RPSIM es una auténtica pena privativa de libertad, si bien de carácter subsidiario. Esto quiere decir que en realidad en el fallo condenatorio se imponen dos penas: una de carácter principal, la multa, y otra de carácter subsidiario, la RPSIM. El cumplimiento de la pena subsidiaria, por lo demás, extingue la ejecución de la pena principal (**art. 53.4**). Esta naturaleza de auténtica pena privativa de libertad tiene como consecuencias, entre otras, que su ejecución debe estar orientada hacia la reeducación y reinserción social del delincuente (art. 25.2 CE), está sujeta a reserva de ley orgánica (art. 81 CE), le resulta abonable la prisión preventiva (art. 58), le son de aplicación los límites establecidos para el concurso real de delitos (art. 76) y es posible acordar su suspensión (art. 80).

Como se acaba de comentar, en virtud del principio de inderogabilidad de la pena parece que está justificado prever algún tipo de responsabilidad subsidiaria para el caso de impago de la multa. Sin embargo, esto no quiere decir que sea legítima cualquier medida para conseguir el mencionado propósito. Aunque el TC haya avalado la constitucionalidad del arresto sustitutorio (SSTC 19/1988, 16-2 y 203/1991, 10-12), sin embargo, la conversión de la pena pecuniaria en caso de imposibilidad de pago en una privación de libertad obedece exclusivamente a una circunstancia ajena al hecho cometido, y por ello, **no está justificada**, pues constituye sencillamente una pena a la pobreza. La privación de libertad subsidiaria no resulta proporcionada a la gravedad del hecho ni a la culpabilidad del autor, por lo que no puede cumplir ninguno de los fines que se asignan a la pena (retribución, prevención general y prevención especial). La RPSIM debería ser otra pena no privativa de libertad.

Para que se active la RPSIM es **presupuesto** indispensable que el sujeto no pueda pagar la multa, esto es, que el penado se encuentre en situación de insolvencia. Antes de acudir a la RPSIM se abre la vía de apremio, y aun antes que ésta, es posible adoptar también facilidades para el pago, como hemos visto. El procedimiento de ejecución de la pena de multa se rige por las disposiciones generales sobre ejecución de las sentencias (**arts. 983 ss. LECr**), y en particular por lo relativo a las fianzas y embargos (**arts. 589 ss. LECr**, y subsidiariamente **arts. 571 ss. LEC**).

En el caso de que la multa fuese impuesta conforme al sistema de los días-multa, el órgano judicial no tiene margen de discrecionalidad a la hora de fijar la RPSIM, sino que tiene que atender al módulo de conversión legalmente establecido (**art. 53.1**). Por el contrario, para el caso de una multa proporcional, el Juez o Tribunal podrá imponer la que, según su prudente arbitrio, estime conveniente dentro de los límites legalmente establecidos (**art. 53.2**).

La **extensión** de la RPSIM puede ir desde 1 día a 1 año. El CP no fija un límite máximo en el caso de impago de una multa impuesta según el sistema de los días-multa. Únicamente dispone que para el caso de la multa proporcional la RPSIM «no podrá exceder, en ningún caso, de un año de duración» (**art. 53.2**). No obstante, ese límite de un año para la multa proporcional viene a coincidir también con la duración máxima que por regla general corresponde para el supuesto de los días-multa. La duración de la RPSIM depende de la duración que tenga la multa, y como ésta tiene un máximo de 2 años (art. 50.3), si aplicamos el módulo de conversión previsto en el art. 53.1 (2 = 1), entonces habrá que concluir que la duración de la RPSIM no podrá exceder, como regla general, de un año. No obstante, esta regla general tiene alguna excepción (art. 70.3.9°). En otras ocasiones acontece, en cambio, que ese máximo no podrá llegar a alcanzarse, porque se renuncia al cumplimiento de la RPSIM, como sucede en el concurso real de delito (art. 76) o cuando se apliquen conjuntamente penas privativas de libertad y penas pecuniarias, en que la RPSIM no se impondrá a condenados a pena privativa de libertad superior a 5 años (**art. 53.3**). La opinión mayoritaria es partidaria de hacer una interpretación extensiva y benévola de este último límite (véase el Acuerdo TS de 1 marzo 2005; también la STS 147/2021, 18-2).

De lo dispuesto en los **aparts. 1 y 2 del art. 53** se puede deducir que la RPSIM se cumple básicamente de dos formas diferentes: o en régimen de privación de libertad, ya sea en un centro penitenciario o en el domicilio del penado como localización permanente, o en régimen de TBC. La ejecución de la RPSIM también puede ser suspendida (**art. 80**). En caso de incumplimiento de la RPSIM las consecuencias varían en función de que se cumpla en un régimen o en otro. Si se cumple en régimen de privación de libertad, su incumplimiento dará lugar a un delito de quebrantamiento de condena (**art. 468**) (las SSTS 683/2019, 29-1-2020; 448/2022, 9-5, consideran que el quebrantamiento de la localización permanente impuesta como forma de cumplimiento de la RPSIM, así como los supuestos en los que su ejecución deriva de una sustitución conforme al art. 71.2, el delito de quebrantamiento de condena del art. 468.1 no sería en su primer inciso, que se refiere a «si estuvieran privados de libertad», sino al segundo, «en los demás casos»), pero si se cumple en régimen de TBC, su incumplimiento hará que se revoque ese régimen [**art. 86.1 c)**] y deba cumplirse como privación de libertad.

Para las personas jurídicas la RPSIM se concreta en una intervención judicial hasta el pago total, que más que una pena es sencillamente una garantía para el cumplimiento de la multa (**art. 53.5**). No se trata, pues, de sustituir una pena por otra, y su contenido sería equivalente al de una administración judicial (**arts. 630 ss. LEC**).

BIBLIOGRAFÍA

CARDENAL MONTRAVETA, S.: *La pena de multa. Estudio sobre su justificación y determinación de su cuantía*, Ed. Marcial Pons, Madrid, 2020; IDEM, *Ejecución y prescripción de la pena de multa*, Ed. Tirant lo blanch, Valencia, 2020; JAREÑO LEAL, M.A.: *La pena privativa de libertad por impago de multa*, Ed. Civitas, Madrid, 1994; MANZANARES SAMANIEGO, J.L.: *Las penas patrimoniales en el Código Penal español*, Ed. Bosch, Barcelona, 1983; ROCA DE AGAPITO, L.: *La responsabilidad personal subsidiaria por impago de la pena de multa. (Estudio histórico-comparado, dogmático y político-criminal)*, Ed. Lex Nova, Valladolid, 2003; ROLDÁN BARBERO, H.: *El dinero, objeto fundamental de la sanción penal. Un estudio histórico de la moderna pena de multa*, Ed. Akal, Madrid, 1982.

Jurisprudencia

SSTS 315/2021, 15-4 (la rebaja en un tercio por conformidad sólo afecta a la duración de la multa, no a la cuantía de la cuota diaria); 605/2020, 13-11 (imposición del máximo de 1 año para la RPSIM proporcional tiene que motivarse); 147/2021,

18-2; 402/2017, 1-6; 284/2016, 6-4 (RPSIM no se impone junto a penas privativas de libertad que sumen más de 5 años, debiendo sumarse junto a ellas); 801/2022, 5-10 (150 €/día para diputada del Parlamento catalán); 434/2014, 3-6 (100 €/día para manager de afamados artistas); 1039/2013, 23-12 (50 €/día para abogado con despacho en el centro de Madrid); 75/2019, 12-2 (designación de abogado y procurador de su elección es un dato más para la cuantificación de la multa que no afecta al derecho de defensa y asistencia letrada); 887/2012, 15-11 (8 €/día por ser titular de un vehículo); 319/2019, 27-6 (8 €/día para un odontólogo jubilado, con abogado particular y detective privado empleado para que realice un informe); 1340/2009, 18-12; 120/2021, 11-2 (la RPSIM así como la cuota diaria están sometidas al principio acusatorio); 530/2016, 16-6 (15 €/día para policía sin abogado ni procurador de oficio); 1318/2009, 18-12 (10 €/día para acusado con trabajo); 597/2009, 28-5 (30 €/día para alcalde); 837/2007, 23-10 (30 €/día a promotor inmobiliario); 847/2007, 18-10 (12 €/día a pesar de constar su insolvencia); 600/2006, 15-5 (el dinero decomisado no se puede destinar al pago de la multa).

Cuestiones prácticas

¿Cómo se calcula la pena inferior en grado de una multa proporcional? Acuerdo del TS de 22 julio 2008, y STS 394/2023, 24-5. ¿Y la pena superior en grado o la mitad superior? (SSTS 87/2020, 3-3; 723/2017, 7-11).

¿Cómo calcular el importe de la multa en función del valor de la droga? El Observatorio Español de la Droga y las Toxicomanías (OEDT) elabora anualmente un Informe en el que aparece publicado el precio medio nacional de las drogas más comunes (STS 550/2010, 15-6). La STS 279/2018, 12-6 toma en cuenta el precio recibido por el transporte, en lugar del valor en el mercado ilícito.

¿Cómo se calcula la RPSIM en casos de impago total y de impago parcial? Imaginemos que se impone una multa de 1 año, 2 meses y 15 días a razón de 5 €/día. El importe a pagar es de 2.175 €, porque 1 año, 2 meses y 15 días = 360 + 60 + 15 días = 435 días · 5 €/día = 2.175 €. Supongamos que no paga nada, la RPSIM será de 217 días (que se pueden convertir en TBC). En el cálculo de la RPSIM se divide el nº de días impagados entre dos, ignorándose los decimales. 435 días/2 = 217'5. Supongamos que paga 347 €, la RPSIM será de 182 días. En el impago parcial hay que restar el importe total de la multa menos el importe satisfecho, dividiéndolo por el importe de la cuota diaria. De este resultado se ignoran los decimales y se divide entre dos, volviendo a ignorar los decimales. 2.175 € - 347 € = 1.828 / 5 € cuota = 365'6 días-multa impagados, luego 365/2 = 182'5.

Capítulo VII
Determinación de la pena

§ 23. SISTEMAS DE DETERMINACIÓN DE LA PENA

JESÚS BERNAL DEL CASTILLO

Se entiende por determinación de la pena el proceso por el cual la pena abstracta definida en el tipo penal se individualiza para su aplicación al sujeto cuya responsabilidad penal se establece en el proceso penal correspondiente.

La ley penal define la pena o penas para cada delito que refleja la valoración que merece esa conducta para el Derecho Penal, en cumplimiento de las exigencias del principio de legalidad, que prohíbe la indeterminación absoluta de la pena. Pero la fijación de la pena específica en cada caso particular exige tomar en cuenta diversos criterios que concretan esa pena atendiendo tanto a razones de justicia material (las concretas circunstancias del delito) como a la mejor forma de realizar en ese supuesto los fines preventivos que deben cumplir las penas.

En los distintos ordenamientos han aparecido diversos sistemas de determinación de las penas. Se habla de un *sistema legal de determinación de la pena* cuando los criterios y principios de concreción de la pena están previstos en la ley penal. El *sistema de arbitrio judicial* deja en manos del juez la concreción de la pena. El sistema legal presupone que las leyes penales contienen reglas suficientes de determinación de modo que el juez tiene un escaso margen de discrecionalidad. El sistema de arbitrio judicial confía en la capacidad del juez para concretar la pena con un amplio margen de discrecionalidad por insuficiencia de reglas o criterios legales de determinación. Ninguno de ambos sistemas llevados a su extremo cumple las exigencias de justicia y seguridad esperadas del Derecho Penal. La ley penal no puede contener un conjunto tan exhaustivo de reglas de determinación que permita establecer matemáticamente la pena apropiada en cada caso particular. Un sistema que deje predominantemente en manos del criterio del juez la determinación de la pena, minimizando los criterios legales, genera inseguridad jurídica, por la posibilidad de convertir el arbitrio judicial en arbitrariedad.

El CP/1995 y sus reformas posteriores simplifican los criterios tradicionales y siguen un sistema de determinación de la pena que establece un proceso en el que se combinan a lo largo de distintas fases un conjunto de reglas fijadas legalmente (concreción legal de la pena) y algunos criterios que permiten el arbitrio judicial para perfilar en diversos momentos del proceso las penas resultantes de la aplicación de las reglas legales (individualización judicial de la pena).

a) El proceso de determinación toma como punto de partida las penas descritas en los tipos legales. En éstos se establecen, según su naturaleza, la pena o penas previstas para cada delito dentro de un **marco penal abstracto**, delimitado por mínimo y un máximo (p.e., en el art.138.1 se establece la pena de prisión para el tipo básico de homicidio doloso dentro del marco de 10 a 15 años). Conforme al **art. 61** se entiende que la pena así fijada es la que corresponde al autor del delito consumado.

b) A partir del marco legal fijado en el tipo que define el delito, la ley penal establece una serie de criterios para la **concreción legal del marco abstracto de la pena**, que giran en torno a dos conceptos fundamentales: los *grados* de las penas y la *división de la pena en mitades*. Nuestro sistema parte del presupuesto de que la mayoría de las penas tienen un carácter temporal y pueden dividirse (hay excepciones como la pena de multa proporcional), de tal forma que las penas pueden elevarse o disminuirse en grado, y aplicarse en su mitad superior o inferior. La aplicación de estos criterios se concreta en una serie de reglas fijadas legalmente y que toman como referencia una serie de características comunes de los delitos y de los autores, determinadas en la Parte General del Código. Estas características se refieren al grado de ejecución de los delitos, al grado de participación y a la concurrencia en los delitos de las llamadas circunstancias modificativas de la responsabilidad criminal. Junto a estas reglas generales se prevén también reglas especiales para determinados casos, p.ej. el concurso de delitos. La aplicación de estas reglas permite ya la fijación de un marco legal individualizado conforme a las circunstancias que concurren en ese caso concreto (p.e. si se trata de un cómplice o de un delito realizado en grado de tentativa o si concurre una atenuante), pero que todavía continua teniendo un cierto margen de abstracción: mitad superior, o pena inferior en uno o dos grados, que requiere en todo caso una operación de concreción definitiva, que es la que corresponde a la denominada **individualización judicial**.

c) La concreción exacta de la pena a imponer en el proceso judicial la realiza el juez discrecionalmente, es decir tomando en consideración aquellas circunstancias inherentes al hecho y al autor que no han sido valoradas previamente. No se trata de una decisión arbitraria (**art. 72**), sino que tiene estar suficientemente motivada y ajustada a determinados principios, algunos de los cuales están fijados expresamente en el propio Código.

§ 24. REGLAS DE CÁLCULO DEL MARCO PENAL

SONIA VICTORIA VILLA SIEIRO
CRISTINA LÓPEZ LÓPEZ

Tal como se desprende del apartado anterior, las penas pueden elevarse o disminuirse en grado y aplicarse en su mitad superior o inferior. Para ello, se han previsto unas reglas de cálculo en los **arts. 70 y 71**, que se encuentran sintetizadas en el siguiente cuadro.

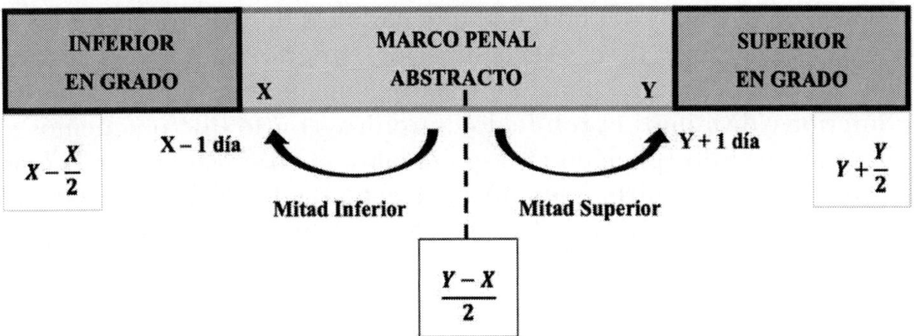

Como se aprecia en el cuadro, el marco penal abstracto de partida, esto es, el que viene determinado por la ley para cada delito, está formado por un límite inferior (X) y un límite superior (Y). Cuando se calcula la pena superior o inferior en grado se está creando un nuevo marco penal de trabajo; en cambio, cuando se calcula la mitad inferior o superior de la pena, no será necesario generar un nuevo marco, sino trabajar sobre el ya dado.

El **art. 70.1** explica cómo se formarán la pena superior e inferior en grado. Ambas parten del marco penal abstracto de la pena (X-Y), y como se observa en el cuadro, en realidad para obtener el nuevo marco de cualquiera de ellas solo será necesario hallar un nuevo límite: el superior, en el caso de la pena superior en grado; y el inferior, en el caso de la inferior en grado. El otro límite, es decir, el límite superior de la inferior en grado o el inferior de la superior en grado, no plantea problema de cálculo alguno, pues se parte de los límites del marco penal abstracto (X-Y), al que se sumará o restará un día (Y+1 día o X-1 día), respectivamente.

Con ello el Código pretende evitar el solapamiento y la confusión que podría derivarse en otro caso. P. ej. de no haberse introducido la previsión de añadir o restar un día al límite en cuestión, cabría la posibilidad de aplicar la misma pena tanto al cómplice como al autor de un delito de homicidio, 10 años, puesto que esta cifra sería la mínima pena posible para el autor y la máxima aplicable en el caso del cómplice.

Para obtener el nuevo límite superior de la pena superior en grado, será necesario sumar al límite superior del marco penal abstracto (Y) su mitad (Y/2). Para obtener el nuevo límite inferior de la pena inferior en grado, será necesario restar al límite inferior del marco penal abstracto (X) su mitad (X/2).

En relación con la determinación de las mitades superior e inferior de la pena, partimos del marco al que hayamos llegado tras la determinación de la misma (ya sea esta la superior o inferior en uno o varios grados, o incluso el marco penal abstracto), sumamos sus límites superior e inferior y dividimos el resultado entre dos, con lo que obtenemos el punto intermedio (p. ej. en el caso del marco penal abstracto, tal como se observa en el cuadro, el cálculo se efectuaría del siguiente modo: se sumaría el límite inferior de la pena (X) y el límite superior (Y), para posteriormente dividirlo entre dos). Así la mitad inferior abarcaría desde el límite inferior del marco de referencia hasta el punto intermedio; y la mitad superior desde el punto intermedio hasta el límite superior. Con este cálculo, se plantea el problema de a qué mitad corresponde este punto intermedio: si forma parte de la inferior, de la superior, si pertenece a ambas o a ninguna. Lo que deja claro el legislador en el **art. 70.2** es que el día se considera indivisible, y por lo tanto actúa como *unidad* *penológica de más o de menos, según los casos.* Esta redacción ha dado lugar a diferentes interpretaciones sin que haya unanimidad sobre el criterio a seguir.

El legislador también establece que cuando el cálculo de la pena superior en grado supere el límite máximo previsto con carácter general para esa pena, se estarán a los siguientes máximos (**art. 70.3**):

PENA	MÁXIMO
Prisión	30 años
Inhabilitación absoluta o especial	
Privación del derecho a la tenencia y porte de armas	20 años
Privación del derecho a residir en determinados lugares o acudir a ellos	
Prohibición de aproximarse a la víctima, familiares u otras personas	
Prohibición de comunicarse con la víctima, familiares u otras personas	
Privación del derecho a conducir vehículos a motor y ciclomotores	15 años
Suspensión de empleo o cargo público	8 años
Multa	30 meses

Por el contrario, cuando se disminuya en grado, no hay prefijadas unas cuantías mínimas en función de la clase de pena, siendo posible descender tanto como sea necesario. No obstante, si como resultado de la disminución de pena en grado procediera imponer una pena de prisión inferior a 3 meses será preciso sustituirla (**art. 71**) (*infra* § 29).

Por último, el **art. 70.4** fija la pena inferior en grado a la de prisión permanente revisable en prisión de 20 a 30 años (*supra* § 8).

§ 25. MARCO PENAL PARA LA TENTATIVA Y LA CODELINCUENCIA

SONIA VICTORIA VILLA SIEIRO
CRISTINA LÓPEZ LÓPEZ

A la hora de determinar la pena en los supuestos de **tentativa** (art. 16), se ha de estar a lo dispuesto en el **art. 62**, que permite la rebaja de la pena abstracta en uno o dos grados dependiendo de los siguientes criterios: peligro inherente al intento y grado de ejecución alcanzado (tentativa inacabada o acabada). Cuestión problemática es la de determinar si ambos criterios han de darse de manera cumulativa o alternativa para la rebaja de la pena en dos grados, puesto que la rebaja en uno solo es obligatoria. En virtud del **art. 64**, cuando la tentativa se encuentra especialmente penada por la ley (p.ej. art. 485.3) no será de aplicación el art. 62, ya que el legislador ha optado por adelantar las barreras de protección a fases anteriores a la consumación.

> No hemos de olvidar que el legislador ha previsto en determinados delitos (p.ej. art. 141) la sanción de comportamientos previos al inicio propiamente dicho de la ejecución del delito (tentativa). Estos casos excepcionales (arts. 17 y 18) tienen su propia regla penológica fijada para cada concreto delito, y, por tanto, no es de aplicación en ellos lo dispuesto en el art. 62.

En los supuestos de **codelincuencia** debemos atender a las definiciones establecidas en los arts. 27 a 29. Aunque como ya es sabido, los inductores, los cooperadores necesarios y los cómplices son partícipes, solo estos últimos se han considerado merecedores de la rebaja en grado prevista en el **art. 63**, siendo los otros partícipes asimilados a los autores a efectos exclusivamente penológicos. Como excepción a esta asimilación, el **art. 65.3** establece que al inductor o al cooperador necesario de un delito especial propio en los que no concurran las *condiciones, cualidades o relaciones personales que fundamenta la culpabilidad del autor*, se les podrá imponer la pena inferior en grado.

Tanto autores como partícipes se ven afectados por lo dispuesto en el **art. 65**, que en relación con las atenuantes y las gravantes, prevé: 1) que cuando estas tengan naturaleza personal solo serán tenidas en cuenta en aquellos en quienes concurran, es decir, serán incomunicables (p.ej. si *A* y *B* cometen un robo y *A* tiene antecedentes penales computables pero *B* no, la agravante de reincidencia de *A* no podrá ser aplicable a *B*); y 2) que cuando consistan en *la ejecución material del hecho o en los medios empleados para realizarla* solo serán tenidas en cuenta en aquellos sujetos que las hayan conocido, es decir, serán comunicables (p.ej. si *A* y *B* cometen un delito de lesiones y *A* aumenta deliberada e inhumanamente el sufrimiento de la víctima pero con el conocimiento *B*, tanto a *A* como a *B* se les aplicará la agravante de ensañamiento).

Con el mismo fundamento que en el caso de la tentativa, el legislador ha previsto en el **art. 64** la no aplicación de la regla del **art. 63** en los supuestos en los que la complicidad se encuentre específicamente penada por la ley.

§ 26. REGLAS DE DETERMINACIÓN DE LA PENA REFERIDAS A CIRCUNSTANCIAS ATENUANTES Y AGRAVANTES

SONIA VICTORIA VILLA SIEIRO
CRISTINA LÓPEZ LÓPEZ

El **art. 66.1** prevé una serie de reglas para concretar la pena en los casos de delitos dolosos (graves o menos graves) (arts. 13 y 33) en los que concurran circunstancias atenuantes o agravantes genéricas (art. 21 a 23). Esas reglas no serán de aplicación cuando se trate de delitos leves o imprudentes (**art. 66.2**) en los que las penas se aplican al *prudente arbitrio* de los jueces y tribunales. Tampoco serán de aplicación cuando se trate de circunstancias atenuantes o agravantes que ya han sido tenidas en cuenta en la descripción de la conducta (**art. 67**).

En el **art. 66.1** se contemplan diversas posibilidades para concretar la pena:

1. que no concurran ni atenuante ni agravantes, en cuyo caso se atenderá a las circunstancias personales del delincuente y la gravedad del hecho (regla 6ª); 2) que concurran atenuantes y agravantes, en cuyo caso se valoran y compensan entre sí, salvo que persista un fundamento cualificado de atenuación (que ocasiona la bajada de la pena en un grado) o agravación (que conlleva la aplicación de la pena en la mitad superior) (regla 7ª); 3) que concurran solo atenuantes o solo agravantes, en cuyo caso se procederá en función del número concreto de las mismas (regla 1ª a 5ª), tal como se expone en el siguiente cuadro.

<table>
<tr><th></th><th></th><th>1</th><th>2</th><th>3 o más</th></tr>
<tr><td rowspan="2">SOLO ATENUANTES
(Reglas 1ª y 2ª)</td><td>Genéricas (21.2ª a 21.7ª)</td><td>½ ↑</td><td colspan="2" rowspan="2">↑ 1 o 2 grados</td></tr>
<tr><td>Muy cualificadas</td><td></td></tr>
<tr><td rowspan="2">SOLO AGRAVANTES
(Reglas 3ª a 5ª)</td><td>Genéricas (22)</td><td colspan="2">½ ↑</td><td>↑ 1 grado y en ½ ↑ (potestativo)</td></tr>
<tr><td>Multirreincidencia (3 o más delitos)</td><td colspan="3">↑ 1 grado (potestativo)</td></tr>
</table>

En relación con las reglas del art. 66.1, ha de tenerse en cuenta que si se aplica la pena inferior en *más de un grado* podrá hacerse en toda su extensión (regla 8ª). Es decir, en aquellos casos en los que la pena se rebaje en un solo grado entrarán en juego las reglas establecidas en el art. 66.1. En cambio, cuando se baje la pena en más de un grado, independientemente del motivo (p.ej. tentativa, complicidad, error de prohibición vencible...), esta se podrá aplicar en toda su extensión, sin que sea necesario dividirla en mitades (regla 1ª y 3ª del art. 66.1).

Como se habrá podido apreciar, el art. 66 no contempla regla alguna para la concreción de la pena en caso de concurrir una eximente incompleta (21.1ª). En estos casos, según el **art. 68**, se impondrá la pena inferior en uno o dos grados atendiendo a los requisitos que falten o concurran y las circunstancias personales del autor. No hay ningún obstáculo para aplicar conjuntamente lo previsto en ambos artículos (Acuerdo del Pleno no Jurisdiccional de la Sala Segunda del TS de 1 de marzo de 2005). Únicamente habrá que tener presente que, en primer lugar, se procederá a la aplicación de la rebaja en uno o dos grados prevista en el art. 68, y posteriormente, lo que proceda en virtud del art. 66.1.

No se alude en este epígrafe al art. 66 *bis*, que utiliza algunas de las reglas ya estudiadas en el art. 66.1 además de introducir otras específicas para el caso de la responsabilidad penal de las personas jurídicas, y que son objeto de análisis en otro Capítulo (*infra* § 55). Tampoco se procede al estudio del art. 69 puesto que es tratado en el Capítulo correspondiente a Derecho Penal de Menores (*infra* §36).

§ 27. REGLAS PENOLÓGICAS EN CASO DE CONCURSO DE DELITOS

SONIA VICTORIA VILLA SIEIRO
CRISTINA LÓPEZ LÓPEZ

Los arts. 73 y siguientes establecen unas reglas especiales para la aplicación de las penas para los concursos de delitos. En ellos encontramos reglas para la determinación de la pena en el caso de concurso real (arts. 73, 75, 76, 78 y 78 *bis*), de concurso ideal (art. 77.1 y 77.2), de concurso medial (art. 77.1 y 77.3) y el delito continuado y delito masa (art. 74).

En caso de **concurso real** se sumarán todas las penas aplicables que se cumplirán de forma simultánea si fuera posible en función de la pena (**art. 73**). Si esto no fuera posible, se hará de forma sucesiva (**art. 75**) de mayor a menor gravedad. De la suma aritmética de todas las penas de la misma naturaleza podría resultar una condena superior a la duración máxima prevista para esa pena en el código. Para evitarlo se han establecido dos límites jurídicos: relativo y absoluto (**art. 76**). El *límite relativo* situaría el máximo de cumplimiento efectivo en el triple del tiempo por el que se imponga la más grave de las penas en que haya incurrido (quedando extinguidas las que superen dicho máximo). El *límite absoluto,* con carácter general, implica que no se pueden superar los 20 años de prisión. No obstante, dicho límite admite ciertas excepciones que permiten alcanzar los 25, 30 o incluso 40 años en función del número de delitos, duración de sus penas y, eventualmente, del tipo de delito de que se trate, tal y como se refleja en el siguiente cuadro.

<table>
<tr><th colspan="3">CONCURSO REAL</th></tr>
<tr><td colspan="2">ACUMULACIÓN ARITMÉTICA</td><td>Sumatorio de todas las penas impuestas</td></tr>
<tr><td rowspan="3">ACUMULACIÓN JURÍDICA</td><td>RELATIVA</td><td>Triple de la más grave</td></tr>
<tr><td rowspan="2">ABSOLUTA</td><td>Regla general: 20 años</td></tr>
<tr><td>Excepciones (prisión)
25 años, alguno ≤ 20 años
30 años, uno o más > 20 años
40 años: 2 o más > 20 años; Alguno terrorismo > 20 años</td></tr>
</table>

El art. 76.1 también prevé una excepción en la acumulación jurídica absoluta, cuando al menos uno de los delitos a los que el sujeto haya sido condenado esté castigado con pena de prisión permanente revisable, remitiendo el propio precepto a los arts. 78 *bis* y 92 (*supra* § 8).

El **art. 76.2** regula la *acumulación de penas* indicando que la limitación prevista en el apartado primero sería de aplicación, aunque las penas se hayan impuesto en distintos procesos, siempre y cuando hubieran sido susceptibles de enjuiciamiento en uno solo. Con anterioridad esto era entendido en el sentido de que entre los hechos delictivos cuyas condenas se pretenden acumular no había de mediar sentencia condenatoria (sin que fuera precisa su firmeza de conformidad con lo establecido en el Acuerdo del Pleno no Jurisdiccional de la Sala Segunda del TS de 29 de noviembre de 2005). Sin embargo, la reforma operada por LO 1/2015, incorpora la referencia a **la fecha en que fueron enjuiciados**, y a raíz de ello, la jurisprudencia estima que la fecha que determina el límite para la refundición es la de la celebración del juicio que da lugar a la primera condena (STS 367/2015, 11-6).

El **art. 78** fija un régimen excepcional para el cumplimiento íntegro y efectivo de la pena para aquellos casos en los que, de la aplicación del límite relativo o absoluto (art. 76.1), resulte un tiempo de cumplimiento inferior a la mitad de la suma de todas las penas impuestas. En estos supuestos, el juez podrá acordar que el cómputo de tiempo para la adquisición de beneficios penitenciarios, permisos de salida, clasificación en tercer grado o libertad condicional (*infra* §§ 38-40) se realice sobre la suma total de las penas impuestas, y no sobre el límite de cumplimiento. Sin embargo, este régimen excepcional podrá ser revertido con posterioridad por el JVP (**art. 78.2**) que, *previo pronóstico individualizado y favorable de reinserción social y valorando, en su caso, las circunstancias personales del reo y la evolución del tratamiento reeducador, podrá acordar razonadamente, oídos el Ministerio Fiscal, Instituciones Penitenciarias y las demás partes, la aplicación del régimen general de cumplimiento.* No obstante, esta reversibilidad se verá condicionada al cumplimiento de un tiempo mínimo cuando el condenado lo haya sido por delitos de terrorismo o cometidos en el seno de organizaciones criminales, en cuyo caso solo podrá acceder al tercer grado tras haber cumplido 4/5 del límite máximo de cumplimiento y a la libertad condicional, tras el cumplimiento de 7/8.

Un supuesto muy polémico en relación con la acumulación de penas fue el suscitado por el caso H. Parot. La polémica se originó con el AAN de 26 de abril de 2005, que ante la próxima puesta en libertad del reo acordó acumular las penas en dos bloques distintos de 30 años cada uno, por entender que no existía una conexión cronológica entre ambos. Dicha resolución fue recurrida en casación y la STS 197/2006, 28-2, la anula, estableciendo que no cabía dividirla en dos bloques, pero ello no supuso la aceptación de las pretensiones del recurrente, pues apartándose de la práctica mantenida por el propio TS hasta entonces (p.ej., STS 529/1994, 8-3), según la cual el límite máximo de cumplimiento operaba como una pena nueva, autónoma y a ella debían referirse los beneficios penitenciarios otorgados por la Ley (como la redención de penas por el trabajo, p.ej.), el TS consideró que dicho límite no se convierte en una nueva pena, sino que tan sólo representa el máximo de cumplimiento en centro penitenciario y que el penado deberá cumplir sucesivamente las distintas penas a las que fue condenado, computándose los beneficios penitenciarios a cada una de ellas individualmente. Esta doctrina fue confirmada por otras SSTS y se extendió a otros casos, impidiendo que muchos penados vieran extinguidas sus condenas de forma anticipada (p.ej., STS 734/2008, 14-11 –violador del Eixample–). Ello dio lugar a que se planteasen múltiples recursos ante el TC por vulneración de diferentes derechos fundamentales (legalidad, libertad, igualdad y tutela judicial efectiva), que a lo largo del 2012 se fueron resolviendo, mayoritariamente en sentido favorable a esta doctrina, aunque hubo ya algunas resoluciones en sentido contrario (p.ej., SSTC 39/2012, 29-3; 57/2012, 29-3; y 62/2012, 29-3). Como consecuencia de todo ello, la doctrina Parot se acabó cuestionando ante el TEDH, que dictaminó, primero en la Sentencia de 10 de abril de 2012 y definitivamente en la Sentencia de 21 de octubre de 2013 (caso del Río Prada c. España), su ilegalidad por infracción de los arts. 7 (principio de legalidad) y 5.1 (derecho a la libertad) CEDH. Con posterioridad, el Acuerdo de la Sala 2ª del TS de 12 de noviembre de 2013 concretó el alcance de la efectividad de esta STEDH a condenas que se estuviesen ejecutando con arreglo al CP/1973, dictadas con anterioridad al 28 de febrero de 2006.

Estas reglas que se acaban de exponer no son de aplicación al denominado **concurso ideal**, que tiene su propia regla penológica en el **art. 77.1 y 2**. Así, cuando un solo hecho constituya uno o más delitos, se impondrá en su mitad superior la pena prevista para la infracción más grave (absorción agravada), salvo que la suma de las infracciones por separado fuera más ventajosa, en cuyo caso se aplicará la acumulación aritmética de las penas vista en el concurso real. Como se puede intuir, el mayor problema que plantea la absorción agravada es cómo se ha de determinar la pena más grave, cuestión discutida por doctrina y jurisprudencia, esto es, si para concretar la pena más grave se ha de tener en cuenta el marco abstracto de la pena (SSTS de 22 de enero de 1962, 11 de junio de 1963) o si esta ha de concretarse y hasta qué punto (SSTS de 16 mayo de 1963, 10 de febrero de 1992, 19 de septiembre de 1996, 31 de enero de 2000). En concreto, si se ha de proceder a concretarla únicamente en atención al grado de ejecución y participación, o si además hemos de tener en cuenta otras circunstancias que permitan la modificación en grado (p.ej. multirreincidencia o eximentes incompletas), o incluso todas las circunstancias que alteren el marco penal abstracto (p.ej. la concurrencia de una sola atenuante o de solo una agravante genérica); porque lo que parece evidente es que no procede comparar las penas totalmente individualizadas.

Hasta la modificación introducida por la LO 1/2015 de 30 de marzo, las reglas aplicadas al concurso ideal eran también de aplicación al denominado **concurso medial**. Sin embargo, desde esta fecha el **art. 77.3** establece una nueva regla de determinación de la pena en aquellos casos en los que un delito sea medio necesario para cometer otro. Según este artículo se deberá configurar un nuevo marco, cuyo mínimo se crea con la pena superior a la que hubiera correspondido, en el caso concreto, por la infracción más grave, y cuyo máximo se calcula a partir de la suma de las penas concretas impuestas separadamente en cada delito. Dentro de este nuevo marco, la pena se individualizará atendiendo a los criterios del art. 66, sin que se puedan sobrepasar los límites expuestos en el art. 76. En este caso, lo más discutido ha sido determinar el significado de *pena superior*, es decir, si el legislador se refiere con esto a la superior en grado, o por el contrario, simplemente sería preciso sobrepasar en un día la pena tomada como referencia (la más grave). La Fiscalía General del Estado en su Circular 4/2015 se ha decantado por esta segunda opción. Además, en la misma Circular se resuelven otras cuestiones controvertidas, como por ejemplo: 1) que para determinar cuál es la infracción más grave ha de tenerse en cuenta lo preceptuado en los arts. 62, 63, 68 y 14.3; 2) que para concretar la pena dentro del nuevo marco se han de aplicar todas las reglas del art. 66 que concurran en el delito más grave; y 3) que se ha de realizar una interpretación restrictiva de la individualización final, entendiendo que cuando el precepto alude al art. 66, lo hace solo a los efectos de que se atienda a los criterios de individualización judicial (mayor o menor gravedad del hecho y circunstancias personales del delincuente).

Ante un **delito continuado**, el **art. 74.1** establece un sistema de obligatoria absorción agravada de la pena, al igual que en el concurso ideal, según el cual se ha de imponer la pena señalada para la infracción más grave en su mitad superior. Además, de modo facultativo prevé la exasperación de la pena, pudiendo ésta alcanzar la mitad inferior de la pena superior en grado.

El **art. 74.2** prevé un sistema especial de determinación de la pena en caso de delito continuado contra el patrimonio, según el cual no se atenderá al sistema de absorción agravada o exasperación del apartado anterior, sino que se impondrá la pena teniendo en cuenta el perjuicio total causado (Acuerdo del Pleno no Jurisdiccional de la Sala Segunda de 30 de octubre de 2007). Además, este segundo apartado prevé, para aquellos casos en los que el hecho reviste *notoria gravedad* y ha perjudicado a una *generalidad de personas* (conceptos explicados en la STS 439/2009, 14-4) (**delito masa**), que se ha de imponer la pena superior en uno o dos grados *en la extensión que estime conveniente.* Se ha de advertir, que dada la redacción del precepto, parece que en este caso no resulta obligatorio acudir a las reglas del art. 66 para concretar la pena.

El **art. 74.3** excluye la aplicación de las reglas establecidas en sus anteriores apartados a las ofensas a bienes eminentemente personales (salvo cuando se trate de infracciones contra el honor y libertad e indemnidad sexuales que afecten a un mismo sujeto pasivo), en cuyo caso se aplicará o no la continuidad delictiva en atención a la naturaleza del hecho y del precepto infringido.

Finalmente, el **art. 79** determina la necesidad de que se condene expresamente a las penas accesorias (*supra* § 6).

BIBLIOGRAFÍA

GRACIA MARTÍN, L.: *Lecciones de consecuencias jurídicas del delito,* Tirant lo blanch, Valencia, 2016; LLORCA ORTEGA, J.: *Manual de determinación de la pena,* Tirant lo blanch, Valencia, 2005; MONTERO HERNANZ, T.: «La doctrina Parot: de su nacimiento a su ocaso», *AJA* nº 873 (2013); OBREGÓN GARCÍA, A.: «La reforma de la penalidad del concurso medial regulada en el artículo 77.3 del Código penal», en M. Bustos Rubio y A. Abadías Selma (dirs.): *Una década de reformas penales. Análisis de diez años de cambios en el Código penal (2010-2020),* Bosch, Barcelona, 2020, 123 y ss.; ROCA AGAPITO, L.: *El sistema de sanciones en el derecho penal Español,* Bosch, Barcelona, 2007; IDEM, «El caso Parot y la proscripción del *overruling* retroactivo desfavorable», en L. Piloñeta Alonso (dir.): *Temas y casos de Derecho vivo,* Aranzadi, Navarra, 2024; SÁNCHEZ DAFAUCE, M., «Aplicación del artículo 68 del código penal en caso de semiimputabilidad y multirreincidencia», *RDPC* nº 24 (2020); IDEM, «¿Es el artículo 66.1.8.ª del Código penal una regla general? », *RDPC* nº 27 (2022); VVAA «arts. 61 a 79», en G. Quintero Olivares (dir.): *Comentarios al Código Penal español,* Tomo I, Aranzadi, Navarra, 2016, 521 y ss.

Documentos de interés

FGE: Circular 4/2015, sobre la interpretación de la nueva regla penológica prevista para el concurso medial de delitos; *FGE*: Circular 2/2004, sobre aplicación de la reforma del código penal operada por LO 15/2003, de 25 de noviembre.

Cuestiones prácticas:

Si en un supuesto además de multirreincidencia concurrieran una o varias agravantes genéricas ¿Cómo afectaría esto a la pena marco? Es indiferente el número de circunstancias agravantes que concurran junto con la multirreincidencia, pues las reglas 3ª, 4ª y 5ª son complementarias. Si el tribunal decide ascender la pena en virtud de multirreincidencia, la existencia de cualquier otra agravante sólo será tenida en cuenta para fijar la extensión en el recorrido por la pena superior en grado. Sin embargo, si no decidiera ascender la pena en función de la regla 5ª, impondrá la pena aplicando lo dispuesto en las reglas 3ª o 4ª según el número concreto de agravantes que se hayan apreciado.

¿Es compatible la aplicación de las reglas de concreción de la pena dispuestas en los arts. 66.1 y 68? Acuerdo del Pleno no Jurisdiccional de la Sala Segunda del TS de 1 de marzo de 2005.

Ante un supuesto de tentativa acabada, ¿cabría la posibilidad de rebajar la pena en un grado? ¿Y en dos? ¿Por qué? STS 703/2013, 8-10 (FJ. 8º) y STS 1070/2011, 13-10 (FJ. 5º).

Indique cuál es el marco penal abstracto en el delito de homicidio. A partir de él, calcule su mitad superior e inferior. Calcule también la pena inferior y superior en grado. Según el art. 138 el marco penal abstracto es de 10 a 15 años de prisión. La mitad inferior será de 10 a *12 años y 6 meses*, y la superior será de *12 años y 6 meses* a 15 años. Sabemos que los días son indivisibles. Pero ¿Qué sucede con el punto intermedio (*12 años y 6 meses*)? ¿Será el último día de la mitad inferior, el primero de la mitad superior, formará parte de ambas mitades o de ninguna? SAP Asturias (Secc. 8ª) 205/2007, 13-11 (FJ 3º).

La pena inferior en grado será de 5 a 10 años menos un día. Y la superior en grado de 15 años más un día a 22 años y 6 meses.

Calcule la pena a imponer al autor de un robo con intimidación consumado en el que concurre la atenuante de reparación del daño, en concurso medial con una detención ilegal también consumada en la que concurre la agravante de reincidencia. Circular FGE 4/2015, de 13 de julio, p. 18.

Capítulo VIII

Alternativas a la ejecución de las penas privativas de libertad

MARÍA MARTA GONZÁLEZ TASCÓN

§ 28. SUSPENSIÓN CONDICIONAL DE LA EJECUCIÓN DE LA PENA PRIVATIVA DE LIBERTAD

La suspensión condicional de la ejecución de la pena privativa de libertad es el mecanismo alternativo a la pena privativa de libertad por excelencia. Su origen se remonta a finales del siglo XIX y se reguló por primera vez en España en la Ley de 17 de marzo de 1908 sobre condena condicional, también llamada en un tiempo remisión condicional (CPD). Básicamente podríamos **definirla** como una institución probatoria orientada a impedir que se dé inicio al cumplimiento de una pena privativa de libertad en aras de evitar los efectos desocializadores de la prisión y favorecer la reinserción social de los condenados en el medio libre (*supra* § 11). Bajo este enfoque marcadamente de **prevención especial**, el condenado a una pena privativa de libertad, en lugar de cumplir la misma, queda sometido a un régimen de prueba durante un tiempo determinado a lo largo del cual debe observar los deberes, obligaciones o reglas de conducta que establezca el órgano sentenciador, beneficiándose así de la oportunidad de extinguir su responsabilidad criminal sin llegar a cumplir la pena privativa de libertad impuesta. De su **regulación legal** se encarga la Secc. 1ª del Cap. III del Tít. III del Lib. I del CP (**arts. 80 a 87**). En ella se disciplinan en particular su ámbito de aplicación, los presupuestos de concesión, las condiciones de la suspensión, el efecto de su observancia, las causas y consecuencias de su revocación, el supuesto excepcional y los supuestos especiales de suspensión condicional y algunas cuestiones procesales. Esta regulación se vio afectada de forma importante por la LO 1/2015, que suprimió la institución de la sustitución de penas privativas de libertad del art. 88, hoy sin contenido, para enlazar algunos de sus elementos con la suspensión condicional de la ejecución de la pena. A nivel reglamentario hay que tener presente en especial el Cap. IV del RD 840/2011.

El **régimen general** de la suspensión condicional de la ejecución de la pena está dirigido a dejar en suspenso la ejecución de las **penas privativas de libertad no superiores a dos años (art. 80.1)**. No obstante esta referencia genérica a todas las penas de esa naturaleza, si atendemos a la finalidad de este instrumento probatorio –principalmente desterrar los efectos desocializadores de la prisión– podría realizarse una interpretación restrictiva de la norma que limitase la suspensión a la pena de prisión y a la pena de RPSIM, en la medida en que sólo estas dos penas en la actualidad pueden implicar el ingreso del condenado en una prisión. La duración de la pena susceptible de ser suspendida en su ejecución (hasta dos años) es también un criterio limitador de la aplicación de este instrumento. A través del mismo se pone de manifiesto además que el legislador considera, como regla general, que por encima de los dos años de privación de libertad las exigencias de prevención general han de primar sobre las necesidades preventivas especiales. Las **condiciones o presupuestos necesarios de la suspensión condicional** son tres (**art. 80.2**). En primer lugar, se exige **que el condenado haya delinquido por primera vez**, hallándose el significado de esta expresión aclarado en la propia ley, que dispone que a tal efecto no se tendrán en cuenta ni las anteriores condenas por delitos imprudentes o por delitos leves, ni los antecedentes penales que hayan sido cancelados, o debieran serlo. Consiguientemente desde la perspectiva subjetiva, sólo se excluye de esta institución a quienes han sido condenados por un delito doloso grave o menos grave y no han tenido derecho aún a la cancelación de sus antecedentes penales (art. 136). Pero la exclusión de éstos no es absoluta, dado que con la reforma operada por la LO 1/2015, se ha establecido que tampoco se tendrán en cuenta los antecedentes penales correspondientes a delitos que, por su naturaleza o circunstancias, carezcan de relevancia para valorar la probabilidad de comisión de delitos futuros. De esta forma, se ahonda en la línea de que este tipo de institución debe ser objeto de una regulación más flexible que permita enfocarla a un grupo más amplio de delincuentes cuya reinserción social es posible alcanzar dentro de la propia comunidad. En segundo lugar, se recoge de nuevo un requisito relativo a la pena objeto de suspensión («**que la pena o la suma de las impuestas no**

sea superior a dos años»), que en realidad es una precisión de cómo se debe entender la expresión «penas privativas de libertad no superiores a dos años». Se pone de manifiesto mediante esta exigencia que la pena susceptible de suspenderse puede ser una pena individual o una pena conjunta (varias penas de prisión), pero en ambos casos el tiempo de privación de libertad del condenado no puede exceder del límite de dos años. En este punto se ha dispuesto además que, tratándose de una pluralidad de penas, no se puede tener en cuenta en el cómputo total de duración el tiempo de duración de la RPSIM, dado que esta pena tiene su origen en la imposibilidad del condenado de satisfacer una pena de multa. En tercer lugar, se requiere **que se hayan satisfecho las responsabilidades civiles originadas y se haya hecho efectivo el decomiso.** Este requisito se entiende cumplido cuando el penado asume el compromiso de satisfacer las responsabilidades civiles de acuerdo a su capacidad económica y de facilitar el decomiso acordado, y es razonable esperar que el mismo sea cumplido en el plazo prudencial que el juez o tribunal determine. En este marco se concede al juez o tribunal la posibilidad de solicitar las garantías que considere convenientes para asegurar su cumplimiento en atención al alcance de la responsabilidad civil y al impacto social del delito. Una vez que concurren todos los requisitos señalados, el juez o tribunal concederá la suspensión cuando sea razonable esperar **que la ejecución de la pena no sea necesaria para evitar la comisión futura de nuevos delitos por parte del penado**. A tal fin establece la ley como **criterios o parámetros de valoración,** que han de guiar la decisión judicial, las circunstancias del delito cometido, las circunstancias personales del penado, sus antecedentes, su conducta posterior al hecho, en particular su esfuerzo para reparar el daño causado, sus circunstancias familiares y sociales, y los efectos que quepa esperar de la propia suspensión de la ejecución y del cumplimiento de las medidas que fueren impuestas (**art. 80.1**). Estos mismos criterios son utilizados por el juez para concretar el **plazo de suspensión** de la ejecución de la pena o plazo de prueba. En el caso de las penas leves este plazo puede tener una duración mínima de tres meses y máxima de un año. En el resto de supuestos, a excepción de la suspensión particular de la pena a las personas drogodependientes, este plazo se fijará entre dos y cinco años (**art. 81**). El mismo se computará desde la fecha de la resolución que acuerda la suspensión, salvo que ésta sea la sentencia condenatoria en cuyo caso se computará desde la fecha en que aquélla hubiere devenido firme, no computándose como plazo de suspensión aquél en el que el penado se hubiera mantenido en situación de rebeldía (**art. 82.2**).

La suspensión condicional de la ejecución de la pena, como su nombre ya evidencia, está subordinada al cumplimiento de una **condición básica:** no volver a delinquir durante el plazo de suspensión. Pero junto a esta modalidad de suspensión, que podríamos denominar simple, se contempla en la ley todo un amplio elenco de **deberes, prohibiciones y obligaciones** que de forma facultativa, como regla general, se pueden enlazar a la anterior; de manera que el juez va elaborando la modalidad de suspensión condicional que mejor se adapta a las necesidades del caso. En el **art. 83** se contemplan aquellas prohibiciones y deberes cuya imposición se fundamenta en la **necesidad de evitar el peligro de comisión de nuevos delitos**. Algunas de ellas tienen un perfil claramente reeducador (6º, 7º y 9º), mientras que otras están enfocadas en el control del penado, bien de forma genérica (3ª, 5ª) o más particular (8ª), en la protección de la víctima (1º), e incluso en su propia protección frente a factores potencialmente criminógenos (2ª, 4ª). En concreto son las siguientes: la prohibición de aproximarse a la víctima o a aquéllos de sus familiares u otras personas que se determine por el juez o tribunal, a sus domicilios, a sus lugares de trabajo o a otros lugares habitualmente frecuentados por ellos, o de comunicar con los mismos por cualquier medio; su imposición será siempre comunicada a las personas con relación a las cuales sea acordada (1º); la prohibición de establecer contacto con personas determinadas o con miembros de un grupo determinado, cuando existan indicios que permitan suponer fundadamente que tales sujetos pueden facilitarle la ocasión para cometer nuevos delitos o incitarle a hacerlo (2ª); el mantenimiento de su lugar de residencia en un lugar determinado con prohibición de abandonarlo o ausentarse temporalmente sin autorización del juez o tribunal (3º); la prohibición de residir en un lugar determinado o de acudir al mismo, cuando en ellos pueda encontrar la ocasión o motivo para cometer nuevos delitos (4ª); la comparecencia personal con la periodicidad que se determine ante el juez o tribunal, dependencias policiales o servicio de la administración que se determine, para informar de sus actividades y justificarlas (5ª); la participación en programas formativos, laborales, culturales, de educación vial, sexual, de defensa del medio ambiente, de protección de los animales, de igualdad de trato y no discriminación, de resolución de conflictos, parentalidad positiva –estos últimos mencionados expresamente a raíz de la LO 8/2021– y otros similares (6ª); la participación en programas de deshabituación al consumo de alcohol, drogas tóxicas o sustancias estupefacientes, o de tratamiento de otros comportamientos adictivos (7ª); la prohibición de conducir vehículos de motor que no dispongan de dispositivos tecnológicos que condicionen su encendido o funcionamiento a la comprobación previa de las condiciones físicas del conductor, cuando el sujeto haya sido condenado por un delito contra la seguridad vial (8ª); y el cumplimiento de los demás deberes que el juez o tribunal estime convenientes para la rehabilitación social del penado, previa conformidad de éste, siempre que no atenten contra su dignidad como persona (9ª). Tres de estas obligaciones, la 1ª, la 4ª y la 6ª son imperativas cuando se trate de delitos cometidos sobre la mujer por quien sea o haya sido su cónyuge, o por quien esté o haya estado ligado a ella por una relación similar de afectividad, aun sin convivencia y, a raíz de la reforma del CP por la LO 10/2022, cuando se trate de delitos contra la libertad sexual, matrimonio forzado, mutilación genital femenina y trata de seres humanos (art. 83.2). Como hemos dicho, y salvo en estos casos, es el juez el que selecciona las obligaciones o deberes condicionantes de la suspensión, pudiendo aplicar todos aquellos que considere necesarios con el único límite de que éstos no resulten excesivos y desproporcionados.

El **art. 84** contempla la posibilidad de acompañar la suspensión de las denominadas **prestaciones o medidas**, cuyo objetivo no se declara, a diferencia de lo que sucedía con los deberes, obligaciones o prohibiciones reseñadas anteriormente, pero que podemos pensar, en atención a su antecedente inmediato (la derogada sustitución de las penas del art. 88), que responden a la intención de hacer más gravosa en parte la suspensión por consideraciones de prevención general. El juez o tribunal puede aplicar una o varias de las siguientes prestaciones o medidas: el cumplimiento del acuerdo alcanzado por las partes en virtud de mediación; el pago de una multa; y/o la realización de TBC. Esta última especialmente cuando resulte adecuado como forma de reparación simbólica a la vista de las circunstancias del hecho y del autor. La primera de ellas es una manifestación de la justicia restaurativa (*infra* § 59). Las dos segundas, aunque el legislador las denomine prestaciones o medidas, no son sino la pena de días multa y la pena de TBC ocultas bajo un nuevo ropaje para disimular que la suspensión de la pena puede en realidad implicar el cumplimiento de una pena. La extensión de ambas es determinada por el juez o tribunal en atención a las circunstancias del caso, sin que pueda ser superior a la que resultase de aplicar dos cuotas de multa por cada día de prisión o un día de trabajos por cada día de prisión, respectivamente, sobre un límite máximo de dos tercios de su duración. Las reticencias a la aplicación de una multa en el marco de la violencia machista y de la violencia doméstica y en entornos asimilados por las consecuencias negativas que para las propias víctimas puede tener la misma si dependen económicamente del condenado, ha motivado que se precise que el pago de la multa cuando se trate de delito cometido sobre la mujer por quien sea o haya sido su cónyuge, o por quien esté o haya estado ligado a ella por una relación similar de afectividad, aun sin convivencia, o sobre los descendientes, ascendientes o hermanos por naturaleza, adopción o afinidad propios o del cónyuge o conviviente, o sobre los menores o personas con discapacidad necesitadas de especial protección que con él convivan o que se hallen sujetos a la potestad, tutela, curatela, acogimiento o guarda de hecho del cónyuge o conviviente, solamente podrá imponerse cuando conste acreditado que entre ellos no existen relaciones económicas derivadas de una relación conyugal, de convivencia o filiación, o de la existencia de una descendencia común.

En consideración a la propia naturaleza de esta institución se faculta al juez para modificar la decisión que configura en concreto la modalidad de suspensión condicional a lo largo del plazo de prueba a la luz de la posible modificación de las circunstancias valoradas. Esto significa en concreto que se puede acordar el alzamiento de todas o algunas de las prohibiciones, deberes o prestaciones acordadas, su modificación o su sustitución por otras que resulten menos gravosas (**art. 85**). Existe también la posibilidad de que la modificación implique una mayor limitación de derechos del penado, pero esto sólo puede ser si se ha producido un incumplimiento de las prohibiciones, deberes o condiciones aparejadas (**art. 86.2**)

Existe un **régimen excepcional** de suspensión condicional de la pena (**art. 80.3**), que exonera al penado del cumplimiento de los requisitos relativos a la "delincuencia primaria" y, en parte, a la duración de la pena suspendida. Este régimen, que nace con la transmutación de la antigua sustitución de penas del art. 88, permite aplicar la suspensión a las penas de prisión que individualmente no excedan de dos años, siempre y cuando el condenado no sea un reo habitual. Esta consideración se otorga por la ley a los que hubieren cometido tres o más delitos de los comprendidos en un mismo capítulo, en un plazo no superior a cinco años, y hayan sido condenados por ello. Para realizar este cómputo se considerarán, por una parte, el momento de la posible suspensión y, por otra parte, la fecha de comisión de aquellos delitos que fundamenten la apreciación de la habitualidad (**art. 94**). Los criterios en los que se basa la suspensión de la pena en este caso son los mismos en los que en su día se fundamentó la sustitución de penas, esto es, cuando las circunstancias personales del reo, la naturaleza del hecho, su conducta y, en particular, el esfuerzo para reparar el daño causado, así lo aconsejen. Criterios que, como ya hemos visto, son igualmente objeto de valoración en el régimen general. La concesión de esta suspensión excepcional presenta la particularidad de que imperativamente queda condicionada a la reparación efectiva del daño o la indemnización del perjuicio causado conforme a sus posibilidades físicas y económicas, o al cumplimiento del acuerdo de mediación; y al pago de una multa o a la realización de TBC. En relación con estas dos últimas medidas queda afectada también la regla general de cálculo de su duración, no pudiendo ser su extensión inferior a la que resulte de aplicar los criterios de conversión fijados en el art. 84 sobre un quinto de la pena impuesta.

Además se contempla un **régimen particular de suspensión para las personas con problemas de drogodependencias,** cuando delinquen precisamente a causa de su dependencia a las sustancias señaladas en el art. 20.2. A través del mismo se flexibilizan los requisitos generales de la suspensión en aras de favorecer el desarrollo de un tratamiento de deshabituación o de no frustrar los efectos que ya se hayan obtenido con aquel (**art. 80.5**), en la idea de que si la causa del comportamiento delincuencial se encuentra en su dependencia de las drogas, una vez que se supere este problema de salud, se habrá resuelto también el delictivo. Al igual que en el régimen excepcional, se prescinde del cumplimiento de las condiciones concernientes a la "primariedad delictiva" y a la duración de la pena suspendida, exigiéndose únicamente en estos casos que las penas privativas de libertad no superen los cinco años y que se certifique suficientemente, por centro o servicio público o privado debidamente acreditado u homologado, que el condenado se encuentra deshabituado o sometido a tratamiento para tal fin en el momento de decidir sobre la suspensión. En esta última hipótesis, se condicionará también la suspensión a que no abandone el tratamiento hasta su finalización, precisándose, además, en atención a la realidad de este tipo de tratamiento, que las recaídas en el tratamiento no se entenderán como abandono si éstas no evidencian un abandono definitivo del tratamiento de deshabituación. En este marco se faculta al juez o tribunal para ordenar la realización de las comprobaciones necesarias para verificar el cumplimiento de estos requisitos. El plazo de prueba de esta suspensión es más amplio, de tres a cinco años.

Se contempla asimismo un **régimen especial** de suspensión **basado en razones de humanidad**, que faculta a los jueces y tribunales a otorgar la suspensión de cualquier pena impuesta sin sujeción a requisito alguno en el caso de que el penado esté aquejado de una enfermedad muy grave con padecimientos incurables, salvo que en el momento de la comisión del delito tuviera ya otra pena suspendida por el mismo motivo (**art. 80.4**).

La suspensión condicional de la ejecución de la pena, en tanto institución probatoria que es, puede ser revocada, lo que implicará que la pena tiene que cumplirse. A la **revocación** se refiere el **art. 86.1**, a cuyo tenor ésta es imperativa si se da algunos de los siguientes casos: el beneficiario de la suspensión es condenado por un delito cometido durante el período de suspensión y ello pone de manifiesto que la expectativa en la que se fundaba la decisión de suspensión adoptada ya no puede ser mantenida; incumple de forma grave o reiterada las prohibiciones y deberes del art. 83 que se hayan impuesto, o se sustrae al control de los SGPMA; incumple de forma grave o reiterada las condiciones impuestas conforme al art. 84; o facilite información inexacta o insuficiente sobre el paradero de bienes u objetos cuyo decomiso hubiera sido acordado; no dé cumplimiento al compromiso de pago de las responsabilidades civiles a que hubiera sido condenado, salvo que careciera de capacidad económica para ello; o facilite información inexacta o insuficiente sobre su patrimonio, incumpliendo la obligación impuesta en el art. 589 LEC. Acordada la revocación de la suspensión, si ésta hubiese implicado el pago de una multa o la realización de TBC, el juez o tribunal deberá proceder a abonar a la pena los pagos y la prestación de trabajos que hubieran sido realizados o cumplidos; no así los gastos que hubiera realizado el penado para reparar el daño causado en el marco de un acuerdo de mediación (**art. 86.3**).

El **incumplimiento de las prohibiciones, deberes o condiciones de menor trascendencia** (no grave o no reiterado) faculta al juez para: a) la imposición de nuevas prohibiciones, deberes o condiciones, o la modificación de las ya impuestas; b) la prórroga del plazo de suspensión, sin que en ningún caso pueda exceder éste de la mitad de la duración del que hubiera sido inicialmente fijado (**art. 86.2**).

La **extinción de la responsabilidad penal** se produce por la remisión definitiva de la pena (**art. 130.3°**) (*infra* § 56), que tiene lugar cuando ha transcurrido el plazo de suspensión fijado sin haber cometido el sujeto un delito que ponga de manifiesto que la expectativa en la que se fundaba la decisión de suspensión adoptada ya no puede ser mantenida, y se han cumplido de forma suficiente las reglas de conducta fijadas, en su caso, por el juez o tribunal (**art. 87.1**). El régimen particular de suspensión de la pena a las personas drogodependientes exige un requisito adicional como es la acreditación de que se ha producido la deshabituación de la persona o la continuidad del tratamiento. De lo contrario, el juez o tribunal ordenará el cumplimiento de la pena, salvo que, oídos los informes correspondientes, estime necesaria la continuación del tratamiento; en tal caso podrá conceder razonadamente una prórroga del plazo de suspensión por tiempo no superior a dos años (**art. 87.2**).

Por lo que se refiere a los **requisitos procesales** hay que tener en cuenta que la decisión de suspender o no la ejecución de la pena ha de adoptarla el juez o tribunal mediante resolución motivada (**art. 80**). Esta cuestión se resolverá siempre que sea posible en la propia sentencia condenatoria y, si no fuera así, una vez declarada la firmeza de ésta, se procederá con la mayor urgencia y previa audiencia de las partes a dictar una resolución al respecto (**art. 82.1**). En consideración a la naturaleza de la decisión, esa resolución adopta la forma de auto. En el caso de los delitos semipúblicos o privados, el órgano judicial tiene que escuchar al ofendido y, en su caso, a quien le represente, antes de conceder los beneficios de la suspensión (**art. 80.6**).

El **art. 86.4** traza el procedimiento a seguir para la revocación o modificación de la suspensión en base a incumplimientos por parte del penado, facultando al juez para acordar la realización de las diligencias de comprobación que sean necesarias y para acordar, si lo considera necesario para resolver, la celebración de una vista oral. El juez o tribunal resolverá sobre estos particulares después de haber oído al Fiscal y a las demás partes. Sin embargo, podrá revocar la suspensión de la ejecución de la pena y ordenar el ingreso inmediato del penado en prisión cuando resulte imprescindible para evitar el riesgo de reiteración delictiva, el riesgo de huida del penado o asegurar la protección de la víctima.

La competencia en materia de **ejecución** de esta institución probatoria depende de cómo se haya configurado la suspensión, pudiendo llegar a implicar a hasta tres órganos distintos: jueces, Fuerzas y Cuerpos de Seguridad del Estado y SGPMA. A este último le compete la elaboración del plan individualizado de intervención y seguimiento en los casos en los que recibe la resolución judicial que acuerda la suspensión que lleva enlazada reglas de conducta bajo su control. Este plan es de inmediata ejecución sin perjuicio de su comunicación al órgano jurisdiccional, a quien también informará de la observancia de las reglas de conducta. Sobre estos particulares, le atribuye en concreto el CP el control de las reglas 6.ª, 7.ª y 8.ª con una determinada periodicidad (al menos trimestral, en el caso de las reglas 6.ª y 8.ª, y semestral, en el caso de la 7.ª y, en todo caso, a su conclusión). Asimismo, queda obligado a informar inmediatamente de cualquier circunstancia relevante para valorar la peligrosidad del penado y la posibilidad de comisión futura de nuevos delitos, así como de los incumplimientos de la obligación impuesta o de su cumplimiento efectivo. A las Fuerzas y Cuerpos de Seguridad del Estado se les encomienda velar por el cumplimiento de las prohibiciones o deberes de las reglas 1.ª, 2.ª, 3.ª, o 4.ª, quienes tienen que comunicar inmediatamente al Ministerio Fiscal y al juez o tribunal de ejecución, cualquier posible quebrantamiento o circunstancia relevante para valorar la peligrosidad del penado y la posibilidad de comisión futura de nuevos delitos.

§ 29. SUSTITUCIÓN DE LA PENA DE PRISIÓN

La sustitución de las penas privativas de libertad por otras penas menos gravosas, susceptible de verse acompañada además de reglas de conductas –deberes, obligaciones o prohibiciones–, fue una de las grandes novedades del CP/1995 en su lucha por limitar el uso de las penas cortas privativas de libertad, habiéndose configurado entonces como un instrumento de aplicación facultativa o imperativa dependiendo del caso. A raíz de la LO 1/2015 este mecanismo alternativo a la privación de libertad ha perdido en gran parte su autonomía al transformarse la sustitución facultativa de la pena en una modalidad más de suspensión condicional de la ejecución de la pena privativa de libertad. Consiguientemente sólo se ha conservado la sustitución obligatoria de penas prevista en el **art. 71.2**, cuyo alcance es muy limitado al estar circunscrita a la pena de prisión inferior a tres meses, resultante de aplicar las reglas de determinación de la pena inferior en grado. Esta pena imperativamente tiene que ser sustituida por multa, TBC, o localización permanente, aunque la ley no prevea estas penas para el delito de que se trate. A tal fin se limita a señalar el precepto los módulos de conversión o sustitución entre penas: cada día de prisión equivale bien a dos cuotas de multa bien a una jornada de trabajo o bien a un día de localización permanente. La mencionada reforma ha excluido en estos casos la referencia que se hacía a la posibilidad de la suspensión condicional de la ejecución de esta pena.

Una aplicación analógica de esta norma en beneficio del penado podría llevar a la sustitución obligatoria de las penas de prisión inferiores a tres meses resultantes de la reducción de un tercio de la pena en las sentencias de conformidad dictadas en el procedimiento de enjuiciamiento rápido de determinados delitos; supuesto en el que la ley apela a que el juez resuelva sobre la suspensión o sustitución de la pena (art. 801.1.2º y 2 LECr).

Por otra parte, si bien la STS, Sala Segunda, 750/2021, 6-10, FJ. 8º, concluyó que la sustitución de la pena de prisión en aplicación del art. 71.2 no afectaba a la pena accesoria (art. 56), la STC, Pleno, 8/2024, 16-1, FJ. 6º, argumentó en sentido contrario apelando al principio de proporcionalidad.

§ 30. SUSTITUCIÓN DE LA PENA DE PRISIÓN AL CIUDADANO EXTRANJERO

La **expulsión del ciudadano extranjero** contemplada en el **art. 89** se podría **definir** como una medida sustitutiva de la pena de prisión impuesta en virtud de la cual el penado, en lugar de cumplir esa pena total o parcialmente, es expulsado del territorio español con la prohibición de regresar al mismo durante un espacio de tiempo. Este mecanismo sustitutivo comporta, consiguientemente, una **restricción de los derechos de libre circulación y residencia de las personas**; derechos cuyo reconocimiento y ejercicio en España por parte de un ciudadano extranjero, salvo el caso particular de los ciudadanos de la Unión Europea y asimilados, está supeditado al cumplimiento de una serie de requisitos establecidos en la LOEX. Los ciudadanos de la Unión Europea, sin embargo, son titulares natos de los mencionados derechos dentro de la Unión Europea (arts. 20.2. a y 21.1 del Tratado de Funcionamiento de la Unión Europea).

La **naturaleza jurídica** de este tipo de expulsión ha sido objeto de gran controversia a raíz de su instrumentalización para la realización de objetivos de la política de inmigración y penitenciaria en detrimento de los fines que legitiman la intervención penal, habiéndose vivido momentos de fuertes paradojas, especialmente bajo la vigencia del art. 89 en su redacción fruto de la reforma del CP por la LO 11/2003, que provocó auténticas situaciones de impunidad en perjuicio de los fines de prevención general y manifiestas afectaciones a la finalidad reeducativa y reinsertadora. La última reforma de este precepto, por LO

1/2015, ha tratado de encontrar cierto equilibrio entre los intereses en juego: penales, penitenciarios y de control de la inmigración. Sector este último en el que se contempla ya una sanción administrativa de expulsión que tiene como presupuesto determinadas condenas penales (art. 57.2 LOEX) y la posibilidad de que la tramitación de un expediente administrativo de expulsión ponga término a un proceso penal también en determinados casos (art. 57.7 LOEX).

La **aplicabilidad** de este mecanismo está acotada subjetiva y objetivamente. Desde una perspectiva subjetiva, los **destinatarios** de la expulsión son los ciudadanos extranjeros, esto es, las personas que no tienen la nacionalidad española (vid. arts. 17 a 26 CC y art. 69.1 de la Ley del Registro Civil). No obstante, no todos ellos reciben el mismo tratamiento, dado que su condición jurídica puede ser muy diversa (art. 89.1 y 4). Desde una perspectiva objetiva, nos encontramos con un límite en función del **tipo y duración de la pena** (**art. y 2**) y con otro límite que atiende a la **clase de delito** al que se impuso la pena (**art. 89.9**). A resultas de estos límites sólo puede ser sustituida por expulsión la pena de prisión de más de un año de duración impuesta en la sentencia y siempre que no haya sido aplicada por los delitos de trata de seres humanos (art. 177 *bis*), de tráfico de trabajadores (art. 312), de favorecimiento de la inmigración (art. 313) o de tráfico de personas (art. 318 *bis*). Asimismo esta sustitución está condicionada por **otros factores**: las necesidades de defensa del orden jurídico y de restablecimiento de la confianza en la vigencia de la norma infringida por el delito, que pueden operar a favor o en contra de su aplicación (**art. 89.1 y 2**), y las necesidades de proporcionalidad de la medida en consideración a las circunstancias del hecho y personales del autor, en particular su arraigo en España, que actúan siempre como factores impeditivos de la expulsión (**art. 89.4 p. 1**). Consiguientemente este instrumento sustitutivo no es de aplicación automática, si bien pervive la tendencia hacia la expulsión, aunque ante hipótesis muy concretas, que requieren la ponderación judicial, aquella es desterrada de forma absoluta. En consideración a todo lo dicho debemos tener presente la existencia de **dos regímenes de sustitución**:

a) **Penas de prisión de más de un año** (**art. 89.1**). Salvo que operen los factores impeditivos de la expulsión por razones de proporcionalidad, la sustitución de estas penas resulta procedente, siendo además por regla general una sustitución total. La sustitución sólo de la ejecución de una parte de la pena está prevista de forma excepcional, cuando por razones de aseguramiento de la defensa del ordenamiento jurídico y el restablecimiento de la confianza en la vigencia de la norma infringida el juez o tribunal lo estime necesario. En este caso la parte de la pena que ha de ser cumplida por el penado antes de ser expulsado no puede ser superior a los dos tercios de su duración. Y en todo caso la expulsión se producirá en el momento en que ese penado acceda al tercer grado penitenciario o le sea concedida la libertad condicional.

b) **Pena de prisión superior a cinco años o penas de prisión que en cómputo conjunto superan los cinco años** (**art. 89.2**). En estos casos, y no tratándose de una expulsión desproporcionada, el punto de partida es que el juez o tribunal acuerde la ejecución total o parcial de la pena en la medida en que resulte necesaria para asegurar la defensa del ordenamiento jurídico y restablecer la confianza en la vigencia de la norma infringida, pero finalmente la probabilidad de que termine siendo expulsado es muy alta. A diferencia del caso anterior no se fija en la ley un límite máximo de duración de la pena para el supuesto de que se decrete la ejecución parcial de la pena, otorgándole al órgano decisorio una amplia discrecionalidad. Lo que sí se reproduce es la obligación de expulsar al extranjero una vez que haya cumplido la parte de la pena, acceda al tercer grado penitenciario o a la libertad condicional.

El derecho de la Unión Europea ha determinado asimismo la existencia de algunas particularidades en la sustitución de la pena por **expulsión para los ciudadanos de la Unión Europea y asimilados**, que la obstaculizan de forma muy importante pero no la impiden. La expulsión de un ciudadano de la Unión Europea exige imperativamente que éste represente una amenaza grave para el orden público o la seguridad pública, en atención a la naturaleza, circunstancias y gravedad del delito cometido, sus antecedentes y circunstancias personales. A este requisito se enlaza otro cuando se da la circunstancia de que el condenado hubiese residido en España durante los diez años anteriores que guarda relación con la clase de condena. De forma que la expulsión de estos últimos también está condicionada a que la persona hubiera sido condenada por uno o más delitos contra la vida, libertad, integridad física y libertad e indemnidad sexuales castigados con pena máxima de prisión de más de cinco años y se aprecie fundadamente un riesgo grave de que pueda cometer delitos de la misma naturaleza; o hubiera sido condenada por uno o más delitos de terrorismo u otros delitos cometidos en el seno de un grupo u organización criminal (**art. 89.4 p. 2**).

Acordada la expulsión, el juez o tribunal tiene la facultad de ordenar el ingreso del extranjero en un centro de internamiento de extranjeros, con el fin de asegurar la expulsión, cuando aquel no se encuentre o no quede efectivamente privado de libertad en ejecución de la pena impuesta. La **imposibilidad de que finalmente la expulsión pueda realizarse** (desconocimiento de la nacionalidad del penado, insuficiencia de recursos para abonar los costes del traslado, por ejemplo), determina que se proceda a la ejecución de la pena originariamente impuesta o del período de condena pendiente, o a la aplicación, en su caso, de la suspensión de la ejecución de la misma (**art. 89.8**).

Los **efectos** de esta sustitución de penas no se limitan a la salida coactiva del extranjero del territorio español, estableciéndose conjuntamente una prohibición temporal de regreso al mismo. El tiempo de duración de esta prohibición oscila entre cinco a diez años, y se concretará en atención a la duración de la pena sustituida y las circunstancias personales del penado (**art. 89.5**). El **incumplimiento de la prohibición de regreso** tiene diferentes consecuencias en función de cuándo se detecte el mismo. Si el penado es sorprendido en la frontera, será expulsado directamente por la autoridad gubernativa y la duración de la prohibición de entrada comenzará a computarse de nuevo en su integridad. En cambio, si el regreso al territorio español se ha llegado a consumar, se cumplirá la pena sustituida. Excepcionalmente se prevé que el juez o tribunal reduzca la duración de la pena sustituida cuando su cumplimiento resulte innecesario para asegurar la defensa del orden jurídico y restablecer la confianza en la norma jurídica infringida por el delito, en atención al tiempo transcurrido desde la expulsión y las circunstancias en las que se haya producido su incumplimiento.

Asimismo, se señala que la expulsión llevará consigo el archivo de cualquier procedimiento administrativo que tuviera por objeto la autorización para residir o trabajar en España (**art. 89.6**).

§ 31. SUSPENSIÓN CONDICIONAL DE LA EJECUCIÓN DEL RESTO DE LA PENA PRIVATIVA DE LIBERTAD Y LIBERTAD CONDICIONAL

La suspensión condicional de la ejecución del resto de la pena privativa de libertad, introducida por la LO 1/2015, no es en sentido estricto un mecanismo alternativo a la prisión en la medida en que no impide el contacto del penado con el mundo carcelario y, consiguientemente, los efectos negativos que del mismo se derivan. Su **objetivo** está enfocado a la puesta en libertad de los condenados que presentan un pronóstico favorable de reinserción social, mediante el sometimiento de los mismos a un régimen probatorio tras el cumplimiento de una parte de la pena que configura el estado de libertad condicional del condenado. Precisamente por ser concebida como un instrumento probatorio orientado a la reinserción social esta institución presenta muchos elementos en común con la suspensión condicional de la ejecución de la pena privativa de libertad.

Hasta la mencionada reforma del CP, la libertad condicional se había configurado como el cuarto y último grado de cumplimiento de las penas privativas de libertad conforme a la LOGP. Así lo recoge aún la LOGP (art. 72). Esto significaba básicamente que esas penas se seguían cumpliendo en un régimen de libertad hasta, salvo retroceso en grado en la clasificación penitenciaria, la extinción de la condena, supeditado a la observancia por parte del penado de las condiciones impuestas por el JVP y dirigido a comprobar la capacidad del condenado para vivir respetando la ley penal. A partir de la reforma, se transforma su naturaleza, deviniendo la libertad condicional en la consecuencia de la suspensión condicional de la ejecución del resto de la pena, de forma que el tiempo en el que la persona está en libertad condicional nunca se considera tiempo de cumplimiento de la pena.

La **regulación legal** de esta institución se traza en la Secc. 3ª del Cap. III del Tít. III del Lib. I del CP (**arts. 90 a 92**), a lo largo de la cual se observan diferentes formas de suspensión.

En el **art. 90.1** se regula el **régimen general de suspensión de la ejecución del resto de la pena de prisión**. De conformidad con el mismo, son tres los **requisitos** de los que se hace depender esta suspensión y consiguientemente la concesión de libertad condicional al penado: **que el penado se encuentre clasificado en tercer grado**; **que haya extinguido las tres cuartas partes de la pena impuesta; y que haya observado buena conducta**. A tenor de los mismos y el fundamento de la institución la referencia que se hace a la pena de prisión no es obstáculo para acordar la suspensión de la ejecución del resto de la pena de RPSIM que se cumple con arreglo a la LOGP. La concurrencia de estos requisitos no determina la concesión automática de la libertad condicional, siendo el JVP quien ha de resolver la cuestión valorando la personalidad del penado, sus antecedentes, las circunstancias del delito cometido, la relevancia de los bienes jurídicos que podrían verse afectados por una reiteración en el delito, su conducta durante el cumplimiento de la pena, sus circunstancias familiares y sociales y los efectos que quepa esperar de la propia suspensión de la ejecución y del cumplimiento de las medidas que fueren impuestas. En definitiva, aunque tras la reforma por LO 1/2015 ya no se diga expresamente en el art. 90.1, la concesión de esta suspensión va a depender de la existencia de un **pronóstico favorable de reinserción social**, deducido a partir de la valoración de todo ese cúmulo de variables. Hecho que se corrobora a partir del art. 90.5. Se contempla también un requisito impeditivo de la concesión de la suspensión como es el no haber satisfecho la responsabilidad civil derivada del delito en los supuestos y conforme a los criterios establecidos en el art. 72.5 y 6 de LOGP. Por vía de esta remisión, ese requisito en realidad se flexibiliza en el sentido de que no es necesario que efectivamente así haya sido; lo importante es que la persona se haya esforzado por satisfacerla, pues lo que en el **art. 72.5 LOGP** se dice respecto de la satisfacción de la responsabilidad civil es que se considerará a tales efectos la conducta efectivamente observada en orden a restituir lo sustraído, reparar el daño e indemnizar los perjuicios materiales y morales; las condiciones personales y patrimoniales del culpable, a efectos de valorar su capacidad real, presente y futura para satisfacer la responsabilidad civil que le correspondiera; las garantías que permitan asegurar la satisfacción futura; la estimación del enriquecimiento que el culpable hubiera obtenido por la comisión del delito y, en su caso, el daño o entorpecimiento producido al servicio público, así como la naturaleza de los daños y perjuicios causados por el delito, el número de perjudicados y su condición. Añadiéndose que singularmente, se aplicará esta norma cuando el interno hubiera sido condenado por la comisión de alguno de los siguientes delitos: delitos contra el patrimonio y contra el orden socioeconómico que hubieran revestido notoria gravedad y hubieran perjudicado a una generalidad de personas; delitos contra los derechos de los trabajadores; delitos contra la Hacienda Pública y contra la Seguridad Social; y delitos contra la Administración pública comprendidos en los Caps. V al IX del Tít. XIX del Lib. II del CP. El **art. 72.6 LOGP**, por su parte, apela a la satisfacción de la responsabilidad civil con sus rentas y patrimonio presentes y futuros, dejando, consiguientemente, la vía abierta para que este requisito se cumpla en el futuro. A la misma conclusión conduce la lectura del **art. 90.4**.

Existe un **régimen particular** de suspensión fundamentado en el desarrollo por parte del condenado durante el cumplimiento de su pena de actividades laborales, culturales u ocupacionales **–beneficio de adelantamiento de la libertad condicional–**. Estas actividades tienen que desarrollarse bien de forma continuada, bien con un aprovechamiento del que se haya derivado una modificación relevante y favorable de aquéllas de sus circunstancias personales relacionadas con su actividad delictiva previa. En estos casos se ve afectado el requisito relativo a la parte de condena cumplida, que se reduce en comparación con el régimen general, siendo suficiente con que se haya extinguido dos terceras partes de la misma. Cuando estas actividades se han desarrollado de forma continuada y además se acredita, la participación efectiva y favorable en programas de reparación a las víctimas o programas de tratamiento o desintoxicación, en su caso, la suspensión de la ejecución del resto de la pena se puede acordar incluso antes, pues está previsto que el JVP, a propuesta de Instituciones Penitenciarias y previo informe del Ministerio Fiscal y de las demás partes, pueda acordar por tal motivo un adelantamiento de hasta un máximo de noventa días por cada año transcurrido de cumplimiento efectivo de condena que se computa una vez extinguida la mitad de la condena (**art. 90.2**).

La LO 1/2015 incorporó un **régimen privilegiado** de suspensión condicional de la pena que está pensado, según se expresa en su Exposición de motivos, para los penados primarios, consideración que se da ahí a quienes cumplen su primera condena en prisión, siendo ésta una pena corta de prisión. Se trata de un régimen excepcional, que el JVP puede acordar cuando el condenado se encuentre cumpliendo su primera condena de prisión y ésta no supera los tres años de duración; se haya extinguido la mitad de su condena; y se acredite el cumplimiento de los requisitos generales, salvo lógicamente el de haber extinguido tres cuartas partes de su condena, así como el requisito relativo al desarrollo de actividades laborales, culturales y ocupacionales mencionado anteriormente. De este régimen más favorable se excluye a los penados que lo hayan sido por la comisión de un delito contra la libertad e indemnidad sexuales (**art. 90.3**).

Estos dos últimos regímenes no son de aplicación a las **personas condenadas por delitos cometidos en el seno de organizaciones criminales o por alguno de los delitos regulados en el Cap. VII del Tít. XXII del Lib. II del CP** –delitos de organizaciones y grupos terroristas o delitos de terrorismo–. A éstos se les aplica el régimen general pero con una ulterior exigencia: el penado tiene que mostrar signos inequívocos de haber abandonado los fines y los medios de la actividad terrorista y haber colaborado activamente con las autoridades, bien para impedir la producción de otros delitos por parte de la organización o grupo terrorista, bien para atenuar los efectos de su delito, bien para la identificación, captura y procesamiento de responsables de delitos terroristas, para obtener pruebas o para impedir la actuación o el desarrollo de las organizaciones o asociaciones a las que haya pertenecido o con las que haya colaborado, lo que podrá acreditarse mediante una declaración expresa de repudio de sus actividades delictivas y de abandono de la violencia y una petición expresa de perdón a las víctimas de su delito, así como por los informes técnicos que acrediten que el preso está realmente desvinculado de la organización terrorista y del entorno y actividades de asociaciones y colectivos ilegales que la rodean y su colaboración con las autoridades (**art. 90.8**).

Independientemente de la modalidad de suspensión se prevén unas circunstancias que posibilitan –no obligan– que el JVP la deniegue. Éstas son: que el penado hubiera dado información inexacta o insuficiente sobre el paradero de bienes u objetos cuyo decomiso hubiera sido acordado; que no dé cumplimiento conforme a su capacidad al compromiso de pago de las responsabilidades civiles a que hubiera sido condenado; que facilite información inexacta o insuficiente sobre su patrimonio, incumpliendo la obligación impuesta en el art. 589 LEC; o que tratándose de los delitos contra la Administración Pública el penado hubiere eludido el cumplimiento de las responsabilidades pecuniarias o la reparación del daño económico causado a la Administración a que hubiere sido condenado (art. 90.4).

A la suspensión condicional de la ejecución del resto de la pena se le aplica lo dispuesto en los arts. 83 (**deberes, obligaciones y prohibiciones que pueden o deben observarse en la puesta en libertad**), 86 (**revocación y modificación**) y 87 (**remisión de la pena**) **–art. 90.5–**; sin perjuicio de que el propio art. 90 contenga alguna disposición sobre estos particulares. Así y al igual que ocurre en relación con la suspensión condicional genuina, se señala que el JVP puede modificar la decisión anteriormente adoptada conforme al art. 83, a la vista de la posible modificación de las circunstancias valoradas, y acordar la imposición de nuevas prohibiciones, deberes o prestaciones, la modificación de las que ya hubieran sido acordadas o el alzamiento de las mismas. También está obligado a revocar la suspensión de la ejecución del resto de la pena y la libertad condicional concedida cuando se ponga de manifiesto un cambio de las circunstancias que hubieran dado lugar a la suspensión que no permita mantener ya el pronóstico de falta de peligrosidad en que se fundaba la decisión adoptada. La revocación implica la ejecución de la parte de la pena pendiente de cumplimiento, no siendo computado como tiempo de cumplimiento de condena el tiempo transcurrido en libertad condicional (art. 90.6).

El **plazo de suspensión** de la ejecución del resto de la pena se concretará dentro del marco de dos a cinco años, pero nunca podrá ser inferior a la duración de la parte de pena pendiente de cumplimiento. Este plazo se computa desde la fecha de puesta en libertad del penado (**art. 90.5**).

En el orden procesal, además de las observaciones que se han ido realizando, hay que tener en cuenta que la competencia para conceder la suspensión de la ejecución del resto de la pena y la concesión de la libertad condicional le corresponde al JVP, quien, de acuerdo con el **art. 90.7**, resolverá de oficio sobre la petición del penado. En el caso de que la petición no fuera estimada, el órgano judicial podrá fijar un plazo de seis meses, que motivadamente podrá ser prolongado a un año, hasta que la pretensión pueda ser nuevamente planteada.

El **art. 92** regula la **suspensión de la ejecución de la pena de prisión permanente revisable,** cuya concesión requiere del cumplimiento de los tres requisitos siguientes. En primer lugar, el **cumplimiento de una parte de la condena**, que es diferente en función del caso. Concretamente se exige que el penado haya cumplido veinticinco años de su condena en aquellos supuestos en los que bien se trata de una única pena (art. 92.1) –salvo el caso del art. 140.2–, bien se trata de una pluralidad de penas en el que la suma de las penas de prisión impuestas excede de cinco años, pero no de veinticinco [art. 78 *bis*.2 letra a)]. Cuando esa suma excede de veinticinco años o al menos se han impuesto dos penas de prisión permanente revisable, el tiempo de cumplimiento de condena que ha de haberse extinguido es de treinta años [art. 78 *bis*.2 letra b)]. Esta misma regla se aplica al reo de asesinato que hubiera sido condenado por la muerte de más de dos personas (art. 140.2). Los tiempos de cumplimiento de pena que operan en los casos de pluralidad de penas se elevan en consideración a que se trate de delitos referentes a organizaciones y grupos terroristas y delitos de terrorismo del Cap. VII del Tít. XXII del Lib. II del CP, o cometidos en el seno de organizaciones criminales. Así en los casos de una pena de prisión permanente revisable y varias penas que exceden en cómputo conjunto de cinco años y no superan los veinticinco años, es necesario haber cumplido veintiocho años, y si se trata de dos o más penas de prisión permanente revisable o una y varias penas cuya suma global es o supera los veinticinco años, se exige el cumplimiento de treinta y cinco años (art. 78 *bis*.3 párrafo final). En segundo lugar, **que el penado se encuentre clasificado en tercer grado**. Y, en tercer lugar, que el tribunal, previa valoración de los informes de evolución remitidos por el centro penitenciario y por aquellos especialistas que el propio tribunal determine, realice un **pronóstico favorable de reinserción social**. A estos efectos se han de tomar como parámetros o criterios de valoración la personalidad del penado, sus antecedentes, las circunstancias del delito cometido, la relevancia de los bienes jurídicos que podrían verse afectados por una reiteración en el delito, su conducta durante el cumplimiento de la pena, sus circunstancias familiares y sociales, y los efectos que quepa esperar de la propia suspensión de la ejecución y del cumplimiento de las medidas que fueren impuestas. Si el penado ha sido condenado por varios delitos, esta valoración se hace conjuntamente. A estos tres requisitos se añade un cuarto, al igual que ocurre en la suspensión condicional de la ejecución del resto de la pena de prisión, cuando se trata de delitos referentes a organizaciones y grupos terroristas y delitos de terrorismo del Cap. VII del Tít. XXII del Lib. II del CP: el abandono de la actividad, colaboración con la justicia y petición de disculpas a las víctimas. El **plazo de suspensión** de la ejecución de esta pena presenta una duración de cinco a diez años.

A esta modalidad de suspensión se le aplica lo dispuesto en los **arts. 80.1 p.2, 83, 86, 87 y 91**. Y al igual que vimos cuando abordábamos la suspensión condicional de la ejecución de la pena, se reconoce al juez o tribunal la facultad de modificar la decisión adoptada sobre la vinculación a la suspensión del cumplimiento de deberes, obligaciones o prohibiciones a la vista de la posible modificación de las circunstancias valoradas, pudiendo éste acordar la imposición de nuevas prohibiciones, deberes o prestaciones, la modificación de las acordadas, o su alzamiento. Asimismo, se ordena al JVP la revocación de la suspensión de la ejecución del resto de la pena y de la libertad condicional cuando se ponga de manifiesto un cambio de las circunstancias que hubieran dado lugar a la suspensión que no permita mantener ya el pronóstico de falta de peligrosidad en que se fundaba la decisión adoptada (**art. 92.3**). Esta última disposición, de acuerdo con la STC 169/2021, 6-10, exige que ese cambio de circunstancias acontezca en el marco de la apreciación de alguna de las causas generales de revocación del artículo 86 en orden a que la revocación de la pena no resulte desproporcionada y, en consecuencia, inconstitucional. Esta sentencia también aprecia que la regulación legal de la revocación de la suspensión de esta pena es incompleta en la medida en que no concreta el régimen de revisión de la pena una vez que se ha producido la revocación, señalando que habrán de ser aplicadas igualmente las exigencias del artículo 93.4.

Desde la perspectiva procesal cabría subrayar que la facultad para conceder esta suspensión está atribuida al tribunal sentenciador y no al JVP, quien adoptará la decisión correspondiente en un procedimiento oral contradictorio en el que intervendrán el Ministerio Fiscal y el penado, asistido por su abogado (art. 92.1). Este tribunal está obligado a revisar esta pena en vistas a su suspensión al menos cada dos años desde el momento en que ya se ha extinguido la parte de la condena necesaria para la suspensión. También está obligado a revisarla a instancia del penado, pero en caso de que rechace su concesión está facultado para señalar un plazo de hasta un año dentro del cual no dará curso a nuevas solicitudes (**art. 92.4**).

La **suspensión de la ejecución del resto de la pena** puede responder también a razones exclusivamente de humanidad **en consideración a la edad de la persona o a su salud**. A esta modalidad se refiere el **art. 91**, siendo sus destinatarios quienes hubieran cumplido la edad de 70 años, o la cumplan durante la extinción de la condena; y los enfermos muy graves con padecimientos incurables. En estos casos se prescinde del requisito relativo al cumplimiento de una parte de la condena presente en cada uno de los regímenes comentados. No obstante, si de esas circunstancias se deriva un peligro patente para la vida del interno se prescinde de todos los requisitos. El CP regula el **procedimiento** para la concesión de esta suspensión en los siguientes términos: la Administración penitenciaria, conocedora de que en el interno concurre esa situación, tiene que elevar al JVP el expediente de libertad condicional, con la urgencia que el caso requiera. El JVP decidirá sobre el particular valorando, junto a las circunstancias personales, la dificultad para delinquir y la escasa peligrosidad del sujeto. En el caso de los enfermos muy graves con padecimientos incurables, tal circunstancia tiene que quedar acreditada tras la práctica de los informes médicos que el JVP estime necesarios. Junto a este procedimiento, se contempla un procedimiento de urgencia, pensado para los casos en los que debido a esas circunstancias el peligro para la vida del interno es patente, por estar así acreditado por el dictamen del médico forense y de los servicios médicos del establecimiento penitenciario. Ante esta eventualidad, se faculta al órgano judicial a acordar la suspensión de la ejecución del resto de la pena y conceder la libertad condicional sin necesidad de acreditar el cumplimiento de ningún requisito, simplemente valorando la falta de peligrosidad relevante del penado. El único trámite que ha de realizar es requerir al centro penitenciario el informe de pronóstico final para poder valorar la peligrosidad del penado. El penado que se encuentra en esta situación de peligro patente para su vida tiene el deber de facilitar al servicio médico penitenciario, al médico forense, o a aquel otro que se determine por el juez o tribunal, la información necesaria para poder valorar la evolución de su enfermedad. El incumplimiento de esta obligación podrá dar lugar a la revocación de la suspensión de la ejecución y de la libertad condicional.

A esta modalidad de suspensión le son aplicables las disposiciones del art. 90.4.5 y 6 concernientes a las circunstancias que posibilitan la denegación de la suspensión, los deberes, obligaciones y prohibiciones que puede llevar aparejada y su modificación, y la revocación.

BIBLIOGRAFÍA

Barquín Sanz, J.: «El nuevo sistema de alternativas a la ejecución de la prisión en el Derecho penal español: una cierta unificación», *CPC* 117 (2015), 51 ss.; González Tascón, M.M.: «La cuarta reforma del artículo 89 del CP relativo a la expulsión del extranjero condenado penalmente», *EPC* 36 (2015); Tamarit Sumalla, J.M.: «Arts. 80 ss.», en G. Quintero Olivares (dir.): *Comentarios al Código Penal español,* Tomo I, Aranzadi, Navarra, 2016, 627 ss.; Trapero Barreales, M. A.: «La suspensión de la ejecución de la pena privativa de libertad: luces y (algunas) sombras», en Roca de Agapito, L. (dir.): *Un sistema de sanciones penales para el siglo XXI,* Tirant lo blanch, Valencia, 2019, 523 ss.

Jurisprudencia

Doctrina del TC sobre las resoluciones judiciales que afectan a derechos fundamentales y, más concretamente, al contenido en el art. 17.1 CE, que exige que toda denegación de acceso a la libertad deba ir acompañada de una precisión de las razones legales conducentes a dicha negativa, a fin de que el afectado pueda conocerlas, «so pena de incurrir el órgano judicial... en una vulneración del derecho a obtener una resolución judicial motivada» (SSTC 154/1995, FJ. 4º; 224/1992, FJ. 3º).

Cuestiones prácticas

Configuración y ejecución de las instituciones probatorias.

Documentos de interés

FGE: Circular 7/2015, sobre la expulsión de ciudadanos extranjeros como medida sustitutiva de la pena de prisión tras la reforma operada por LO 1/2015; Consulta 1/2012, de 27 de junio de 2012, sobre la interrupción del plazo de prescripción en los supuestos de suspensión de la ejecución de la pena privativa de libertad.

Páginas web de interés

http://www.institucionpenitenciaria.es

Capítulo IX

Medidas de corrección y seguridad

MARÍA MARTA GONZÁLEZ TASCÓN

§ 32. ORIGEN, CONCEPTO, CLASES, FUNDAMENTO Y FINES

Las medidas de corrección y seguridad (en adelante MS) aparecen a finales del siglo XIX en el contexto de la denominada "**Lucha de Escuelas**", que tuvo lugar entre la Escuela Clásica del Derecho penal y la Escuela Positiva italiana. Ambas escuelas, en atención a sus postulados básicos, defendían formas diferentes de entender la clase de reacción frente al delito (penal o administrativa) y la finalidad de esta intervención (retributiva o preventiva) (*supra* § 2). La Escuela Clásica sostenía que la pena, concebida además en términos retributivos, era el único medio de reacción frente al delito y presuponía la responsabilidad del sujeto por el hecho realizado. Así las cosas, la sociedad se sentía desprotegida frente a cierto sector de la delincuencia al que, por no ser responsable conforme a los principios de la Escuela Clásica, no cabía imponer pena (así los menores o los entonces llamados locos), y frente a los delincuentes responsables más peligrosos (los habituales), a quienes si bien se les aplicaba la pena, ésta no producía en ellos un efecto de prevención de los delitos tras su cumplimiento. La Escuela Positiva, defensora de postulados muy diferentes, entre otros la negación de la libertad humana, abogaba, por su parte, por el reemplazo de la pena por un sistema de sustitutivos de naturaleza pedagógica y terapéutica pero también asegurativos. A raíz de este debate dialéctico se produjeron nuevas formas de entender el sistema de reacción frente al delito, siendo especialmente interesante recordar en estos momentos por su trascendencia posterior la **propuesta de Carl Stooss**, plasmada en el Anteproyecto de Código penal suizo de 1893, consistente en articular en respuesta al delito una pena, basada en la culpabilidad del sujeto, y una medida de seguridad y corrección, fundamentada en su peligrosidad.

En nuestro país las MS se introducen en el CP/1928 (arts. 90 y ss), pasando más tarde a regularse en leyes especiales; primero la Ley de vagos y maleantes, de 4 de agosto de 1933; y después la Ley de peligrosidad y rehabilitación social, de 4 de agosto de 1970, si bien también el CP/1973 preveía alguna medida de seguridad (art. 8.1 y 3). La Ley de 1970 estuvo formalmente vigente hasta el CP/1995, que expresamente la deroga, e incorpora al mismo la regulación de las MS. No obstante, en realidad ya hacía mucho tiempo que había dejado de aplicarse dadas las serias dudas de constitucionalidad que planteaba en el Estado de Derecho nacido con la CE. Sobre algunas de ellas se pronunciaría el Tribunal Constitucional (SSTC 23/1986, 14-2 –vulneración del principio de legalidad al aplicar medidas de seguridad predelictuales–; 66/1988, 23-5 –violación del principio de *non bis in idem* en el proceso de determinación de la peligrosidad–; 131/1987, 20-7 –vulneración del principio de presunción de inocencia por las medidas predelictuales–, entre otras).

<table>
<tr><th></th><th>PENA</th><th>MS</th></tr>
<tr><td>Fundamento</td><td>Culpabilidad</td><td>Peligrosidad criminal postdelictual</td></tr>
<tr><td rowspan="2">Límite</td><td rowspan="2">Gravedad del delito (injusto y culpabilidad)</td><td>Intensidad y persistencia de la peligrosidad</td></tr>
<tr><td>Principio de proporcionalidad</td></tr>
<tr><td>Contenido</td><td>Aflictivo</td><td>Aflicción como elemento accidental</td></tr>
<tr><td>Fines</td><td>Prevención general y especial</td><td>Prevención especial</td></tr>
<tr><td rowspan="3">Sujetos</td><td rowspan="2">Imputables</td><td>Inimputables</td></tr>
<tr><td>Imputables en casos concretos</td></tr>
<tr><td colspan="2">Semiimputables</td></tr>
</table>

Siguiendo a Sanz Morán, la MS puede ser **definida,** con carácter general, como un "mecanismo jurídico-penal de respuesta al delito, complementario de la pena, aplicado conforme a la ley, por los órganos jurisdiccionales, en atención a la peligrosidad del sujeto, con finalidad correctora o asegurativa". Al igual que la pena, la MS entraña una privación o restricción de bienes jurídicos, pero a diferencia de aquella ni comporta una reprobación del delito ni siempre tiene un carácter aflictivo, encontrando además su fundamento no en la culpabilidad, sino en la peligrosidad del sujeto, una peligrosidad que necesariamente en nuestro sistema penal tiene que ser criminal.

Precisamente en atención a su fundamento las MS se pueden clasificar en dos grandes grupos, según se encuentre éste en la **peligrosidad social** o en la **peligrosidad criminal**. Esta última hace referencia a la probabilidad de que la persona cometa en el futuro un hecho delictivo, mientras que el primer tipo de peligrosidad incide sobre la probabilidad de que aquella realice comportamientos antisociales no necesariamente constitutivos de delito. Este tipo de medida, presente en las leyes especiales mencionadas, es muy cuestionable desde nuestro Derecho penal por representar, entre otras cosas, una manifestación del Derecho penal de autor, en el que a las personas se les sanciona no por los hechos que realizan sino por sus condiciones de vida o rasgos de su personalidad. Otro criterio interesante de distinción, que igualmente ha tenido reflejo en la regulación histórica de las MS, guarda relación con la exigencia o no de que la persona destinataria de estas medidas haya o no cometido un hecho delictivo. Desde este enfoque se diferencia entre **medidas de seguridad predelictuales**, que se establecían para personas que aún no habían cometido un delito, pero se consideraba probable que llegasen a cometerlo en un futuro, y **medidas de seguridad postdelictuales**, que se dirigen a hacer frente a la peligrosidad criminal puesta de manifiesto en la realización de una conducta delictiva. Las primeras están proscritas en nuestro sistema penal debido a que comportan la vulneración de algunos de sus principios básicos como el principio de legalidad, el principio de seguridad jurídica o el principio de presunción de inocencia.

Las MS están orientan exclusivamente a la realización de los **fines de prevención especial** en aras de hacer que la persona a ellas sometida sea inofensiva para la sociedad. Este objetivo se puede realizar de diferentes formas, algunas de las cuales tomarían como horizonte el proporcionar un beneficio directo a la persona, que repercute indudablemente en la sociedad, mientras que otras buscarían favorecer de manera inmediata a la sociedad. Las primeras perseguirían la remoción de las condiciones personales que hacen peligrosa criminalmente a esa persona bien tratando de que supere problemas de salud mental, bien persiguiendo su educación o reeducación. Las segundas, aceptando que el primer objetivo no siempre es susceptible de alcanzarse, se enfocarían al aislamiento de la persona peligrosa de la sociedad (inocuización, aseguramiento). A partir de aquí, si nos fijamos en su contenido concreto podemos distinguir esos distintos enfoques y clasificar las medidas en tres grandes grupos: **medidas terapéuticas,** que persiguen principalmente la curación o mejora de la salud de la persona (como, por ejemplo, el internamiento en un centro psiquiátrico o el tratamiento ambulatorio previsto para enfermos mentales, el internamiento en un centro de deshabituación o el tratamiento ambulatorio para los drogodependientes); **medidas educativas,** que aspiran a cumplir una función de reeducación (así las antiguas medidas destinadas a los menores no responsables penalmente, el internamiento en un centro de educación especial o las medidas de sometimiento a programas de tipo formativo, cultural, educativo profesional, de educación sexual y otros similares); y **medidas puramente asegurativas**, que cumplen una función de inocuización y, a ser posible, de resocialización (verbigracia, la prohibición de acudir a determinados lugares o territorios, espectáculos deportivos o culturales, o de visitar establecimientos de bebidas alcohólicas o de juego).

§ 33. PRINCIPIOS INFORMADORES, PRESUPUESTOS DE APLICACIÓN Y DESTINATARIOS

Nuestro CP dedica a las MS el Tít. IV del Lib. I (**arts. 95 a 108**), si bien a lo largo de su Título Preliminar establece ya las bases del sistema de medidas (**art. 6**) y sus principios informadores. Algunos aspectos de su cumplimiento se regulan en la LOGP y en el **RD 840/2011**.

Los **principios informadores** del sistema de MS se pueden agrupar en dos grandes grupos. Los principios que podríamos denominar generales o comunes, en la medida en que están presentes también en el sistema de penas, y los principios particulares o propios, que son privativos de las MS. Entre los **principios comunes** destacan: el **principio de legalidad**, cuyas garantías formales relativas a la necesidad de que sea la ley la que establezca los presupuestos de aplicación de las medidas, el órgano competente para su establecimiento y control y la forma de ejecución se recogen de forma expresa en los **arts. 1.2, 2.1, 3.1 y 3.2**; e íntimamente vinculado con éste el **principio de irretroactividad de la ley penal y su excepción de la retroactividad de la ley favorable al reo** (**art. 2**), que implica que las leyes penales que establezcan MS no se pueden aplicar retroactivamente salvo que sean favorables para el sujeto. Los **principios propios** del sistema de MS están conectados principalmente, como es lógico, con aquello que las individualiza, esto es, su fundamento y los presupuestos de su aplicación. Desde esta perspectiva podríamos formular el **principio de peligrosidad criminal** y el **principio de necesidad**. A estos cabría añadir un tercero principio, el **principio de proporcionalidad**.

Las MS encuentran su **fundamento** en la **peligrosidad criminal** del sujeto (**arts. 6 y 95**), peligrosidad que se entiende como la probabilidad de que una determinada persona cometa en un futuro un delito exteriorizada en la comisión del hecho delictivo. La necesidad de que la peligrosidad criminal de la persona se manifieste en la comisión del hecho delictivo (peligrosidad criminal postdelictual), además de suponer un refuerzo del principio de legalidad, evidencia que en el marco de las MS el hecho delictivo reviste la condición de un síntoma o indicio de la peligrosidad criminal de una persona. Pero, en el régimen general de aplicación de las MS, no es suficiente con que el juez o tribunal constate que se ha cometido un delito para proceder a la formulación del **juicio de pronóstico sobre el comportamiento criminal futuro** de la persona; siendo necesario que se compruebe que la persona forma parte del círculo de destinatarios de las MS (**art. 20 p. final**). Concurriendo ambos requisitos, el juez procederá a realizar el mencionado juicio de pronóstico en base al análisis profundo y serio del hecho (forma de ejecución –empleo de violencia física, agresividad–, motivos) y de las circunstancias de quien lo realizó (personales, psicológicas, psiquiátricas, sociales), a partir de las cuales, y sirviéndose de los informes que considere pertinentes, deducirá el pronóstico de comportamiento futuro que revele o no la probabilidad de comisión de nuevos delitos. Este juicio de pronóstico futuro sobre el comportamiento de la persona es también una de las principales objeciones a las MS, pues no existen métodos certeros para formularlo. Los **métodos de pronóstico** que se conocen son tres: el *método intuitivo,* que se basa en las apreciaciones subjetivas del juez sin apoyo científico ni técnico, y que, por lo tanto, presenta evidentes carencias; el *método científico o clínico,* consistente en el estudio de la personalidad del sujeto por especialistas y técnicos mediante procedimientos científicos, que, no obstante, suele estar muy centrado en el diagnóstico sobre la problemática de salud de la persona o su falta de capacidades; y *el método estadístico,* que se sirve de las tablas de predicción de comportamiento criminal futuro creadas por los criminólogos en base a una serie de variables, que, sin embargo, obvia que la conducta de una persona en concreto no se puede determinar con certeza en atención a un cálculo de probabilidades.

A la luz de lo que hemos dicho cabría señalar como **presupuestos materiales de la aplicación de la MS**: la comisión de un delito previo por parte de los destinatarios de la medida y la existencia de peligrosidad criminal en los mismos. No obstante, con los cambios introducidos en la regulación legal de las medidas a partir de la LO 5/2010, hay que matizar esa afirmación dado que la peligrosidad criminal, de forma muy cuestionable, no se constata sino que se presume *iuris et de* *iure* en los casos en los que la ley imperativamente ha vinculado la MS a una persona plenamente responsable del delito (delincuentes sexuales –art. 192.1– y condenados por delitos de organizaciones y grupos terroristas y delitos de terrorismo –art. 579 *bis*.2–).

El **principio de necesidad**, al que se alude de forma reiterada [arts. 6 párr. 2º; 97 letra b), 101 a 104], entronca con el propio fundamento de la MS y está presente a lo largo de su aplicación y cumplimiento. De conformidad con este principio la MS sólo se puede aplicar cuando es necesaria para cumplir sus fines de prevención especial –evitar la peligrosidad criminal del sujeto–; no puede exceder del límite de lo necesario para prevenir la peligrosidad criminal; y debe mantenerse únicamente mientras la misma persiste. Consiguientemente este principio aboca al seguimiento constante de la MS en aras de valorar, en función de su necesidad, su mantenimiento, sustitución, suspensión o cese.

El **principio de proporcionalidad** de las medidas fue formulado con el objetivo de limitar el poder punitivo del Estado sobre los tradicionales destinatarios de las medidas en aras de evitar que pudieran quedar sometidos a un mayor control penal que el resultante de haber sido declarados plenamente responsables; descartando así que la duración de la medida pudiera quedar indeterminada como ocurría antes del CP vigente. De ahí que este principio de proporcionalidad no se formule, como pudiera parecer más lógico, por referencia a la entidad de la medida, a la gravedad de los hechos delictivos que la persona pudiera llegar a cometer en el futuro y a su peligrosidad criminal, sino en atención a la duración y a la naturaleza de la pena que se le hubiese podido, en otro caso, imponer. Consiguientemente este principio opera en realidad como un principio limitador de la naturaleza y de la duración de las medidas. En relación con la naturaleza de la medida este principio condiciona su gravosidad por referencia a la de la pena abstractamente aplicable al hecho cometido (**art. 6.2**), no pudiendo exceder aquella de la gravosidad de ésta; proscripción que se concreta en el Título IV respecto de las medidas privativas de libertad, cuya aplicación se restringe a aquellos casos en los que la pena que hubiera podido imponerse por el delito cometido fuera pena privativa de libertad (**arts. 95.2, 101 a 104**). Por lo que se refiere al límite de duración de la medida, la concreción del mismo es más confusa dado que a veces parece que el legislador toma como referencia la pena legal abstracta y otras la pena concreta. Así en el art. 6.1 se dice «ni de mayor duración que la *pena abstractamente* aplicable al hecho cometido»; en los arts. 101-103 se establece que «el internamiento no podrá exceder del *tiempo* *que habría durado la pena privativa de libertad, si el sujeto hubiera sido declarado culpable...*»; y en el art. 104 se dispone, también en relación con la medida de internamiento, «su duración no podrá exceder de la de la pena prevista por el código para el delito». En este orden de cosas, el Tribunal Supremo ha señalado lo siguiente: en "referencia a la «pena abstractamente aplicable al hecho cometido», como literalmente se dice en ese artículo 6.2, entendemos que ha de referirse a la prevista en el correspondiente artículo definidor del delito teniendo en cuenta lo dispuesto en los artículos 61 a 64 a propósito del grado de ejecución, (consumación y tentativa) y de participación (autoría y complicidad) y sin consideración a las circunstancias agravantes o atenuantes de carácter genérico (arts. 21, 22 y 23)" (SSTS 2107/2001, 12-11; 1176/2003, 12-9); concluyendo en el Pleno no jurisdiccional de 31 de marzo de 2009, que hay que aplicar el criterio de la pena legal abstracta.

Los **destinatarios** de las MS son las personas inimputables (**arts. 20 p. final y 101 a 103**), las personas semiimputables (**art. 104**) y las personas plenamente responsables condenadas por determinados delitos. Las **personas inimputables** son aquellas que en el momento de la comisión del hecho delictivo se encuentran inmersas en una situación que les impide plenamente conocer que obran de forma antijurídica o adecuar su conducta a lo que le exige el derecho. Estas personas al carecer de capacidad de culpabilidad no pueden ser objeto del juicio de reproche por la conducta realizada que comporta la culpabilidad y, por consiguiente, no se les puede imponer pena alguna. Los supuestos de inimputabilidad reconocidos legalmente son las anomalías o alteraciones psíquicas, la intoxicación plena por consumo de alcohol, drogas tóxicas y estupefacientes, sustancias psicotrópicas u otras análogas o el síndrome de abstinencia a causa de la dependencia a tales sustancias y las alteraciones en la percepción, siempre y cuando afecten por completo a la capacidad de culpabilidad de la persona en el momento del hecho (art. 20.1, 2 y 3). Las **personas semiimputables** son aquellas que tienen su capacidad de culpabilidad atenuada de forma notable en el momento de cometer el delito debido a las mismas causas que acabamos de expresar (art. 21.1 en relación con art. 20.1, 2 y 3). A estas personas se les aplica una pena atenuada (art. 68) y, en su caso, una medida de seguridad (art. 104). La previsión de MS para **personas plenamente responsables condenadas por determinados delitos** se introduce, como ya apuntamos, por primera vez en nuestro CP con la reforma penal por LO 5/2010, que la limitó a los delincuentes sexuales (art. 192.1) y a los condenados por delitos de organizaciones y grupos terroristas y delitos de terrorismo (art. 579 *bis*.2); pudiendo revestir, según el caso, un carácter imperativo o facultativo. La LO 1/2015 ha extendido la facultad de aplicar una MS a los condenados por delitos de homicidio –homicidio doloso– (art. 140 *bis*); de lesiones, siempre que la víctima sea alguna de las personas del art. 173.2 –círculo de la violencia de género, doméstica o de entornos asimilados, y de personas especialmente vulnerables– (art. 156 *quater*–LO 8/2021–); y de violencia habitual en el ámbito doméstico o asimilado (art. 173.2). Aparte de estas personas, la jurisprudencia ha reconocido la aplicación de las MS a las **personas plenamente responsables de los hechos a las que se ha apreciado la circunstancia atenuante relativa a la comisión del delito a causa de su grave adicción a las drogas** (art. 21.2) por vía de una aplicación analógica de las normas en beneficio del reo (p.ej., la STS 628/2000, 11-4, FJ. 2º).

§ 34. CLASES DE MEDIDAS, APLICACIÓN Y CUMPLIMIENTO

La **clasificación** de las MS que realiza nuestro legislador, tomando como referencia la existencia o no de una privación de la libertad de la persona en un centro, distingue entre dos grandes grupos de medidas: privativas y no privativas de libertad (**art. 96.1**).

Reciben la consideración de **medidas privativas de libertad** aquellas que comportan el internamiento de la persona en un centro para su sometimiento a un tratamiento terapéutico o educativo. Precisamente en atención al tipo de problemática que puede presentar la persona a la que se aplique una medida de esta naturaleza, se establecen tres **tipos de internamientos**: el internamiento en centro psiquiátrico, que, por su naturaleza, estaría pensado para quienes necesiten un tratamiento psiquiátrico; el internamiento en centro de deshabituación, al que serían destinadas las personas con problemas de drogodependencias; y el internamiento en centro educativo especial, dirigido a las personas que presentan alteraciones en la percepción desde la infancia o el nacimiento que les altera gravemente la conciencia de la realidad (art. 96.2). Para las personas que presentan una anomalía o alteración psíquica se hace una referencia genérica al tipo de internamiento, apelando a su internamiento en un establecimiento adecuado al tipo de anomalía o alteración psíquica para tratamiento médico o educación especial (art. 101.1). No obstante, nuestra realidad está muy lejana de conocer de la existencia autónoma de estos tipos de centros, siendo lo normal que estas MS se cumplan en los propios establecimientos penitenciarios.

La **aplicación y duración** de estas medidas está condicionada por los principios informadores del sistema de medidas ya comentados. Nos limitaremos en estos momentos a recordar la necesidad de la medida y la limitación de su gravosidad y duración. En concreto las medidas privativas de libertad sólo se pueden imponer cuando es necesario para controlar la peligrosidad criminal del sujeto, pero además es imprescindible que el delito estuviese castigado por ley con pena privativa de libertad y que su duración no exceda del tiempo que habría durado la pena privativa de libertad en caso de que la persona hubiese sido plenamente responsable. Bajo estos condicionantes, el órgano judicial cuando aplica una medida de internamiento precisa su duración únicamente por referencia a un límite máximo de cumplimiento, esto es, en lugar de concretar exactamente la duración de la misma, indica que ésta no podrá exceder de X tiempo. La aplicación de una medida de internamiento obliga al órgano sentenciador a comunicar al Ministerio Fiscal con suficiente antelación la proximidad de su vencimiento a los efectos de instar, si fuese procedente, la declaración de incapacidad ante la jurisdicción civil, salvo que la persona ya esté incapacitada judicialmente, y, en su caso, el internamiento civil (art. 104.2).

Las **medidas no privativas de libertad** son la inhabilitación profesional, la expulsión del territorio nacional de extranjeros no residentes legalmente en España, la libertad vigilada, la custodia familiar, la privación del derecho a conducir vehículos a motor y ciclomotores y la privación del derecho a la tenencia y porte de armas (**art. 96.3**). De entre todas ellas tiene especial importancia la **libertad vigilada**, que como medida autónoma no aparece hasta la reforma penal por LO 5/2010. Esta medida comporta el sometimiento de la persona a un control judicial a través de la observancia por su parte de alguna o algunas de las obligaciones, prohibiciones, deberes o reglas de conducta que el juez establezca de entre las siguientes: la obligación de estar siempre localizable mediante aparatos electrónicos que permitan su seguimiento permanente; la obligación de presentarse periódicamente en el lugar que el Juez o Tribunal establezca; la de comunicar inmediatamente, en el plazo máximo y por el medio que el Juez o Tribunal señale a tal efecto, cada cambio del lugar de residencia o del lugar o puesto de trabajo; la prohibición de ausentarse del lugar donde resida o de un determinado territorio sin autorización del Juez o Tribunal; la prohibición de aproximarse a la víctima, o a aquellos de sus familiares u otras personas que determine el Juez o Tribunal; la prohibición de comunicarse con la víctima, o con aquellos de sus familiares u otras personas que determine el Juez o Tribunal; la prohibición de acudir a determinados territorios, lugares o establecimientos; la prohibición de residir en determinados lugares; la prohibición de desempeñar determinadas actividades que puedan ofrecerle o facilitarle la ocasión para cometer hechos delictivos de similar naturaleza; la obligación de participar en programas formativos, laborales, culturales, de educación sexual u otros similares; la obligación de seguir tratamiento médico externo, o de someterse a un control médico periódico (**art. 106.1**). Muchas de estas obligaciones eran MS autónomas antes de la reforma citada y están presentes en el marco de instituciones probatorias, llegando incluso en algún caso a constituir penas autónomas, al igual que otras MS no privativas de libertad. También es muy interesante, dada la problemática de estas personas, la **custodia familiar**, que consiste en que la persona queda sujeta al cuidado y vigilancia del familiar que se designe y que acepte la custodia, quien la ejercerá en relación con el JVP y sin menoscabo de las actividades escolares o laborales del custodiado (**arts. 96.3.4º y 105.1.b**).

La **aplicación** de las medidas no privativas de libertad puede realizarse de forma aislada o conjuntamente con una medida de internamiento, ello dependerá del caso concreto. Los supuestos en los que sólo procede la aplicación de estas medidas, una o varias, son aquellos en los cuales el delito cometido no lleva asociada una pena privativa de libertad (**art. 95.2**), o ésta es innecesaria, y los casos de las personas plenamente responsables para quienes la ley ha previsto la aplicación de una MS (**art. 105**). Ante esta última hipótesis, sólo sería posible u obligatorio aplicar en el momento presente la medida de libertad vigilada que se acumularía a la correspondiente pena. La aplicación conjunta de MS privativas y no privativas de libertad está prevista para los inimputables y semiimputables y puede acordarse desde un primer momento o durante la ejecución de la medida de internamiento.

A los efectos de la aplicación judicial de las medidas no privativas de libertad, así como de concretar su contenido cuando la ley obliga a imponerlas, el órgano sentenciador debe valorar los informes emitidos por los facultativos y profesionales encargados de asistir al sometido a la medida de seguridad. También será informado por el JVP o por los servicios de la Administración competente. Impuesta una medida de esta naturaleza, el órgano sentenciador tiene que disponer que los servicios de asistencia social competentes presten la ayuda o atención que precise y legalmente le corresponda al sometido a la medida.

Estas reglas generales requieren de unas precisiones en relación con la medida de inhabilitación profesional y la expulsión del extranjero no residente legalmente en España. La medida de **inhabilitacion profesional**, que comporta la inhabilitación para el ejercicio de determinado derecho, profesión, oficio, industria o comercio, cargo o empleo u otras actividades, sean o no retribuidas, está pensada para los casos en los que el sujeto haya cometido con abuso de dicho ejercicio, o en relación con él, un hecho delictivo, y cuando de la valoración de las circunstancias concurrentes pueda deducirse el peligro de que vuelva a cometer el mismo delito u otros semejantes. Y además se ha reservado por ley para los supuestos de inimputabilidad (**art. 107**). La **expulsión del extranjero no residente legalmente en España,** que lleva consigo la prohibición de regresar a España, se prevé como una medida sustitutiva de las MS que le fueran aplicables (privativas o no privativas de libertad). Esta medida presenta un carácter imperativo, no obstante preverse la audiencia del penado, y sólo resulta evitable cuando excepcionalmente y de forma motivada el órgano sentenciador, previa audiencia del Ministerio Fiscal, aprecie que la naturaleza del delito justifica el cumplimiento en España (**art. 108**).

Por lo que se refiere a su **duración** la custodia familiar no puede aplicarse por un período superior a cinco años (**art. 105.1.b**); la inhabilitación profesional se aplica por un tiempo de uno a cinco años (**art. 107**); la expulsión del extranjero conlleva una prohibición de regreso de diez años; el resto de medidas pueden llegar hasta los diez años, no obstante la libertad vigilada sólo podrá exceder de los cinco años cuando expresamente lo haya dispuesto la ley (**art. 105.1 y 2**), situación que se contempla para los casos en los que esta medida se aplica a personas plenamente responsables.

El principio de necesidad de la medida exige un seguimiento constante del cumplimiento de la misma para conocer la evolución de la persona y, consiguientemente, evaluar si persiste el fundamento de la misma y su capacidad para cumplir su fin preventivo especial. Consiguientemente en el art. 98 se contempla el **procedimiento de revisión de la medida** con vista a que el Juez o Tribunal sentenciador adopte alguna de las siguientes decisiones: el mantenimiento de la ejecución de la MS impuesta; el decreto del cese de cualquier MS impuesta en cuanto desaparezca la peligrosidad criminal del sujeto; la sustitución de una MS por otra que estime más adecuada, entre las previstas para el supuesto de que se trate, que en el caso de que la persona evolucionara desfavorablemente, quedaría sin efecto, volviéndose a aplicar la medida sustituida; o el dejar en suspenso la ejecución de la medida en atención al resultado ya obtenido con su aplicación, por un plazo no superior al que reste hasta el máximo señalado en la sentencia que la impuso. Esta suspensión quedará condicionada a que el sujeto no delinca durante el plazo fijado, y podrá dejarse sin efecto si nuevamente resultan acreditados los presupuestos de aplicación de las medidas establecidos en el art. 95 (**art. 97**).

En el caso de una MS privativa de libertad o de una medida de libertad vigilada que deba ejecutarse después del cumplimiento de una pena privativa de libertad, el JVP está obligado a elevar al menos anualmente, una propuesta de mantenimiento, cese, sustitución o suspensión de la misma. Para formular dicha propuesta el JVP deberá valorar los informes emitidos por los facultativos y profesionales que asistan al sometido a MS o por las Administraciones Públicas competentes y, en su caso, el resultado de las demás actuaciones que a este fin ordene (**art. 98.1**). Cuando se trate de cualquier otra medida no privativa de libertad, será el Juez o Tribunal sentenciador quien recabará directamente de las Administraciones, facultativos y profesionales mencionados los oportunos informes acerca de la situación y la evolución del condenado, su grado de rehabilitación y el pronóstico de reincidencia o reiteración delictiva (**art. 98.2**). A la vista de la propuesta o de los informes, según el caso, el Juez o Tribunal sentenciador resolverá motivadamente, oída la propia persona sometida a la medida, así como el Ministerio Fiscal y las demás partes. También se oirá asimismo a las víctimas del delito que no estuvieren personadas cuando así lo hubieran solicitado al inicio o en cualquier momento de la ejecución de la sentencia y permanezcan localizables a tal efecto (**art. 98.2**).

La posibilidad de que en los casos de semiimputabilidad el juez pueda aplicar una pena privativa de libertad y una MS de internamiento, ha determinado la articulación en el **art. 99** de una técnica de cumplimiento que se conoce como el **sistema vicarial** (*supra* § 2). Con arreglo al mismo, y teniendo en cuenta la prevalencia de la finalidad preventiva especial de la MS, primero se cumple la MS y luego la pena, abonándose el tiempo de cumplimiento de la medida a la duración de la pena. Pero además el cumplimiento de la medida puede producir otros efectos en relación con la pena. En concreto una vez que se alza la medida, el juez o tribunal está facultado para suspender el cumplimiento del resto de la pena por un plazo no superior a la duración de la misma o para aplicar algunas de las medidas no privativas de libertad, cuando la ejecución de la pena pusiese en peligro los efectos conseguidos a través de la medida.

Solución muy diferente es la que se contempla cuando nos encontramos ante la articulación del **cumplimiento de una pena privativa de libertad y una medida de libertad vigilada impuestas a una persona plenamente responsable**. En este caso, primero se cumple la pena (o penas privativas de libertad, si son varias) y posteriormente, si es necesario, la medida de libertad vigilada (o medidas de libertad vigilada, si fuesen varias las impuestas). Así las cosas, el **art. 106.2** crea un procedimiento a los efectos de decidir si efectivamente la medida tiene que ser cumplida, porque persiste la peligrosidad criminal del sujeto manifestada en el delito cometido, o no. Básicamente el órgano sentenciador, a partir de la elevación por parte del JVP de la oportuna propuesta, por el procedimiento del art. 98, debe decidir bien la ratificación de la MS y su configuración en concreto, bien el cese de la medida (art. 106.3), o su suspensión en los términos del art. 97. La propuesta del JVP ha de realizarse al menos con dos meses de antelación a la extinción de la pena de privativa de libertad en aras de que si se ratifica la MS ésta pueda comenzar a cumplirse seguidamente.

Una vez que se ha concretado el contenido de la medida de libertad vigilada, el órgano sentenciador puede modificar en lo sucesivo las obligaciones y prohibiciones impuestas; reducir la duración de la libertad vigilada o incluso poner fin a la misma en vista del pronóstico positivo de reinserción que considere innecesaria o contraproducente la continuidad de las obligaciones o prohibiciones impuestas (art. 106.3). A estos efectos se apela al procedimiento señalado en el art. 98.

En previsión de que la existencia de varias medidas de libertad vigilada pudiera conducir a la imposibilidad de un cumplimiento simultáneo de todas las obligaciones impuestas, se establece en el art. 106.2, que se cumplan de manera sucesiva, sin perjuicio de que el Juez o Tribunal pueda ejercer las facultades de modificar, reducir o dejarlas sin efecto.

Sobre el **quebrantamiento** de la MS versa con carácter general el **art. 100**, siendo en parte las consecuencias distintas en función de la clase de MS. Si se trata de una MS de internamiento el juez o tribunal ordenará el reingreso del sujeto en el mismo centro del que se hubiese evadido o en otro que corresponda a su estado. En otro caso, se faculta a éste para acordar la sustitución de la medida quebrantada por la de internamiento si ésta estuviese prevista para el supuesto de que se trate y si el quebrantamiento demostrase su necesidad. Independientemente de la naturaleza de la medida, el Juez o Tribunal está obligado a deducir testimonio por el quebrantamiento, debiéndose tener presente que, a estos efectos, no se considerará quebrantamiento de la medida la negativa del sujeto a someterse a tratamiento médico o a continuar un tratamiento médico inicialmente consentido. No obstante, el Juez o Tribunal podrá acordar la sustitución del tratamiento inicial o posteriormente rechazado por otra medida de entre las aplicables al supuesto de que se trate.

Las consecuencias del incumplimiento de una o varias de las obligaciones de la libertad vigilada se establecen en el **art. 106.4**, a cuyo tenor, el Juez o Tribunal, a la vista de las circunstancias concurrentes y por el procedimiento de revisión de la medida, podrá modificarlas. Y en el caso de que el incumplimiento fuera reiterado o grave, revelador de la voluntad de no someterse a las obligaciones o prohibiciones impuestas, el Juez deducirá, además, testimonio por un presunto delito del art. 468.

También se establece una particularidad en relación con la medida de expulsión del territorio español. El intento de quebrantamiento de una decisión judicial de expulsión y prohibición de entrada determina que la persona sea devuelta por la autoridad gubernativa, empezando a computarse de nuevo el plazo de prohibición de entrada en su integridad (**art. 108.3**).

BIBLIOGRAFÍA

ARMAZA ARMAZA, E. J., *El tratamiento penal del delincuente imputable peligroso*, Comares, Granada, 2013; JORGE BARREIRO, A. de, *Las medidas de seguridad en el Derecho español*, Civitas, Madrid, 1976; IDEM, «Reflexiones sobre la problemática actual y el futuro de las medidas de seguridad criminales: su regulación en el Derecho penal español y en el Derecho comparado», en *Revista de la Fundación Internacional de Ciencias Penales*, 2012, nº. 0; LEAL MEDINA, J., *Un estudio de las actuales medidas de seguridad y los interrogantes que plantean en la moderna Dogmática del Derecho Penal*, monografía asociada a *RdPP* nº 20 (2008); MARTÍNEZ GARAY, L., «La incertidumbre de los pronósticos de peligrosidad: consecuencias para la dogmática de las medidas de seguridad», *InDret* 2014/2; SANZ MORÁN, Á. J., *Las medidas de corrección y seguridad en el Derecho penal*, Lex Nova, Valladolid, 2002.

Jurisprudencia

Sobre el límite de duración de la medida de seguridad: SSTS 2107/2001, 12-11; 1176/2003, 12-9; Pleno no jurisdiccional del TS de 31 marzo 2009.

Cuestiones prácticas

Lugares de cumplimiento de las medidas de seguridad: reflexión sobre el internamiento de las personas con problemas de salud mental en una prisión.

Documentos de interés

FGE: Consulta 5/1997, de 24 de febrero, sobre el límite temporal de la medida de seguridad de internamiento en el nuevo Código penal. *DGCTMA*: Instrucción 19/2011, de 16 de noviembre, del cumplimiento de las medidas de seguridad competencia de la Administración Penitenciaria en centro penitenciario no psiquiátrico.

Páginas web de interés

http://www.institucionpenitenciaria.es

Capítulo X

Derecho penal de menores

MARÍA CONCEPCIÓN IGLESIAS GARCÍA

§ 35. PRECEDENTES DEL ACTUAL DERECHO PENAL DE MENORES

La actual LO 5/2000, de 12 de enero, reguladora de la Responsabilidad Penal de los Menores (en adelante LORPM), de naturaleza formalmente penal pero materialmente sancionadora-educativa, que tiene como eje central el superior interés del menor, ha venido a satisfacer una necesidad que se había manifestado con toda su fuerza a finales del siglo XIX, pero sobre todo en el siglo XX, y que no era otra que la de un sistema penal y procesal del menor diferenciado del de adultos.

Se distinguen al respecto tres grandes modelos en la evolución de la justicia de menores en Europa: el de protección, el educativo y el de responsabilidad, según predomine la intervención judicial, la acción educativa o se trate de encontrar el equilibrio entre ambos. En España, como antecedentes más recientes, podemos citar la Ley reguladora de los Tribunales Tutelares de Menores de 1948 que inspirándose en un modelo paternalista o tutelar establecía una doble función para dichos tribunales: de corrección y de tutela o protección. Su competencia se extendía no solo menores de 16 años que hubiesen cometido delitos, sino también a menores licenciosos, vagos, vagabundos y en definitiva en situaciones irregulares, y ello sin sometimiento a las más elementales reglas procesales vigentes en las demás jurisdicciones (art. 15 LTTM).

Con la entrada en vigor de la **CE** se hace necesario adaptar a la misma y por tanto modificar la normativa penal y procesal, a la vez que se adecua a las **Reglas de Beijing** (Reglas mínimas de las Naciones Unidas para la administración de justicia de menores) aprobadas por la Asamblea General de la ONU el 29 de noviembre de 1985.

La **STC 36/1991** declaro la inconstitucionalidad del art. 15 LTTM por vulnerar principios fundamentales, como la presunción de inocencia, el acusatorio, o el derecho a un juez imparcial, etc. Para colmar este vacío normativo se dictó la **LO 4/1992**, de 5 de junio, que regula la competencia y procedimiento de los Juzgados de Menores (previstos en LOPJ de 1985). Estos precedentes además de las normas de la Convención sobre derechos del niño de 20 de noviembre de 1989, las Directrices de Riad para la prevención de la delincuencia juvenil de 14 de diciembre de 1990, y la promulgación del CP/1995, donde se establece que los menores de 18 años no serán responsables con arreglo al mencionado Código (**art. 19**), así como la LO 1/1996, de 15 de enero, de protección jurídica del menor, dieron lugar a la promulgación de la LORPM, que recoge las normas internacionales en la materia, pero sobre todo consagra el reconocimiento expreso al menor de garantías constitucionales, tales como el derecho de defensa, la presunción de inocencia, el derecho a un juez imparcial, etc. (art. 1.2 LORPM). Esta ley fue modificada posteriormente, siendo una de las más trascendentes la aprobada por LO 8/2006, de 4 diciembre. Entre las últimas modificaciones cabe citar la LO 8/2021, de 4 de junio, de protección integral a la infancia y la adolescencia frente a la violencia, que modifica los arts. 4 y 59. El Real Decreto 1774/2004, de 30 de julio, aprueba el Reglamento que desarrolla la LORPM (en adelante RLORPM), recientemente modificado por RD 535/2021.

Principios como el de legalidad, tanto penal como procesal (arts. 1.2 y 43 LORPM); el acusatorio (art. 8 LORPM); el de flexibilidad y proporcionalidad en la aplicación y modificación de las medidas (art. 7.3 LORPM); el principio de oportunidad (implícito en los supuestos en que el Fiscal de menores puede decidir sobre la iniciación del proceso, o impedir su continuación) (art. 18 LORPM) o el de mínima intervención, introduciendo mecanismos extrajudiciales de solución de conflictos mediante la conciliación, reparación o perdón a la víctima (art. 19 LORPM) (*infra* § 59) están ahora presentes en la LORPM.

§ 36. EXAMEN DEL DERECHO PENAL DE MENORES: LA LORPM Y SU REGLAMENTO

Conforme al **art. 19 CP**, cuando un menor de dieciocho años cometa un hecho delictivo podrá ser responsable con arreglo a lo dispuesto en la ley que regule la responsabilidad penal del menor. Y efectivamente el **art. 1 LORPM** establece que la misma se aplicará para exigir la responsabilidad de las personas mayores de 14 años y menores de 18 por la comisión de ilícitos penales tipificados en el CP o las leyes penales especiales, y no concurran en ellos ninguna de las causas de exención o extinción de la responsabilidad criminal previstas en el vigente CP (art. 5.1 LORPM). Por tanto, el **ámbito subjetivo de aplicación de la LORPM** está circunscrito a los mayores de 14 y menores de 18 años; y su **ámbito objetivo** está constituido por la comisión única y exclusivamente de hechos delictivos.

En su redacción originaria la LORPM tenía prevista la posibilidad de que bajo determinadas circunstancias se pudiese aplicar también a mayores de 18 y menores de 21 años (delito menos grave sin violencia ni intimación en las personas ni grave peligro para la vida o integridad física de las mismas, que no hubiese sido condenado por sentencia firme por hechos delictivos una vez cumplidos los 18 años, y que las circunstancias personales del imputado y su grado de madurez aconsejaran la aplicación de esta Ley). Sin embargo, hasta en dos ocasiones se suspendió la entrada en vigor de la previsión que realizaban los arts. 69 CP y 4 LORPM: la primera, por un plazo de dos años –Disposición Transitoria Única de la LO 9/2000, de 22 de diciembre, sobre Medidas Urgentes para la Agilización de la Administración de Justicia–; y la segunda, hasta el 1 de enero de 2007 –Disposición Transitoria Única de la LO 9/2002, de 10 de diciembre, de Modificación del Código Penal y del Código Civil sobre Sustracción de Menores–. Finalmente, se derogó por completo tal posibilidad de aplicación de la LORPM por medio de la LO 8/2006, de 4 de diciembre, aunque no sin plantear algún problema de ley penal en el tiempo.

Estas edades hay que entenderlas referidas al momento de comisión de los hechos (exactamente de hora del nacimiento a hora del crimen), sin que el haber rebasado las mismas antes del comienzo del procedimiento o durante la tramitación del mismo tenga incidencia alguna sobre la competencia atribuida a los Jueces y Fiscales de Menores (**art. 5.3 LORPM**). Este criterio no está exento de problemas, sobre todo en los casos de sujetos indocumentados o con documentación falsa, cuya edad habrá que acreditar por los medios previstos en el art. 375 LECr (art. 2.9 RLORPM). En caso de que la duda persista, en aplicación del principio *in dubio pro reo*, se les deberá dar el tratamiento de menores de 18 o de menores de 14 años, dependiendo del caso.

Respecto a los menores de catorce años, conforme al **art. 3 LORPM**, se observan otras normas de protección y educación de menores previstas en el Código Civil y en la LO 1/1996, de 15 de enero, sobre Protección Jurídica del Menor, debiendo el Ministerio Fiscal remitir a la Entidad Pública que tenga atribuida la competencia de protección en la Comunidad Autónoma testimonio de los particulares que considere de interés al objeto de que adopte medidas protectoras adecuadas.

Para los menores sujetos al ámbito de aplicación de la LORPM se establece un amplio catálogo de **medidas**, que pueden ser impuestas en la sentencia que se dicte en el proceso regulado en la LORPM por el órgano jurisdiccional competente (Juzgado de Menores o Juzgado Central de Menores), que a su vez, salvo excepciones, es al que corresponde el control de la ejecución de las mismas, que llevan a cabo las Comunidades Autónomas (**art. 45.1 LORPM**). La elección de la medida o medidas adecuadas deberá atender de modo flexible, a la prueba y valoración jurídica de los hechos, a la edad, las circunstancias familiares y sociales, la personalidad y el interés del menor, puestos de manifiesto los dos últimos en los informes de los equipos técnicos y de las entidades públicas de protección y reforma cuando éstas hubieran tenido conocimiento del menor por haber ejecutado una medida cautelar o definitiva con anterioridad. Deberá motivarse en la sentencia las razones por las que aplica una determinada medida, así como el plazo de duración de la misma, a los efectos de la valoración del mencionado interés del menor (**art. 7.3**). No podrá imponerse una medida que suponga una mayor restricción de derechos ni por un tiempo superior a la medida solicitada por el Ministerio Fiscal o por el acusador particular (**art. 8 párr. 1**). No obstante, se podrá imponer al menor una o varias medidas de las previstas en la Ley con independencia de que se trate de uno o más hechos, si bien en una misma resolución no puede imponerse más de una medida de la misma clase (**art. 7.4**).

Son diversas las medidas que pueden ser impuestas a los menores y que podríamos clasificar en medidas privativas de libertad, medidas no privativas de libertad y medidas terapéuticas.

Las **medidas privativas de libertad** son sin duda las más gravosas:

1. El *internamiento en régimen cerrado*, que sólo podrá ser aplicable cuando se trate de delito grave o menos grave, cuando se haya empleado violencia o intimidación en las personas o se haya generado un grave riesgo para la vida o la integridad física de las mismas. Asimismo, también se puede imponer cuando se cometan en grupo o el menor perteneciere o actuare al servicio de una banda, organización o asociación, incluso de carácter transitorio, que se dedicare a la realización de tales actividades (**art.**

9.2). No pueden ser sancionadas con este tipo de medida las acciones u omisiones imprudentes (**art. 9.4**).

Los menores sometidos a esta medida residirán en un centro donde desarrollarán actividades formativas, educativas, laborales y de ocio (**art. 7.1.a**). Sólo pueden salir esporádicamente y previa autorización judicial. Este internamiento se llevará a cabo a ser posible en el centro más próximo al domicilio del menor, sin que el traslado a otro centro pueda realizarse, salvo que sea en interés del menor y con aprobación del Juez de Menores (**art. 46.3**).

2. El *internamiento en régimen semiabierto*, que al igual que en el anterior, los menores sometidos a esta medida residirán en un centro, pero realizarán fuera del mismo alguna o algunas de las actividades formativas, educativas, laborales y de ocio, si bien ello queda condicionado a la evolución de aquel y al cumplimiento de los objetivos previstos en las mismas, pudiendo el Juez de Menores suspenderlas por tiempo determinado, acordando que todas las actividades se lleven a cabo dentro del centro (**art. 7.1.b**).

3. En el *internamiento en régimen abierto* se llevarán a cabo todas las actividades del proyecto educativo en los servicios normalizados del entorno (Colegios, Institutos, Academias, etc.), residiendo en un centro como domicilio habitual, con sujeción al programa y régimen interno del mismo (art. 7.1.c).

Las medidas de internamiento constarán de dos períodos: el primero en el centro correspondiente, el segundo en régimen de libertad vigilada, en la modalidad elegida por el Juez, que expresará la duración de cada uno en la sentencia (**art. 7.2**). La duración de las medidas no podrá exceder como regla general de 2 años, computándose en su caso, el tiempo ya cumplido por el menor en la correspondiente medida cautelar (**art. 9.3**).

En virtud del principio de resocialización toda la actividad de los centros en los que se ejecuten dichas medidas estará inspirada por el principio de que el menor internado es sujeto de derecho y continúa formando parte de la sociedad, por ello la vida en el centro debe tomar como referencia la vida en libertad, reduciendo al máximo los efectos negativos que el internamiento pueda representar para el menor o para su familia, favoreciendo los vínculos sociales, el contacto con los familiares y allegados, y la colaboración y participación de las entidades públicas y privadas en el proceso de integración social, especialmente de las más próximas geográfica y culturalmente. A tal fin se fijarán reglamentariamente los permisos ordinarios y extraordinarios de los que podrá disfrutar el menor internado, a fin de mantener contactos positivos con el exterior y preparar su futura vida en libertad (**art. 55**).

4. La *permanencia de fin de semana,* que supone la permanencia de los menores en su domicilio o en un centro hasta un máximo de treinta y seis horas entre la tarde o noche del viernes y la noche del domingo, a excepción, en su caso, del tiempo que deban dedicar a las tareas socioeducativas asignadas por el Juez que deban llevarse fuera del lugar de permanencia (**art. 7.1 g**).

Las **medidas no privativas de libertad** son :

1. La *asistencia a un centro de día,* en virtud de la cual los menores residen en su domicilio habitual y acudirán a un centro, plenamente integrado en la comunidad, a realizar actividades de apoyo, educativas, formativas, laborales o de ocio (**art.7.1.f**).
2. La *libertad vigilada,* con la cual se hace un seguimiento de la actividad del menor y de su asistencia a la escuela, al centro de formación profesional o al lugar de trabajo, según los casos, procurando ayudarle a superar los factores que determinaron la infracción cometida. Asimismo, está obligado a seguir las pautas socio-educativas señaladas en su caso por la entidad pública o profesional encargado de su seguimiento y a mantener con dicho profesional las entrevistas establecidas y a cumplir las reglas de conducta impuestas por el Juez (**art.7.1.h**).
3. La *prohibición de aproximarse a la víctima o a aquellos de sus familiares u otras personas que determine el Juez,* que impide al menor acercarse a ellos, en cualquier lugar donde se encuentren, así como a su domicilio, a su centro docente, a sus lugares de trabajo y a cualquier otro que sea frecuentado por ellos, o la de *comunicarse con dichas personas,* que impedirá al menor establecer con ellas, por cualquier medio de comunicación o medio informático o telemático, contacto escrito, verbal o visual (**art. 7.1.i**).
4. La *convivencia con otra persona, familia o grupo educativo* adecuadamente seleccionados para orientar a aquélla en su proceso de socialización, durante el período de tiempo establecido por el Juez (**art.7.1.j**).
5. Las *prestaciones en beneficio de la comunidad* que no podrán imponerse sin consentimiento del sometido a la misma y consistirán en realizar las actividades no retribuidas que se le indiquen, de interés social o en beneficio de personas en situación de precariedad (**art. 7.1.k**).

6. La *realización de tareas socio-educativas*, en virtud de la cual la persona sometida a esta medida ha de realizar, sin internamiento ni libertad vigilada, actividades específicas de contenido educativo encaminadas a facilitarle el desarrollo de su competencia social (**art.7.1.l**).
7. La *amonestación*, que consiste en la reprensión del menor llevada a cabo por el Juzgado de Menores y dirigida a hacerle comprender la gravedad de los hechos cometidos y las consecuencias que los mismos han tenido o podrían haber tenido, instándole a no volver a cometer tales hechos en el futuro (**art. 7.1. m**).
8. La *privación del permiso de conducir ciclomotores o vehículos a motor, o del derecho a obtenerlo, o de las licencias administrativas para caza o para uso de cualquier tipo de armas*, medida que podrá imponerse como accesoria cuando el delito se hubiese cometido utilizando un ciclomotor o un vehículo a motor, o un arma (**art. 7.1.n**).
9. La *inhabilitación absoluta*, que produce la privación definitiva de todos los honores, empleos y cargos públicos, así como la incapacidad para obtener los mismos o cualesquiera otros y la de ser elegido para cargo público durante el tiempo de la medida (**art. 7.1.ñ**).

Y las **medidas terapéuticas** son dos:

1. El *internamiento terapéutico en régimen cerrado, semiabierto o abierto*, en los que se realiza una atención educativa especializada o un tratamiento específico dirigido a personas que padezcan anomalías o alteraciones psíquicas, un estado de dependencia de bebidas alcohólicas, drogas tóxicas o sustancias psicotrópicas, o alteraciones en la percepción que determinen una alteración grave de la conciencia de la realidad (**art. 7.1.d**).
2. Un *tratamiento ambulatorio*, en virtud del cual las personas sometidas a esta medida habrán de asistir al centro designado con la periodicidad requerida por los facultativos que les atiendan y seguir las pautas fijadas para el adecuado tratamiento de la anomalía o alteración psíquica, adicción al consumo de bebidas alcohólicas, drogas tóxicas o sustancias psicotrópicas, o alteraciones en la percepción que padezcan (**art. 7.1.e**).

Estas medidas terapéuticas podrán aplicarse solas o como complemento de otra medida. Cuando el interesado rechace un tratamiento de deshabituación, el Juez habrá de aplicarle otra medida adecuada a sus circunstancias.

A la hora de **seleccionar la medida o medidas** a imponer, a diferencia de lo previsto para el Derecho penal de adultos, en el que cada delito tiene señalada por ley una pena específica, en el Derecho penal de menores no sucede así. En principio, el Juez de Menores podría imponer cualquiera de las medidas previstas en el catálogo expuesto. Sin embargo, esto no quiere decir que goce de total discrecionalidad: «Para la elección de la medida o medidas adecuadas –según el **art. 7.3 LORPM**–, se deberá atender de modo flexible, no sólo a la prueba y valoración jurídica de los hechos, sino especialmente a la edad, las circunstancias familiares y sociales, la personalidad y el interés del menor, puestos de manifiesto los dos últimos en los informes de los equipos técnicos y, en su caso, de las entidades públicas de protección y reforma de menores cuando éstas hubieran tenido conocimiento del menor por haber ejecutado una medida cautelar o definitiva con anterioridad... El Juez deberá motivar en la sentencia las razones por las que aplica una determinada medida, así como el plazo de duración de la misma, a los efectos de la valoración del mencionado interés del menor».

Después de haber seleccionado la medida más adecuada a la valoración de los hechos, edad, circunstancias familiares y sociales, personalidad e interés del menor, el Juez de Menores debe proceder a concretar su **duración**. En principio, las medidas privativas de libertad, en atención al principio de proporcionalidad, no pueden exceder el tiempo que hubiera durado la pena privativa de libertad que le hubiese correspondido de haber sido adulto (**art. 8 párr. 2**). Pero aparte de esta limitación, las medidas, por regla general, no pueden exceder de dos años, las prestaciones en beneficio de la comunidad las 100 horas y la permanencia de fin de semana los 8 fines de semana (**art. 9.3 LORPM**). Sin embargo, en el caso de delitos leves, sólo se pueden imponer amonestación, libertad vigilada hasta un máximo de 6 meses, igual que la prohibición de aproximarse o de comunicarse con la víctima u otras personas y la realización de tareas socio-educativas, la permanencia de fin de semana hasta un máximo de 4 fines de semana, las prestaciones en beneficio de la comunidad hasta 50 horas y la privación del permiso de conducir o de otras licencias administrativas hasta un año (**art. 9.1 LORPM**). Por el contrario, en el caso de delitos graves, o de delitos menos graves, pero que en su ejecución se haya empleado violencia o intimidación o se haya generado grave riesgo para la vida o la integridad física de las personas, o bien en el caso de que el delito se comenta en grupo o en el seno de una organización criminal, esa duración podrá ser mayor (**art. 10 LORPM**). En estos casos, el Juez, oído el Ministerio Fiscal, las partes personadas y el equipo técnico, actuará conforme a las reglas siguientes:

a) Tratándose de la aplicación de una medida de *internamiento en régimen cerrado* si al tiempo de cometer los hechos el menor tuviere catorce o quince años de edad, la medida podrá alcanzar tres años de duración, y si tuviera 16 o 17 años la duración máxima será de 6 años. En este supuesto, si el hecho reviste extrema gravedad (siempre aquellos en los que se apreciara reincidencia), el Juez deberá imponer una medida de internamiento en régimen cerrado de uno a seis años, complementada sucesivamente con otra medida de libertad vigilada con asistencia educativa hasta un máximo de cinco años y sólo se podrá sustituir, modificar o dejar sin efecto la medida una vez transcurrido el primer año de cumplimiento efectivo de la medida de internamiento –supuesto de extrema gravedad–.

b) Si se trata de *prestaciones en beneficio de la comunidad,* dicho máximo será de ciento cincuenta horas, para el primer caso, y de doscientas horas cuando el segundo.

c) El máximo de la medida de permanencia de fin de semana será de 12 o 16 fines de semana respectivamente.

Tratándose de los casos de máxima gravedad o hiperagravados, esto es, de hechos tipificados como delito de homicidio, asesinato (arts. 138 y 139), agresiones sexuales (arts. 178, 179, 180 y 181 apdos 2,4,5 y 6) y terrorismo (arts. 571 a 580), o de cualquier otro delito que tenga señalada en dicho Código o en las leyes penales especiales pena de prisión igual o superior a quince años, el Juez deberá imponer las medidas siguientes: Si al tiempo de cometer los hechos el menor tuviere catorce o quince años de edad, una medida de internamiento en régimen cerrado de uno a cinco años de duración, complementada en su caso por otra medida de libertad vigilada de hasta tres años; si tuviere dieciséis o diecisiete años de edad, una medida de internamiento en régimen cerrado de 1 a 8 años de duración, complementada en su caso por otra de libertad vigilada con asistencia educativa de hasta 5 años. En este supuesto sólo podrá hacerse uso de las facultades de modificación, suspensión o sustitución de la medida impuesta, cuando haya transcurrido al menos, la mitad de la duración de la medida de internamiento impuesta. En los casos de terrorismo, el Juez, impondrá además al menor una medida de inhabilitación absoluta por un tiempo superior entre 4 y 15 años al de la duración de la medida de internamiento en régimen cerrado impuesta, atendiendo proporcionalmente a la gravedad del delito, el número de los cometidos y a las circunstancias que concurran en el menor.

En la determinación de la duración de la medida no existe, como en el Derecho penal de adultos, una previsión específica para el *iter criminis*, la participación, ni las circunstancias modificativas de la responsabilidad penal. Esto es debido a que en el Derecho penal de menores se ha establecido como criterio rector la flexibilidad en la adopción y ejecución de las medidas, siempre teniendo en cuenta el interés del menor.

No obstante esta gran flexibilidad, la LORPM ha previsto la imperatividad de la medida de internamiento de régimen cerrado en los supuestos de extrema gravedad (**art. 10.1 párrafos finales**) y en los de máxima gravedad (**art. 10.2**), y también algunas reglas para el caso de **concurso de infracciones**. A tenor de lo dispuesto en el **art. 11 LORPM**, los límites máximos establecidos para la duración de las medidas serán aplicables, aunque el menor fuere responsable de dos o más infracciones, cuando éstas sean conexas o se trate de una infracción continuada, así como cuando un sólo hecho constituya dos o más infracciones. Si bien en estos casos, para determinar la medida o medidas a imponer, así como su duración, el Juez deberá tener en cuenta, el interés del menor, la naturaleza y el número de las infracciones, tomando como referencia la más grave de todas ellas. Si las infracciones han sido objeto de diferentes procedimientos, será el último Juez sentenciador quien señalará la medida o medidas que debe cumplir el menor por el conjunto de los hechos. Cuando alguno o algunos de los delitos fueren homicidio doloso, asesinato, agresiones sexuales o terrorismo, el internamiento en régimen cerrado podrá alcanzar una duración máxima de diez años para los mayores de dieciséis años y de seis años para los menores de esa edad, sin perjuicio de la medida de libertad vigilada que, de forma complementaria, corresponda imponer.

Antes de decretar la **ejecución** de las medidas, es también posible que se evite la misma de diversas maneras: bien porque, en cualquier momento, se deje sin efecto, se reduzca o se sustituya la medida (**art. 13 LORPM**), bien porque, en la propia sentencia o por auto motivado cuando esta sea firme, se suspenda su ejecución (**art. 40 LORPM**), o bien porque, durante la ejecución de la medida, se acuerde dejarla sin efecto o sustituirla por otra que se estime más adecuada (**art. 51 LORPM**).

Una vez firme la sentencia, según el **art. 46 LORRPM**, hay que dar traslado de la ejecutoria a la entidad pública de protección o reforma de menores competente para el cumplimiento de las medidas acordadas en la sentencia firme, notificándose al MF y al letrado del menor. Recibida en la entidad pública la ejecutoria, aclara el **art. 10 RLORPM**, ésta designará de forma inmediata, en el plazo máximo de 5 días, un profesional que se responsabilizará de su ejecución, y si ésta fuera de internamiento, designará el centro más adecuado para su ejecución de entre los más cercanos al domicilio del menor en los que existan plazas disponibles correspondientes al régimen o al tipo de internamiento impuesto (los menores pertenecientes a una organización criminal no podrán cumplir la medida impuesta en el mismo centro, debiendo designárseles uno distinto aunque la elección del mismo suponga alejamiento del entorno familiar o social, **art. 46.3**).

El profesional o centro designado deberán elaborar un programa individualizado de ejecución, en el plazo de 20 días, que se comunicará al juez competente para su aprobación. Si el juez lo rechazase, en todo o en parte, se someterá a su consideración uno nuevo o la modificación correspondiente del anterior.

Aprobado el programa de ejecución de la medida impuesta, se procede a la **liquidación de la condena**, indicando las fechas de inicio y de terminación de la misma (**art. 10.6ª RLORPM**), con abono en su caso del tiempo cumplido por las medidas cautelares impuestas al interesado, según el **art. 28.5 LORPM**. Al mismo tiempo se abre un expediente de ejecución en el que se harán constar, según lo dispuesto en el **art. 48 LORPM** (también en el art. 12 RLORPM), las incidencias que se produzcan en su desarrollo.

En el caso de que se hubieran impuesto varias medidas en la misma resolución judicial y no fuere posible su cumplimiento simultáneo, según el **art. 47 LORPM**, el Juez competente para la ejecución ordenará su cumplimiento sucesivo, conforme al siguiente orden (que en atención al interés del menor, el juez podrá alterar motivadamente, previo informe del MF, de las demás partes y de la entidad pública de reforma o protección de menores): 1º. La medida de internamiento terapéutico se ejecutará con preferencia a cualquier otra. 2º. Las medidas de internamiento se cumplirán antes que las no privativas de libertad, y en su caso interrumpirán la ejecución de éstas, siendo preferente la medida de internamiento en régimen cerrado. 3º. Las medidas de libertad vigilada se ejecutarán una vez finalizado el internamiento en régimen cerrado.

Si las medidas son de distinta naturaleza y se imponen en distintas resoluciones judiciales, el Juez competente para la ejecución ordenará el cumplimiento simultáneo o sucesivo, según corresponda.

Si las medidas son de la misma naturaleza y se le imponen en diferentes resoluciones judiciales, el Juez competente para la ejecución, previa audiencia del letrado del menor, refundirá dichas medidas en una sola, sumando la duración de las mismas, hasta el límite del doble de la más grave de las refundidas.

El Juez, previa audiencia del letrado del menor, deberá proceder de este modo respecto de cada grupo de medidas de la misma naturaleza que hayan sido impuestas al menor, de modo que una vez practicada la refundición no quedará por ejecutar más de una medida de cada clase de las enumeradas en el art. 7 LORPM.

Si el menor sujeto a la ejecución de una medida vuelve a cometer un delito, el Juez competente para la ejecución, previa audiencia del letrado del menor, dictará la resolución que proceda en relación a la nueva medida que, en su caso se haya impuesto, conforme a lo dispuesto anteriormente. En este caso podrá aplicar además las reglas establecidas para el supuesto de **quebrantamiento de la ejecución**, que según el **art. 50 LORPM**, hay que distinguir según se trate de una medida privativa de libertad o no. En el primer caso, se procederá a su reingreso en el mismo centro del que se hubiera evadido o en otro adecuado a sus condiciones, o, en caso de permanencia de fin de semana, en su domicilio, a fin de cumplir de manera ininterrumpida el tiempo pendiente. En el segundo, el MF podrá instar del Juez de Menores la sustitución de aquélla por otra de la misma naturaleza. Excepcionalmente, podrá sustituir la medida por otra de internamiento en centro semiabierto, por el tiempo que reste para su cumplimiento.

Una vez **cumplida la medida**, la entidad pública emitirá un informe final, y el Juez de Menores dictará auto acordando lo que proceda respecto al archivo de la causa. Dicho auto será notificado por el secretario judicial al MF, al letrado del menor, a la entidad pública y a la víctima. El Juez, de oficio o a instancia del MF o del letrado del menor, podrá instar de la correspondiente entidad pública de protección o reforma de menores, una vez cumplida la medida impuesta, que se arbitren los mecanismos de protección del menor conforme a las normas del Código Civil, cuando el interés de aquél así lo requiera (**art. 53 LORPM**).

Por último, dada la importancia de las **medidas de internamiento**, la LORPM ha previsto unas «**reglas especiales**» **para su ejecución** en el Cap. III del Tit. VII (**arts. 54 ss. LORPM**), y el RLORPM las desarrolla en la Secc. 3ª del Cap. III (**arts. 23 ss. RLORPM**). En primer lugar, hay que tener en cuenta que las medidas de internamiento, según el **art. 7.2 LORPM,** constan de *dos períodos,* cuya duración deberá expresar el Juez en la sentencia: «el primero se llevará a cabo en el centro correspondiente [...]; el segundo se llevará a cabo en régimen de libertad vigilada, en la modalidad elegida por el Juez». Es con respecto al primer período para el que se establecen estas reglas especiales.

Según el **art. 54 LORPM**, las medidas privativas de libertad, así como también la detención y las medidas cautelares de internamiento, «se ejecutarán en centros específicos para menores infractores, diferentes de los previstos en la legislación penitenciaria para la ejecución de las condenas penales y medidas cautelares privativas de libertad impuestas a los mayores de edad penal». No obstante, «las medidas de internamiento también podrán ejecutarse en centros socio-sanitarios cuando la medida impuesta así lo requiera», y además hay que tener en cuenta lo dispuesto en el **art. 14 LORPM** para cuando el menor alcanza los 18 años, en cuyo caso el Juez de Menores podrá ordenar su cumplimiento en centro penitenciario conforme al régimen ordinario previsto en la LOGP, y en todo caso, cuando cumpla los 21 años sin haber finalizado su cumplimiento.

Los centros de menores estarán divididos en módulos adecuados a la edad, madurez, necesidades y habilidades sociales de los menores internados y se regirán por una normativa de funcionamiento interno cuyo cumplimiento tendrá como finalidad la consecución de una convivencia ordenada, que permita la ejecución de los diferentes programas de intervención educativa y las funciones de custodia de los menores internados.

> La ejecución de la detención preventiva, de las medidas cautelares de internamiento o de las medidas impuestas en la sentencia, acordadas por el Juez Central de Menores o por la Sala correspondiente de la Audiencia Nacional, se llevará a cabo en los establecimientos y con el control del personal especializado que el Gobierno ponga a disposición de la Audiencia Nacional, en su caso, mediante convenio con las Comunidades Autónomas.

Toda la actividad de los centros en los que se ejecuten medidas de internamiento estará inspirada por el principio de resocialización y de que el menor internado es sujeto de derecho y continúa formando parte de la sociedad (**art. 55 LORPM**).

Los menores recibirán, a su ingreso en el centro, información escrita sobre sus derechos y obligaciones (**arts. 56 y 57 LORPM**), el régimen de internamiento en el que se encuentran, las cuestiones de organización general, las normas de funcionamiento del centro, las normas disciplinarias y los medios para formular peticiones, quejas o recursos. La información se les facilitará en un idioma que entiendan. A los que tengan cualquier género de dificultad para comprender el contenido de esta información se les explicará por otro medio adecuado. Todos los internados podrán formular, verbalmente o por escrito, en sobre abierto o cerrado, peticiones y quejas a la entidad pública sobre cuestiones referentes a su situación de internamiento. Dichas peticiones o quejas también podrán ser presentadas al Director del centro, el cual las atenderá si son de su competencia o las pondrá en conocimiento de la entidad pública o autoridades competentes, en caso contrario (**art. 58 LORPM**).

Los menores internados podrán ser corregidos disciplinariamente por faltas muy graves, graves o leves atendiendo a la violencia desarrollada por el sujeto, su intencionalidad, la importancia del resultado y el número de personas ofendidas, de acuerdo con lo previsto en el **arts. 60 LORPM y 59 ss. RLORPM**, respetando en todo momento la dignidad de aquéllos y sin que en ningún caso se les pueda privar de sus derechos de alimentación, enseñanza obligatoria y comunicaciones y visitas, previstos en esta Ley y disposiciones que la desarrollen.

BIBLIOGRAFÍA

Delgado Martín (coord.): *La participación del menor en el proceso judicial*, La Ley, Madrid, 2022; González Tascón, M.M.: «Medidas aplicables a los menores por la comisión de hechos delictivos previstas en la Ley Orgánica 5/2000, de 12 de enero, reguladora de la responsabilidad penal de los menores (LORPM)», *RDP* 16 (2005), 23 ss.; eadem, «Aproximación a los diferentes modelos de intervención con los menores infractores desde una perspectiva de Derecho Comparado», *CPC* 96 (2008), 151 ss.; eadem, «La delincuencia juvenil desde el prisma del Consejo de Europa: una primera lectura de las reglas europeas para los menores delincuentes que son objeto de sanciones y medidas», *Diario La Ley* nº 7179 (2009); eadem, *El tratamiento de la delincuencia juvenil en la Unión Europea: hacia una futura política común*, Ministerio del Interior, Madrid, 2010; Montero Hernanz, T./De Vicente Martínez, R.: *Justicia Juvenil*, Tirant lo Blanch, Valencia, 2016; Paredes Castañón, J.M.: «El principio del "interés del menor" en derecho penal: una visión crítica», *RDPC* 10 (2013), 155 ss.; MONGE FERNÁNDEZ, A.: *La protección jurídica del menor*, Lex Nova, 2024

Jurisprudencia

STC 160/2012, 20-9 (sobre la Disposición adicional 4ª.2 letra c) LORPM, introducida por LO 7/2000); ATC 33/2009, 27-1 (sobre el art. 50 LORPM); y 662/2019 quebrantamiento de medida de internamiento impuesta cuando era menor, pero quebrantada cuando es mayor de edad. SSTS 630/2024, 01-02 (sobre Vulneración del derecho a la tutela judicial efectiva y la presunción de inocencia).

Cuestiones prácticas

Sobre la mediación en la LO 5/2000: ¿En qué momento se puede instar? ¿Qué parámetro sigue el fiscal o el juez para derivar un caso a mediación? ¿Qué ventajas presenta? ¿Quiénes participan en ella? ¿Qué pasa si se llega a un acuerdo? ¿Qué pasa si iniciada la mediación no se llega a acuerdo? Véase los arts. 19, 27, 51 LORPM y 5, 8, 15 RLORPM. MÁRQUEZ I BONVEHÍ, J.J.: «Soluciones judiciales y extrajudiciales. El principio de oportunidad en la justicia juvenil» (disponible en www.fiscal.es); MONTERO HERNANZ, T.: «La justicia restaurativa en la legislación reguladora de la responsabilidad penal de los menores», *Diario La Ley* nº 7655 (20 junio 2011). Sobre el régimen de los jóvenes adultos: ¿Ha existido alguna vez la posibilidad de aplicar a los jóvenes adultos el Derecho penal de menores? *FGE*: Instrucción 5/2006, de 20 de diciembre, sobre los efectos de la derogación del artículo 4 de la LO 5/2000 por LO 8/2006; *Consejo General de la Abogacía Española*: Circular 5/2007, de 4 de enero; *Doctrina*: GONZÁLEZ TASCÓN, M.M.: «¿Está vigente el artículo 69 de la LO 10/1995, de 23 de noviembre, del Código Penal?», *AJA* nº 776 (2009); POLAINO-ORTS, M.: «Un error legislativo de consecuencias inesperadas y las pretensiones legisferantes de la Fiscalía General del Estado: sobre la vigencia del art. 4 LORPM», *CPC* 93 (2007), 143 ss.; SILVA SÁNCHEZ, J.M.: «"Rebajas de enero" para delincuentes jóvenes adultos ¿con efecto retroactivo?», *InDret* nº 399 (2007).

Documentos de interés

FGE: Circular 3/2013, de 13 de marzo, sobre criterios de aplicación de las medidas de internamiento terapéutico en el sistema de justicia juvenil; Circular 9/2011, de 16 de noviembre, sobre criterios para la unidad de actuación especializada del Ministerio Fiscal en materia de reforma de menores; Circular 1/2009, de 27 de abril, sobre la sustitución en el sistema de justicia juvenil en medidas no privativas de libertad por la de internamiento en centro semiabierto, en supuestos de quebrantamiento; Circular 1/2007, de 23 de noviembre, sobre criterios interpretativos tras la reforma de la Legislación Penal de Menores de 2006.

Capítulo XI

Derecho penitenciario

ENRIQUE SANZ DELGADO

§ 37. EL DERECHO Y EL SISTEMA PENITENCIARIO ESPAÑOL

El Derecho penitenciario puede definirse como el conjunto de normas jurídicas que regulan la ejecución de las penas y medidas penales privativas de la libertad. Su autonomía como derecho se deriva de sus fuentes, de su objeto de conocimiento y, en algunos ordenamientos, de una jurisdicción propia denominada de vigilancia penitenciaria o de ejecución penal; y se consolida frente a las tesis que han venido a enmarcarle en la Criminología (como se hace en Norteamérica), o en el Derecho penal, procesal o administrativo. La denominada Ciencia Penitenciaria atiende, sin embargo, a la historia, a los resultados, a las instituciones propias de la ejecución de la pena privativa de la libertad y a su evolución, y la conforma la doctrina especializada en la materia.

El fin reinsertador de la pena privativa de libertad, desde un contenido de mínimos, persigue hoy el regreso del penado a la sociedad, con la capacidad de vivir respetando la ley penal. Se han perdido en el camino otros fines con mayor carga moralista, y este señalado fin preventivo-especial será el que, en mayor o menor medida, ha venido a impregnar los ordenamientos y las normativas y los instrumentos internacionales en los últimos decenios. Así, constitucionalmente, y en virtud de lo dispuesto en los Códigos penales y las normativas penitenciarias (leyes y reglamentos), las penas privativas de libertad están usualmente orientadas hacia la reeducación y reinserción social (rehabilitación, resocialización), lo que supone la prelación de los principios de prevención especial positiva. La Resolución 69/172, de la Asamblea General de Naciones Unidas, de 18 de diciembre de 2014, titulada "Los derechos humanos en la administración de justicia", recordó que la rehabilitación social y la reintegración en la sociedad de las personas privadas de libertad debía ser uno de los objetivos esenciales del sistema de justicia penal, garantizando, en la medida de lo posible, que los delincuentes pudieran llevar una existencia respetuosa de la ley y autónoma cuando se incorporaran de nuevo a la sociedad. Ello ha quedado reflejado en la Regla 4ª de las Reglas Mandela, que establece que ha de aprovecharse el periodo de privación de libertad para lograr, en lo posible, la reinserción de los exreclusos en la sociedad tras su puesta en libertad, de modo que puedan vivir conforme a la Ley y mantenerse con el producto de su trabajo. De igual modo el Tribunal Europeo de Derechos Humanos, ha ratificado la orientación preventivo especial positiva, atendiendo a una idea de la resocialización mediante el fomento de la responsabilidad personal (entre otras, SSTEDH, *Dickson v. the United Kingdom nº. 44362/04, 4 December 2007, nº 75; Boulois v. Luxembourg, nº 37575/04, 3 April 2012; Mastromatteo v. Italy, nº 37703/97, 24 October 2002, nº 72; Maiorano and Others v. Italy, nº. 28634/06, 15 December 2009, nº 108; Schemkamper v. France, nº 75833/01, 18 Octiber 2005, nº 31*).

El reflejo normativo de este principio en España se encuentra en el art. 25.2 CE y en el art. 1 LOGP, y el instrumento adecuado para la consecución de tales fines en el art. 59 del mismo cuerpo legal, que define el tratamiento penitenciario, configurando un sistema dual que se ha visto difuminado en la normativa reglamentaria de 1996. La supeditación del régimen penitenciario al tratamiento penitenciario se acentúa en el art. 71 LOGP. No obstante, el Tribunal Constitucional ha reiterado que los fines resocializadores "no son los únicos objetivos admisibles de la privación penal de la libertad" (AATC 985/1986, 1112/1988 y STC 19/1988), y que, por ello, no puede considerarse contraria a la Norma Fundamental "la aplicación de una pena que pudiera no responder exclusivamente a dicho punto de vista" (*supra* Jurisprudencia § 5). De este modo, "la reinserción social no constituye un derecho fundamental, sino un mandato al legislador para orientar la política penal y penitenciaria: se pretende que en la dimensión penitenciaria de la pena se siga una orientación encaminada a esos objetivos sin que esos sean su única finalidad" (STC 2/1987, 21-1).

Un sistema penitenciario puede ser definido, de modo genérico, como el conjunto de principios fundamentales que informan la ejecución de las penas y medidas privativas de libertad, y lo constituyen los medios materiales y personales, así como una normativa y jurisdicción propias. Desde el ámbito material, el diseño arquitectónico de las prisiones ha evolucionado, históricamente, en absoluta correlación con los principios informadores de los diversos sistemas penitenciarios. Desde la aparición de los denominados sistemas penitenciarios norteamericanos (sistema celular filadélfico o pensilvánico, sistema de Auburn o "Silent system", sistema de Elmira o Reformatorio), pasando por los sistemas progresivos de mediados del siglo XIX, que incorporaron los fundamentos regimentales de los anteriores, anticipando el fin correccional de la norma penitenciaria, hasta los actuales sistemas progresivos técnicos o de individualización científica a desarrollarse en centros polivalentes (*infra*). Este último informa el sistema penitenciario español. El cardinal art. 72 LOGP dispone que las penas privativas de libertad, se ejecutarán según el sistema de individualización científica, separado en grados, el último de los cuales será el de libertad condicional, conforme determina el CP. Para llevar a cabo tal sistema individualizador y cumplir con el fin primordial de las penas privativas de libertad, el régimen penitenciario, como conjunto de normas destinadas a regular la convivencia ordenada y pacífica en un Establecimiento penitenciario (art. 73 RP), ha de alcanzar el ambiente adecuado para el éxito del tratamiento penitenciario (arts. 59 ss. LOGP), como conjunto de actividades, voluntarias para el interno, orientadas por las ciencias de la conducta y directamente dirigidas a la consecución de la reeducación y reinserción de los penados.

> En el mes de febrero de 2024, el número de internos/as en los Centros penitenciarios en España, era de en torno a 57.434, de entre los cuales 42.836 eran penados/as y con un porcentaje de un 7,2% de mujeres privadas de libertad, de entre los cuales aproximadamente 47.699 se encontraban bajo la competencia de la Administración General del Estado, 8.130 internos/as bajo la competencia de la Comunidad Autónoma de Cataluña, y 1.605 internos/as bajo la administración de la Comunidad Autónoma del País Vasco. A nivel nacional, en prisión preventiva se encuentran 9.821 internos/as. Y respecto de las variables de clasificación a nivel nacional, hay en primer grado 500 internos, en segundo grado 33.854, y en tercer grado 8748, encontrándose 3.246 internos/as sin clasificar, incluyéndose un número de 18.052 internos/as extranjeros/as.

En referencia a los medios personales, el personal funcionario se estructura en tres Cuerpos Penitenciarios a los que se accede por oposición pública atendiendo al grado de preparación: el cuerpo Superior de Técnicos de Instituciones penitenciarias, el cuerpo Especial, y el cuerpo de Ayudantes de IIPP, dedicado a la vigilancia. Su régimen jurídico se encuentra regulado, básicamente por la Ley 7/2007, de 12 de abril, del Estatuto Básico del Empleado Público. Asimismo, el sistema cuenta con personal laboral contratado para el desempeño de determinadas funciones. La relación laboral de estos trabajadores se regula por el Convenio Colectivo Único para el Personal Laboral de la Administración General del Estado y por el Estatuto de los Trabajadores. Se encuentra distribuido en grupos profesionales englobados en las áreas de trabajo de intervención, sanitaria, servicios y mantenimiento. Su actividad encuentra delineados los principios deontológicos y de compromiso personal en la Instrucción 2/2011, de 21 de febrero, por la que se aprueba el Código Deontológico del personal penitenciario de la secretaría General de IIPP y del Organismo Autónomo Trabajo Penitenciario y Formación para el Empleo.

El sistema penitenciario y el Derecho penitenciario vigente que lo regula, en España, asume e incorpora el contenido fundamental de las Reglas Mínimas de Naciones Unidas para el Tratamiento de los Reclusos (Reglas de 1955, actualizadas en mayo de 2015 por las denominadas Reglas Mandela), así como las normas promulgadas en 1973 por el Consejo de Europa (actualizadas en 2006, mediante las Reglas Penitenciarias Europeas) y tiene como fuentes la Constitución (arts. 15 y 25.2 principalmente), la Ley Orgánica 1/1979, de 26 de septiembre, General Penitenciaria y sus reglamentos penitenciarios: el Reglamento Penitenciario RD 190/1996, de 9 de febrero (aún vigentes algunos preceptos del de 1981 –RD 1201/1981, de 8 de mayo) y el Reglamento penitenciario catalán (Decreto 329/2006, de 5 de septiembre), así como la jurisprudencia del Tribunal Constitucional y del Tribunal Supremo, la de los Juzgados de Vigilancia Penitenciaria y, en el ámbito administrativo, las Instrucciones y Circulares de la Dirección General de Instituciones Penitenciarias. El art. 25.2 CE, nuclear en esta materia, establece sus elementos esenciales (incorporados en el art. 1 LOGP): «Las penas privativas de libertad y las medidas de seguridad estarán orientadas hacia la reeducación y reinserción social y no podrán consistir en trabajos forzados. El condenado a pena de prisión que estuviere cumpliendo la misma gozará de los derechos fundamentales de este capítulo, a excepción de los que se vean expresamente limitados por el contenido del fallo condenatorio, el sentido de la pena y la Ley penitenciaria. En todo caso, tendrá derecho a un trabajo remunerado y a los beneficios correspondientes de la Seguridad Social, así como al acceso a la cultura y al desarrollo integral de su personalidad».

Son también fuentes normativas, el RD 782/2001, de 6 de julio, que sustituyó los arts. 134 a 152 del RP, y que regula la relación laboral especial penitenciaria de los internos en los establecimientos penitenciarios; el RD 868/2005, de 15 de julio, por el que se aprueba el Estatuto del Organismo Autónomo Trabajo Penitenciario y Formación para el Empleo (a la espera de su modificación, tras lo dispuesto en el RD 122/2015, de 27 de febrero); el RD 840/2011, de 17 de junio, para la ejecución de las penas de trabajo en beneficio de la comunidad y de localización permanente en centro penitenciario. Y del mismo año el RD 419/2011, de 25 de marzo, regulador de los Ficheros de Internos de Especial Seguimiento. La actualización de los aspectos de la ejecución penal afectados por la reforma del Código penal, introducida por LO 1/2015, de 30 de marzo, se desarrollan, específicamente, en la Instrucción 4/2015, de 29 de junio y hacen mención, esencialmente, a los procedimientos de actuación en cuestiones relativas a la clasificación directa a tercer grado, prevista en el art. 36.3; a la sustitución de la ejecución de la pena de prisión por la expulsión del territorio nacional, del art. 89; a la suspensión de la ejecución del resto de la pena y concesión de la libertad condicional, prevista en los arts. 90 ss., y a la introducción de la nueva modalidad punitiva de la prisión permanente revisable.

En relación a los Establecimientos penitenciarios, la evolución en esta materia es absoluta, con una renovación formal y material sin igual en el ámbito comparado. El sistema penitenciario español cuenta con centros penitenciarios, que se constituyen, en su mayoría, como núcleos urbanos autosuficientes. El RP, haciéndose eco del Plan de amortización y creación de Centros del año 1991, vino a establecer una nueva tipología de Centros denominados polivalentes (art. 12), para cumplir con los fines previstos en los arts. 7 a 11 LOGP. Divididos en módulos o unidades, están orientados por el principio celular (arts. 19 LOGP y 13 RP), que supone un interno por celda (pudiéndose albergar por necesidades organizativas más de un recluso por celda, como sucede en la práctica), con celdas de aproximadamente nueve y medio metros cuadrados, con un coste por Establecimiento que ronda los 120 millones de euros. Se concibe arquitectónicamente como un espacio que haga posible el desarrollo de la persona y el acceso a la educación, a la formación profesional, al desarrollo de actividades culturales, deportivas y laborales, para facilitar así la preparación para la convivencia, al tiempo que limitar en la medida de lo posible el efecto negativo que provoca la privación de libertad. En tales centros se desarrolla la ejecución de las penas privativas de la libertad (incluyendo la pena de localización permanente en centro penitenciario, que sería regulada en la Instrucción 11/2011, y que asimismo se regula en los arts. 65 y 66 del Reglamento penitenciario militar).

Competencialmente, la Constitución española, en su art. 149.1.6ª, establece la competencia exclusiva del Estado sobre legislación penitenciaria (la DGIIPP gestiona actualmente 69 establecimientos), sin embargo se encuentran transferidas las competencias de administración a las Comunidades Autónomas de Cataluña y del País Vasco. Entre las normativas específicas que desarrollan la LOGP en ese ámbito competencial autonómico, el Decreto 329/2006, de 5 de septiembre, aprobaba el Reglamento de organización y funcionamiento de los servicios de ejecución penal de Cataluña, con 133 preceptos; y, por Decreto 169/2021, de 6 de julio, se aprobaba el acuerdo de la Comisión mixta de transferencias Estado-CAPV de traspaso a la Comunidad Autónoma del País Vasco de funciones y servicio sobre ejecución de la legislación del estado en materia penitenciaria.

En el específico ámbito penitenciario militar la competencia depende del Ministerio de Defensa, manteniendo como base los principios de la LOGP, que encuentra su desarrollo normativo en el Reglamento Penitenciario Militar (RD 112/2017, de 17 de febrero), para el cumplimiento de las penas de privación de libertad de acuerdo con el artículo 12.2 del Código Penal Militar, aprobado por LO 14/2015, de 14 de octubre que, además de los fines primordiales preventivo especiales recogidos en los arts. 25.2 CE y 1 de la LOGP, establece que se deben proteger los principios de unidad, disciplina y jerarquía, así como el cumplimiento de derechos y deberes esenciales propios de la organización militar, habida cuenta que los establecimientos penitenciarios militares (en funcionamiento actualmente tan solo el de Alcalá de Henares), son unidades militares a todos los efectos, que han de permitir el mantenimiento de los citados principios, en aras de la reinserción social del penado y, en su caso, de su reincorporación a las Fuerzas Armadas. Dicha normativa reglamentaria (dotada de 67 artículos) mantiene como supletoria aplicable el Reglamento penitenciario aprobado por Real Decreto 190/1996, de 9 de febrero.

Desde un punto de vista organizativo y funcional, la enumeración legal formal ha sido actualizada por la descripción reglamentaria. Los establecimientos a los que alude la Ley penitenciaria se articulan y conciben hoy, por lo usual, como módulos dentro de un centro penitenciario polivalente, sin perjuicio de otros centros característicos, que se mantienen por su específico uso o destino. Los establecimientos especiales que enumera la LOGP en su art. 11, quedan reducidos a los psiquiátricos penitenciarios (actualmente 2 en servicio).

El reglamento de 1996 incorporó las denominadas formas especiales de ejecución, destinadas al desarrollo del régimen abierto penitenciario, integrando las Secciones abiertas (21 en funcionamiento), como módulos específicos de un centro polivalente, destinados a internos clasificados en tercer grado y en régimen abierto, con salida directa al exterior. Asimismo, los Centros de Inserción Social (en número de 13 con plena autonomía y 19 dependientes) entendidos como infraestructuras penitenciarias, con un marcado carácter de integración urbana, para internos en régimen de semilibertad (régimen abierto), localizados por lo usual en zonas industriales; así como Unidades de Custodia en Hospitales como áreas específicas de hospitales de la red pública sanitaria, adaptadas para la permanencia de internos que precisan asistencia sanitaria especializada (actualmente, en servicio 43). Además, las Unidades Dependientes (arts. 165 ss. RP), son unidades (frecuentemente pisos o viviendas) ubicadas en el entorno comunitario, sin ningún signo distintivo relativo a su dedicación. Y las Unidades de Madres (3 establecimientos) son infraestructuras penitenciarias destinada a la estancia de internas en régimen ordinario o semilibertad y especialmente diseñadas y equipadas para la permanencia de los hijos menores de edad con ellas, con un marcado carácter urbano. En la actualidad, diversos Centros cuentan con escuelas infantiles para los hijos, menores de 3 años, de las internas. Además, en el Centro penitenciario de Madrid VI (Aranjuez) se encuentra un módulo mixto destinado a familias, en el cual, tras un proceso de selección, permanece la pareja penada con sus hijos, hasta la edad de 3 años.

Desde un punto de vista arquitectónico, los actuales Centros polivalentes o Centros Tipo (diseñados para permitir la separación y clasificación en diversos grupos o colectivos de internos), se organizan, como se dispone en el Cap. IV del RP, con base en el principio celular (una celda por cada interno, aunque usualmente con dos camas por celda), y se conciben como núcleos urbanos autosuficientes por sus infraestructuras, articulados por edificios independientes, mediante un entramado de calles y plazas a partir de un eje longitudinal y dos transversales perpendiculares a éste. Constan de tres grandes áreas, complementarias y dedicadas a diversos usos: una primera destinada a los servicios de dirección y administración del establecimiento (edificios de oficinas); una segunda, en la zona central, que agrupa los edificios de relación, servicios y asistenciales; y una tercera destinada al uso residencial (módulos, configurados como pequeños centros penitenciarios de funcionamiento autónomo). Cada edificio residencial se divide en dos módulos independientes con un puesto de vigilancia común. Y cada módulo dispone de los servicios y dependencias necesarias para satisfacer las exigencias propias de su función como la vigilancia, residencia, tratamiento y formación.

§ 38. EL RÉGIMEN, LA CLASIFICACIÓN, EL TRATAMIENTO Y EL TRABAJO PENITENCIARIOS

Si se puede afirmar, con carácter general, que el régimen penitenciario habrá de procurar reducir al mínimo las diferencias entre la vida en prisión y la vida en libertad que tiendan a debilitar el sentido de responsabilidad del recluso o el respeto a su dignidad como ser humano (Regla 5 Reglas Mandela de Naciones Unidas); en concreto, y bajo ese *nomen iuris*, el Régimen penitenciario puede definirse (a pesar de que la LOGP no nos ofrece una definición al respecto), con base en el art. 73 RP, como el conjunto de normas jurídicas o medidas que persiguen la convivencia ordenada y pacífica en un establecimiento penitenciario, que permita alcanzar el ambiente adecuado para el éxito del tratamiento y la retención y custodia de los reclusos. Así, las funciones regimentales de seguridad, orden y disciplina son medios para alcanzar los fines indicados, debiendo ser siempre proporcionadas al fin que persiguen, y no podrán significar un obstáculo para la ejecución de los programas de tratamiento e intervención de los reclusos. De ahí que las actividades integrantes del tratamiento y del régimen, aunque regidas por un principio de especialización, deban estar debidamente coordinadas. El régimen penitenciario se halla así desarrollado en el Título II de la LOGP (separado formalmente del Tratamiento), que lleva por rúbrica «Del régimen penitenciario», incluyendo como materias regimentales, las relativas a la separación interior, al ingreso y traslados de un establecimiento, a las relaciones con el exterior, a la seguridad, al régimen disciplinario, etc. Con igual *nomen iuris* aparece en el Título III del Reglamento, que restringe su contenido a los tipos de régimen, resultantes de la correspondencia con la clasificación penitenciaria y a sus modalidades de vida intramuros. Respecto del régimen ordinario (en número de 34.052 reclusos/as, sobre un total de 58.047 en abril de 2024), que es el que corresponde a los clasificados en 2° grado de tratamiento, a los penados sin clasificar y a los detenidos y presos (preventivos) y, con ello, al mayor número de internos en los Centros, el art. 76 RP establece que: «1. En los establecimientos de régimen ordinario (léase módulos en centros polivalentes o centros Tipo), los principios de seguridad, orden y disciplina tendrán su razón de ser y su límite en el logro de una convivencia ordenada. 2. La separación interior de la población reclusa, conforme a los criterios establecidos en el artículo 16 de la LOGP, se ajustará a las necesidades o exigencias del tratamiento, a los *programas de intervención* (en terminología que ha venido a sustituir a la tratamental clásica) y a las condiciones generales del centro. 3. El trabajo y la formación tendrán la consideración de actividad básica en la vida del centro».

El régimen abierto (arts. 80 ss. RP) se aplica a los penados clasificados en tercer grado (en número de 8.953 internos/as, sobre un total de 58.047 en abril de 2024), que puedan continuar su tratamiento en régimen de semilibertad, usualmente para el desempeño de actividades laborales. Podrá ser restringido (art. 82 RP) y se caracteriza por la ausencia de controles rígidos y por el principio de autorresponsabilidad (arts. 74 y 80 ss. RP); y, en general, presupone que el tiempo mínimo de permanencia diaria en el Centro penitenciario ha de ser de ocho horas, a no ser que el interno acepte el control de su presencia fuera del Centro mediante dispositivos telemáticos (art. 86.4 RP). Las materias específicas relativas al régimen abierto, horarios y medios telemáticos se contemplan en las Instrucciones 9/2007, 4/2015 y 8/2019. La ejecución del programa individualizado de tratamiento determinará el destino concreto del interno (art. 81.2 RP) en Secciones Abiertas (módulos específicos de los establecimientos polivalentes), Centros de Inserción Social (ubicados en zonas industriales para facilitar el acceso laboral), en Unidades dependientes (viviendas sin signos distintivos en los centros urbanos de las ciudades), o mediante el sometimiento a los citados medios electrónicos de control.

La LO 7/2003 vino a reformar el art. 36 CP, exigiendo para el paso del interno al régimen abierto que tuviera cumplida la mitad de la condena impuesta. Asimismo, en el art, 72 LOGP, igualmente reformado, se estableció que la clasificación o progresión al tercer grado de tratamiento requerirá, además de los requisitos previstos por el Código Penal (art. 36), que el penado haya satisfecho la responsabilidad civil derivada del delito.

El régimen cerrado, regulado en el art. 10 LOGP, será de aplicación a aquellos internos (penados y preventivos, aunque el art. 89 RP tan solo hace referencia a los penados), que «bien inicialmente, bien por una involución en su personalidad o conducta, sean clasificados en primer grado, por tratarse de internos extremadamente peligrosos o manifiestamente inadaptados a los regímenes ordinario y abierto». Como dispone el art. 90 RP, tal régimen de vida se cumplirá en Centros o módulos de régimen cerrado o en departamentos especiales, con absoluta separación del resto de la población reclusa. Habrá de cumplirse en celdas individuales, caracterizándose por una limitación de las actividades en común de los internos y por un mayor control y vigilancia. En ningún caso el régimen de vida para estos internos podrá establecer limitaciones regimentales iguales o superiores a las fijadas para el régimen de cumplimiento de la sanción de aislamiento en celda. Sus dos modalidades de vida se encuentran en el art. 91 RP, con un mayor detenimiento en lo relativo a los departamentos especiales en el art. 93 RP (desarrollada su regulación en la Instrucción 12/2011 de 8 de noviembre).

El RD 419/2011, de 25 de marzo, ha dotado de cobertura reglamentaria y normalizado el funcionamiento de los Ficheros de Internos de Especial Seguimiento (FIES), creado en 1995 y con múltiples problemas de déficit de garantías en su aplicación práctica, al disponer que «la Administración penitenciaria podrá establecer ficheros de internos para garantizar la seguridad, buen orden del establecimiento e integridad de los internos, sin que en ningún caso determine ningún régimen de vida distinto al que corresponda al interno». Su específica situación se regula expresamente en la Instrucciones 2/2015, 2/2016 (para los supuestos de radicalización violenta islamista), y 3/2021, en relación a las conducciones y traslados.

La clasificación penitenciaria es un concepto tratamental, diverso del de separación interior, de carácter o contenido regimental. La separación por categorías sigue respondiendo a fundamentos de finales del siglo XVIII. Y aún hoy, desde la más reciente normativa de Naciones Unidas, en la Regla Mandela nº 11, se prevé la separación interior por sexos, edades, antecedentes penales, preventivos y penados, prisión por deudas o por causa criminal. Pero la clasificación es un paso más posterior al de separación interna, el primero del proceso tratamental. Para la individualización del tratamiento, tras la adecuada observación de cada penado, se realizará su clasificación, destinándose el interno al Establecimiento cuyo régimen sea más adecuado al tratamiento que se le haya señalado y, en su caso, al grupo o sección más idónea dentro de aquél (arts. 63 LOGP y 102 RP). De modo general, serán clasificados en segundo grado, los penados en quienes concurran unas circunstancias personales y penitenciarias de normal convivencia, pero sin capacidad para vivir por el momento en semilibertad. La clasificación en tercer grado se aplica a los internos que sí tengan esa capacidad. Y en primer grado, a los internos calificados de peligrosidad extrema o inadaptación manifiesta y grave a las normas generales de convivencia ordenada.

Los grados segundo y tercero de tratamiento corresponden así, respectivamente, a los regímenes ordinario (arts. 76 ss. y 101 RP) y abierto (arts. 80 ss. y 101 RP), siendo el primer grado la clasificación (con un número de 525 internos/as, sobre un total de 58.047 en abril de 2024), que conlleva el régimen cerrado (arts. 10 LOGP, 89 ss. y 101 RP), en su modalidad común, o en la más restrictiva del Departamento especial, destinada a los considerados extremadamente peligrosos. Hasta la aparición de la LO 7/2003, de 30 de junio, la normativa, por virtud del sistema de individualización científica, permitía el paso de un interno inicialmente a otro grado superior, a excepción de la libertad condicional (art. 72.3 LOGP). Tras la reforma surgía un sistema mixto, de menor recorrido, que exige en materia de clasificación, para el paso al tercer grado y para penas superiores a cinco años, el cumplimiento de la mitad de la condena (art. 36.2 CP), escollo a la individualización únicamente salvado por la vía del art. 100.2 RP, precepto que introdujo el principio de flexibilidad y permite combinar aspectos característicos de cada uno de los grados, salvando así incoherencias de la práctica.

En materia tratamental, la visión moderna del tratamiento o de los programas de intervención, como medio individualizador para conseguir los fines reinsertadores mediante programas, actividades y servicios, se advierte en la Regla 4.2 (Reglas Mandela de Naciones Unidas), que señala que las administraciones penitenciarias y otras autoridades competentes deberán ofrecer educación, formación profesional y trabajo, así como otras formas de asistencia apropiadas y disponibles, incluidas las de carácter recuperativo, moral, espiritual y social y las basadas en la salud y el deporte. Ello encontró su plasmación en el modelo desplegado por la LOGP, que acompañado de la aplicación de los criterios procedentes de la criminología clínica, mantiene la voluntariedad del interno como elemento esencial del mismo, y se plasma en sus arts. 59 a 72, así como en los arts. 110 ss. RP. Los principios del tratamiento se regulan así en el art. 62 LOGP y los programas tratamentales actualmente desarrollados en España encuentran su base normativa en los arts. 113 ss. RP. En la actualidad, además de los programas que se llevan a cabo en los establecimientos de las comunidades autónomas con competencias transferidas, en la Dirección General de IIPP, en relación con los programas individualizados de tratamiento (PIT), se desarrollan más de una veintena de programas específicos de intervención, entre los que se enumeran los relativos a: agresores sexuales, alcoholismo, personas con discapacidad, drogodependencia, enfermos mentales, jóvenes, juego patológico, madres, módulos de respeto, módulos terapéuticos, mujeres, personas extranjeras, preparación de permisos de salida, prevención de suicidios, programa de intervención en conductas violentas (PICOVI), programa de régimen cerrado, resolución dialogada de conflictos, tabaquismo, terapia asistida con animales, violencia de género (agresores), entre otros.

El trabajo penitenciario ha sido históricamente un elemento esencial en los sistemas penitenciarios (así todavía figura recogido en el art. 26 LOGP). Perdida hoy gran parte de su prioridad regimental de antaño, se configura, no obstante, en determinados casos, como un elemento fundamental del tratamiento. Así, el trabajo penitenciario en los establecimientos, de carácter productivo por cuenta ajena, no realizado mediante fórmulas cooperativas o similares (arts. 26 ss. LOGP), constituye un derecho y un deber del interno y un elemento fundamental del tratamiento cuando así resulta de la formulación de un programa individualizado (art. 132 RP); y tiene, además, la finalidad de preparar a los internos para su futura inserción laboral positiva. Sus condiciones son: que no tendrá carácter aflictivo ni será aplicado como medida de corrección; no atentará a la dignidad del interno; tendrá carácter formativo, creador o conservador de hábitos laborales, productivo o terapéutico, con el fin de preparar a los internos para las condiciones del trabajo libre; se organizará y planificará atendiendo a las aptitudes y cualificación profesional; será facilitado por la Administración; gozará de la protección dispensada por la legislación vigente en materia de Seguridad Social; y no se supeditará al logro de intereses económicos por la Administración. No obstante, la LOGP incorporaba la posibilidad, hasta el momento no puesta en práctica, de que pudieran establecerse cooperativas de internos (art. 27.1 c)

Usualmente destinado a los internos en régimen ordinario (segundo grado), el trabajo penitenciario se configura, según la doctrina constitucional, como un derecho de aplicación progresiva "cuya efectividad se encuentra condicionada a los medios de que disponga la Administración en cada momento" (STC 2/1987, 21-1). La actividad laboral en los talleres productivos de los Centros penitenciarios se enmarca específicamente en la denominada *Relación Laboral Especial Penitenciaria*, regulada en el RD 782/2001, que vincula como partes a los internos con la Entidad de Derecho público Trabajo Penitenciario y Formación para el Empleo (anteriormente Organismo Autónomo, reconfigurado por RD 122/2015, de 27 de febrero), de las previstas en la letra g) del apartado 1 del art. 2 de la Ley 47/2003, de 26 de noviembre, General Presupuestaria, con personalidad jurídica pública diferenciada, patrimonio y tesorería propios, así como con autonomía de gestión y plena capacidad jurídica y de obrar. El orden de prelación para la adjudicación de puestos de trabajo atiende a: 1. Los internos en cuyo programa individualizado de tratamiento se contemple el desarrollo de una actividad laboral. 2. Los internos penados sobre los preventivos. 3. La aptitud laboral del interno en relación con las características del puesto de trabajo. 4. La conducta penitenciaria. 5. El tiempo de permanencia en el establecimiento. 6. Las cargas familiares. 7. Prioritariamente los internos con desempeño de más de un año de un puesto de trabajo.

En la práctica, la dificultad para ofertar plazas laborales a todos los internos que lo requieren hace que, por virtud del principio de flexibilidad que potencia el art. 100.2 RP, se permita que internos trabajadores clasificados en segundo grado puedan salir del establecimiento a trabajar, como así lo hacen los terceros grados.

El art. 300 RP prevé que los servicios de economato y cocina (*destinos*) podrían gestionarse por la Entidad Trabajo penitenciario y Formación para el Empleo, bajo la fórmula de taller productivo. A través de esta gestión los internos son objeto de relación laboral en tales servicios, tras un período de formación.

§ 39. LA LIBERTAD CONDICIONAL

La libertad condicional es una institución cuya regulación con ese *nomen iuris* surge tardíamente en España (1914), si bien con antecedentes de 1889 en la normativa que reguló el cumplimiento de la pena en la Colonia penal de Ceuta, y vino así a configurar la última fase de cumplimiento del clásico sistema progresivo, introducido, a falta de esa última etapa de cumplimiento por el Decreto de 3 de junio de 1901. Como institución liberatoria, basada en el cumplimiento de la pena extramuros, fue también denominada –doctrinalmente– cuarto grado penitenciario, y encuentra su regulación legal y requisitos en los arts. 90 a 92 CP, si bien ha visto transformado su sentido penitenciario original y tradicional con la llegada de la LO 1/2015, que la configura actualmente como una modalidad de suspensión de la ejecución del resto de la pena (*supra* § 31).

§ 40. BENEFICIOS PENITENCIARIOS, PERMISOS, COMUNICACIONES Y VISITAS

Aunque en el ámbito del Derecho comparado el término beneficios penitenciarios integra todas aquellas medidas que supongan una mejora de vida del recluso con la inclusión de las recompensas, o incluso los permisos de salida o la liberación condicional, en el ordenamiento penal y penitenciario español, únicamente responden *stricto sensu* a tal *nomen iuris* aquellas medidas que, con la finalidad de la consecución de la reinserción social, supongan un acortamiento de la condena o del tiempo efectivo de internamiento (art. 202 ss. RP). Distintas así de las tradicionales recompensas (*infra* § 41), se trata de instrumentos motivacionales de gran relevancia práctica, como incentivos o estímulos para el comportamiento prosocial del penado (art. 119 RP), que favorecen el esfuerzo personal y orientan su quehacer hacia su futura reinserción. Aparte de los requisitos establecidos en tales instituciones, se precisa, para su tramitación, un ineludible informe favorable de reinserción social, que habrá de emitir la Junta de Tratamiento informada por el Equipo Técnico. Y será siempre el JVP el competente para resolver sobre su concesión (ex art. 76 LOGP). En concreto, son hoy beneficios penitenciarios la casi extinguida institución de la redención de penas por el trabajo (art. 100 CP/1973, aplicable a un número ya escaso de internos), el indulto particular penitenciario (art. 206 RP y regulada en la Instrucción 17/2007 de IIPP) y el adelantamiento de la libertad condicional (arts. 90.2 CP y 205 RP) en sus dos modalidades, ordinaria y cualificada que permite adelantar la salida condicional a los 2/3 de la condena cumplida o incluso antes. En el ámbito del régimen penitenciario militar, tan solo permanece como único beneficio la institución del adelantamiento de la libertad condicional (ex art. 51 RPM). En cuanto a su naturaleza jurídica, ésta es cercana al derecho subjetivo, cuya efectividad dependerá del cumplimiento de los requisitos legales, y con la exigencia de su aprobación por parte del JVP.

Entre las instituciones penitenciarias de mayor contenido resocializador, los permisos de salida están destinados a evitar la desocialización y, en la práctica, también a la búsqueda de empleo que permita acceder al tercer grado y al régimen abierto. Pueden ser de dos tipos: ordinarios (art. 47.2 LOGP y 154 RP) y extraordinarios (art. 47.1 LOGP y 155 RP) usualmente destinados a internos en segundo grado. Los permisos ordinarios exigen haber extinguido la cuarta parte de la condena y no observar mala conducta, además de un informe favorable de reinserción social del Equipo Técnico de Tratamiento (actualmente ha perdido cierta prelación el criterio de la exigencia de la buena conducta entendida tradicionalmente como no tener sanciones sin cancelar y así se considera en la Instrucción 2/2022), así como los permisos extraordinarios se conceden, de forma objetiva, por razones humanitarias y, por ello, también a preventivos (art. 48 LOGP), o incluso a reclusos en régimen cerrado (con las medidas de seguridad pertinentes). Cada una de las modalidades de permiso de salida, así como las salidas programadas (con carácter tratamental, para la realización de actividades específicas, y reguladas en el art. 114 RP), encuentra su desarrollo en la Instrucción 1/2012, de 2 de de marzo, modificada por la Instrucción 1/2022, de 31 de enero.

Dentro de las relaciones con el exterior, las comunicaciones y visitas son elementos reintegradores de primer nivel. Las clases de comunicaciones previstas por la normativa son: comunicaciones escritas, orales, telefónicas, íntimas, familiares o de convivencia; comunicaciones con Abogados y Procuradores, comunicaciones con profesionales acreditados. Las relaciones familiares se favorecen así, especialmente, en la legislación penitenciaria, por cuanto los internos pueden comunicarse periódicamente con sus familias oralmente o por escrito. Los arts. 53 LOGP y 45 RP reconocen este derecho para aquellos internos que no puedan obtener permisos de salida. Las reglas generales se prescriben en los arts. 51 LOGP y 41 RP, estableciendo que «los internos tienen derecho a comunicar periódicamente, de forma oral y escrita, en su propia lengua, con sus familiares, amigos y representantes acreditados de organismos e instituciones de cooperación penitenciaria, salvo en los casos de incomunicación judicial. 2. Con arreglo a lo dispuesto en el artículo 51 de la Ley Orgánica General Penitenciaria, estas comunicaciones se celebrarán de manera que se respete al máximo la intimidad y no tendrán más restricciones, en cuanto a las personas y al modo, que las impuestas por razones de seguridad, de interés del tratamiento y del buen orden del establecimiento. 3. Todo interno tiene derecho a comunicar inmediatamente a su familia y abogado su ingreso en un centro penitenciario, así como su traslado a otro establecimiento en el momento del ingreso. 4. Las comunicaciones ordinarias y extraordinarias que se efectúen durante las visitas que reciba el interno, se anotarán en un libro de registro, en el que se hará constar el día y hora de la comunicación, el nombre del interno, y el nombre, domicilio y reseña del documento oficial de identidad de los visitantes, así como la relación de éstos con el interno. 5. Las visitas de los familiares al interno enfermo se regularán por lo dispuesto en los artículos 216 y 217 de este Reglamento. 6. Además de las comunicaciones ordinarias señaladas en el horario de este servicio, se podrán conceder otras de carácter extraordinario como recompensa y por urgentes e importantes motivos debidamente justificados en cada caso. 7. Las comunicaciones y visitas se organizarán de forma que satisfagan las necesidades especiales de los reclusos extranjeros, a los que se aplicarán, en igualdad de condiciones con los nacionales, las reglas generales establecidas en este artículo». Las comunicaciones de los internos con abogados se regulan administrativamente por la Instrucción 2/2024, de 28 de mayo.

También reglamentariamente (art. 45 RP) se establecen, previa solicitud de los interesados, visitas íntimas (una al mes como mínimo), comunicaciones con familiares y allegados (una vez al mes, al menos), así como visitas de convivencia para los internos con su cónyuge o persona ligada por similar relación de afectividad e hijos que no superen los diez años de edad. En la actualidad, y tras las transformaciones y prácticas derivadas de la pandemia del Covid-19, se potenciaron las videoconferencias y los recursos telemáticos que han encontrado la regulación de su funcionamiento en los centros penitenciarios en el RD 268/2022, de 12 de abril, modificando el RP de 1996. Así, además de potenciarse la seguridad digital y la protección de datos de carácter personal, se ha constatado la superación de la regulación reglamentaria anterior dedicada a las relaciones con el exterior, asumiendo el uso habitual de las videoconferencias como forma de comunicación social, con un reflejo normativo en el ámbito penitenciario (reformados los arts. 41, 47, 127 y 129 RP, estableciendo, además de la posibilidad de videoconferencias, un mínimo de cinco llamadas semanales, no inferiores a cinco minutos, asumiendo el coste el interno, previendo asimismo el uso de medios informáticos y puntos de acceso a internet, regulado dicho uso por las correspondientes normas de régimen interior).

§ 41. RÉGIMEN DISCIPLINARIO Y RECOMPENSAS

El régimen disciplinario puede ser definido como el conjunto de normas jurídico-penitenciarias destinadas a garantizar la seguridad y mantener una convivencia ordenada y pacífica en un establecimiento penitenciario que, al ser vulneradas, conllevan, a modo de consecuencia jurídica, la aplicación de sanciones administrativas, independientemente de las posibles sanciones penales previstas por la aplicabilidad del CP al mismo supuesto. Se trata, en fin, de un régimen sancionador intramuros, que por ejercerse en el marco de una *relación especial de sujeción*, como es definida la relación jurídico-penitenciaria que vincula al recluso con la Administración (confirmada por STC 74/1985, 18-6), se denomina potestad disciplinaria o régimen disciplinario. Los límites de tal actuación disciplinaria se recogen en las Reglas Mínimas de Naciones Unidas de 2015 (reglas 43 y 44), proscribiendo la tortura y otros tratos o penas crueles, inhumanos o degradantes. Se prohíben expresamente, el aislamiento indefinido, el aislamiento prolongado (entendiéndose por tal el período superior a 15 días consecutivos), el encierro en celda oscura o permanentemente iluminada, las penas corporales o la reducción de alimentos o del agua potable, o los castigos colectivos. No se permiten tampoco los medios de coerción física como sanción, ni la prohibición del contacto familiar más que por breve tiempo.

En España se encuentra regulado en el Cap. IV del Tít. II de la LOGP (arts. 41 a 45), en el Tít. X del RP de 1996 (arts. 231 a 262), y en los arts. 108 a 111 y en el apartado 1 del art. 124 RP/1981, declarados vigentes por el apartado 3 de la Disposición derogatoria del RP/1996. En todo caso, el presupuesto resocializador debiera también informar la normativa disciplinaria penitenciaria, instrumentalizando el régimen en favor del tratamiento.

En cuanto a su ámbito de aplicación, la norma reglamentaria, en un criterio extensivo y cuestionado por los JVP, establece que habrá de aplicarse a todos los internos, a excepción de los que se hallen en centros, módulos, o unidades psiquiátrico-penitenciarias, con independencia de su situación procesal y penitenciaria, tanto dentro de los centros penitenciarios, cuanto durante los traslados, conducciones o salidas autorizadas que se realicen (art. 231.2 RP). Y es la Administración la que ostenta esa potestad disciplinaria (*principio de administratividad*), proscribiendo la tradicional figura del cabo de vara, y con ello la posibilidad de que interno participe en servicios disciplinarios (art. 41.2 LOGP).

Los demás principios informadores de la normativa disciplinaria, como Derecho sancionador, encuentran cierta similitud con los del Derecho penal. Así, el *principio de legalidad* exige que tanto el presupuesto de hecho como la consecuencia jurídica (sanción) estén contemplados en una Ley, que por destinarse a derechos fundamentales (art. 81 CE), debiera tener ese rango y carácter orgánico. La muy cuestionada remisión reglamentaria del art. 42 LOGP, que se limita a señalar que las infracciones se clasifican en faltas muy graves, graves y leves, y establece un catálogo de sanciones, relegando a la norma reglamentaria las infracciones posibles (que se advierten preceptos añejos, desactualizados, del RP/1981, aún vigente en esta materia), quiebra el principio de reserva de Ley en materia sancionadora, aun con el apoyo de sentencias como las SSTC 83/1984, 24-7; 2/1987, 21-1; o 61/1990, 29-3, que entienden que tal principio tiene un alcance diferente, pues "cuando se trata de la determinación de contravenciones «faltas» en el seno de una relación de sujeción especial, como es la de los internos en los establecimientos penitenciarios (...), la reserva de ley cumple fundamentalmente una función de garantizar la seguridad jurídica, de modo que los internos puedan disponer de informaciones suficientes sobre las normas jurídicas aplicables". Tales presupuestos han sido matizados, más recientemente, por la STC 196/2006, 3-7, cuestionando los presupuestos de algunas de las infracciones disciplinarias aún vigentes. Tal principio de legalidad exige que las medidas que, por motivos de protección personal y seguridad, impliquen restricciones regimentales y limitaciones acordadas por el Director del Centro penitenciario (art. 75 RP), no pueden coincidir con las sanciones previstas legalmente (v.gr. aislamiento en celda), ni con los medios coercitivos (así, se considera en los criterios de la reunión de 2008 de los JVP, y en Autos de los Juzgados como los del JVP de Madrid de 02/02/2009 y 30/07/2010). Se prohíbe, además, expresamente, la aplicación analógica (art. 232.3 RP) en la aplicación de sanciones. El *principio de Non Bis in Idem*, señalado *supra*, que en el ámbito sancionador penitenciario no encuentra una quiebra de su fundamento, por cuanto existe diversidad en el ámbito de protección de la normativa aplicable: por un lado, el régimen disciplinario se orienta a la protección del buen orden y la seguridad y convivencia en el establecimiento; y, por el otro, el CP se dirige y aplica en la protección de otros bienes jurídicos específicos (art. 232.4 RP). El *principio de irretroactividad de las normas desfavorables* explicita que nadie puede ser condenado o sancionado por acciones u omisiones que, en el momento de producirse, no constituyan delito, falta o infracción administrativa, según la legislación vigente en aquel momento. El *principio de culpabilidad* se recoge en el art. 234 RP y encuentra reciente formulación en el ámbito administrativo sancionador en el art. 28.1 de la Ley 40/2015, de

1 de octubre, de Régimen Jurídico del Sector Público (en vigor desde octubre de 2016), que dispone que solo podrán ser sancionadas por hechos constitutivos de infracción administrativa las personas físicas y jurídicas que resulten responsables de los mismos, aun a título de simple inobservancia. El *principio de proporcionalidad* (art. 73 RP y también en el art. 234 RP), que ha de limitar la discrecionalidad en el ejercicio de la potestad sancionadora, exige la congruencia entre la acción u omisión considerada ilícita y la sanción imponible a la misma, valorando la gravedad y entidad de los hechos y la aplicabilidad de la sanción tan solo cuando sea necesario e imprescindible para la tutela del bien jurídico. Fundamento que entronca con el *principio de oportunidad*, que favorece la flexibilidad en la aplicación de la norma y que se advierte en los arts. 254.2 RP (aplazamiento de la sanción), 255 RP (suspensión de la efectividad) y 256 RP (reducción y revocación). En último extremo, el *principio de necesidad*, también vinculado a lo anterior y a los principios de *ultima ratio* e intervención mínima, favorece la utilización restrictiva el régimen disciplinario respecto de los supuestos estrictamente necesarios.

Desde un punto de vista sistemático, si el régimen disciplinario se corresponde con un derecho sancionador, incorpora regulaciones similares a las del CP, manteniendo iguales reglas concursales para los concursos de infracciones (art. 236 RP), o criterios de acumulación jurídica de sanciones (art. 42.5 LOGP); o los relativos para la infracción continuada (art. 237 RP), o el concepto de repetición de la infracción (similar a la reincidencia, art. 235 RP).

La clasificación de las faltas en muy graves, graves y leves, y la determinación de las sanciones se encuentran en el art. 42 LOGP. La enumeración de infracciones se mantiene, sin embargo, en los arts. 108 a 110 RP/1981 (vigentes en esta materia). Las sanciones aplicables (si bien en la práctica la más frecuente es la de aislamiento en celda), son: aislamiento en celda, que no podrá exceder de catorce días por una sola sanción; aislamiento de hasta siete fines de semana; privación de permisos de salida por un tiempo que no podrá ser superior a dos meses; limitación de las comunicaciones orales al mínimo previsto reglamentariamente durante un mes como máximo (inaplicable pues en la práctica, por necesidades organizativas, es el mínimo el que se otorga); privación de paseos y actos recreativos comunes, en cuanto sea compatible con la salud física y mental hasta un mes como máximo; y amonestación (art. 42.2 LOGP).

Entre las infracciones posibles, son faltas muy graves (art. 108): a) Participar en motines, plantes o desórdenes colectivos, o instigar a los mismos si éstos se hubieran producido; b) Agredir, amenazar o coaccionar a cualesquiera personas dentro del establecimiento o a las autoridades o funcionarios judiciales o de instituciones penitenciarias, tanto dentro como fuera del establecimiento si el interno hubiera salido con causa justificada durante su internamiento y aquéllos se hallaren en el ejercicio de sus cargos o con ocasión de ellos; c) Agredir o hacer objeto de coacción grave a otros internos; d) La resistencia activa y grave al cumplimiento de las órdenes recibidas de autoridad o funcionario en ejercicio legítimo de sus atribuciones; e) Intentar, facilitar o consumar la evasión; f) Inutilizar deliberadamente las dependencias, materiales o efectos del establecimiento o las pertenencias de otras personas causando daños de elevada cuantía; g) La sustracción de materiales o efectos del establecimiento o de las pertenencias de otras personas; h) La divulgación de noticias o datos falsos, con la intención de menoscabar la seguridad del establecimiento; i) Atentar contra la decencia pública con actos de grave escándalo y trascendencia. Son faltas graves (art. 109): a) Calumniar, injuriar, insultar y faltar gravemente al respeto y consideración debidos a las autoridades, funcionarios y personas del apartado b) del artículo anterior, en las circunstancias y lugares que en el mismo se expresan; b) Desobedecer las órdenes recibidas de autoridades o funcionarios en el ejercicio legítimo de sus atribuciones o resistirse pasivamente a cumplirlas; c) Instigar a otros reclusos a motines, plantes o desórdenes colectivos, sin conseguir ser secundados por éstos; d) Insultar a otros reclusos o maltratarles de obra; e) Inutilizar deliberadamente las dependencias, materiales o efectos del establecimiento o las pertenencias de otras personas causando daños de escasa cuantía, así como causar en los mismos bienes, daños graves por negligencia temeraria; f) Introducir, hacer salir o poseer en el establecimiento objetos que se hallaren prohibidos por las normas de régimen interior; g) Organizar o participar en juegos de suerte, envite o azar, que no se hallaren permitidos en el establecimiento; h) La divulgación de noticias o datos falsos, con la intención de menoscabar la buena marcha regimental del establecimiento; i) La embriaguez producida por el abuso de bebidas alcohólicas autorizadas que cause grave perturbación en el establecimiento o por aquellas que se hayan conseguido o elaborado de forma clandestina, así como el uso de drogas tóxicas, sustancias psicotrópicas o estupefacientes, salvo prescripción facultativa. Y, son faltas leves (art. 110): a) Faltar levemente a la consideración debida a las autoridades, funcionarios y personas del apartado b) del artículo 108, en las circunstancias y lugares que en el mismo se expresan; b) La desobediencia de las órdenes recibidas de los funcionarios de instituciones penitenciarias en ejercicio legítimo de sus atribuciones que no causen alteración de la vida regimental y de la ordenada convivencia; c) Formular reclamaciones sin hacer uso de los cauces establecidos reglamentariamente; d) Hacer uso abusivo y perjudicial de objetos no prohibidos por las normas de régimen interior; e) Causar daños graves en las dependencias, materiales o efectos del establecimiento o en las pertenencias de otras personas por falta de diligencia o cuidado; f) Cualquier otra acción u omisión que implique

> incumplimiento de los deberes y obligaciones del interno, produzca alteración en la vida regimental y en la ordenada convivencia y no esté comprendida en los supuestos de los artículos 108 y 109, ni en los apartados anteriores de este artículo.

Si el régimen disciplinario hace uso de instituciones pertenecientes al Derecho penal sustantivo, como las cuestiones relativas a las reglas concursales para los concursos de infracciones o a la reiteración de las mismas (cambiando el término delito por el de infracción), el minucioso procedimiento sancionador (arts. 240-251 RP) es garantista y reproduce en el ámbito penitenciario las garantías procesales y de defensa del proceso penal.

En materia disciplinaria y de seguridad interior, los funcionarios de la DGIIPP no pueden portar armas y el único uso de la fuerza permitido es el de los medios coercitivos previstos en el art. 45 LOGP y especificados en el art. 72 RP (también regulada su aplicación en las Instrucciones 3/2018 y 4/2020): el aislamiento provisional, la fuerza física personal, las defensas de goma, los aerosoles de acción adecuada y las esposas, en todos los casos para impedir actos de evasión o de violencia de los internos; evitar daños de los internos a sí mismos, o a otras personas o cosas; o para vencer la resistencia activa o pasiva de los internos a las órdenes del personal penitenciario en el ejercicio de su cargo. Asimismo, el uso de las medidas coercitivas ha de estar dirigido exclusivamente al restablecimiento de la normalidad y sólo subsistirá el tiempo estrictamente necesario. Su uso ha de ser proporcional al fin pretendido y nunca supondrá una sanción encubierta. Cuando se aplique el aislamiento provisional el interno será visitado diariamente por el médico. Uno de los resultados objetivos de las sanciones disciplinarias penitenciarias, es la consecuencia añadida de entenderse que no concurre, al solicitarse un permiso o un beneficio penitenciario, por el interno, el requisito de la buena conducta penitenciaria. No observar mala conducta o estar en buena conducta supone, en el ámbito penitenciario, un criterio específico, de relevancia práctica, que se resuelve como no tener sanciones disciplinarias sin cancelar. La cancelación de las sanciones impuestas a un interno exige tiempos determinados, dependiendo del tipo de infracción, por la normativa reglamentaria (art. 260 RP), desde que se cumple la sanción.

Las recompensas penitenciarias, cuya concesión compete a la Comisión Disciplinaria, se encuentran reguladas en los arts. 46 LOGP y 263 RP, y se otorgarán para incentivar o estimular los actos que pongan de manifiesto buena conducta, espíritu de trabajo y sentido de la responsabilidad en el comportamiento de los internos, así como la participación positiva en las actividades asociativas reglamentarias o de otro tipo que se organicen en el Establecimiento. Podrán concederse, con carácter trimestral: notas meritorias, premio en metálico, tarjeta telefónica, comunicaciones especiales y extraordinarias adicionales, becas de estudio, material educativo-cultural, material deportivo, material recreativo, reducción de la sanción impuesta y cualquier otra de carácter análogo. Al igual que respecto de los beneficios penitenciarios, el procedimiento para evaluar tales exigencias reglamentarias se encuentra recogido en la Instrucción 4/2009, de 15 de junio, sobre programación, evaluación e incentivación de actividades y programas de tratamiento, que vino a modificar la 12/2006, de 4 de julio, que establecía los criterios de asistencia rendimiento y esfuerzo para valorar la participación de los internos en las actividades previstas en su tratamiento penitenciario individualizado.

§ 42. CONTROL JURISDICCIONAL DE LA EJECUCIÓN

En cumplimiento de lo dispuesto en el art. 117 CE, en la Ley penitenciaria de 1979 se introdujo, tomando similar denominación del modelo italiano, el Juez de Vigilancia Penitenciaria (JVP), pieza básica del sistema penitenciario (STS 20/12/1993). Cumpliendo así con el esencial principio de separación de poderes, se configura como un órgano judicial unipersonal especializado, incardinado en el orden jurisdiccional penal, con funciones decisorias en la ejecución penal, con sujeción al principio de legalidad, y que tiene a su cargo la fiscalización de la actividad penitenciaria. Se establecen sus competencias en el art. 76 LOGP con tres ámbitos competenciales de actuación: el control de la legalidad en la ejecución (atendiendo a las modificaciones cuantitativas y cualitativas de la pena), cumpliendo con sus atribuciones para hacer cumplir la pena impuesta y resolver los recursos referentes a tales modificaciones; la tutela o salvaguardia de los derechos de los internos (en cumplimiento de los arts. 25.2 y 53.2 CE); y el control o vigilancia judicial de la administración penitenciaria (extensión de lo previsto en el art. 106.1 CE). Con ello se asumían por el JVP competencias anteriormente propias del Tribunal sentenciador, de los Tribunales de lo contencioso-administrativo, y algunas tradicionales de la Administración penitenciaria. Y con la LO 5/2003, de 27 de mayo se modificaba la LOPJ y se creaban el Juzgado Central de Vigilancia Penitenciaria, encargado del control jurisdiccional de los presos cuyos delitos sean competencia de la Audiencia Nacional.

La labor interpretativa de la normativa vigente, por parte de los JVP se ha apuntalado con reuniones anuales, estableciendo criterios comunes de actuación. Sus específicas competencias se despliegan en la normativa tanto en el principal art. 76 LOGP, como en el CP. En último término, el art. 77 LOGP prevé la posibilidad colaborativa de que el JVP se dirija a la administración penitenciaria y le traslade información o formule sugerencias o propuestas referentes a cuestiones organizativas y de carácter regimental o tratamental (STC 20/12/1993).

Atendiendo a cuándo desempeña el JVP sus concretas atribuciones, se establecen tres momentos de actuación, según se trate de resolver asuntos en primera instancia, resolver por vía de recurso (segunda instancia) o conocer de una específica situación regimental. Las decisiones *en primera instancia*, pueden ser agrupadas en las siguientes funciones: a) Resolver sobre las propuestas de libertad condicional de los penados y acordar las revocaciones que procedan (art. 76.2 b) LOGP). Dicha propuesta la hace la Junta de Tratamiento, cuando el interno cumpla los requisitos objetivos y subjetivos previstos en el art. 90 CP, reformado por LO 1/2015; b) Aprobar las propuestas que formulen los establecimientos sobre beneficios penitenciarios que supongan acortamiento de condena (art. 76.2 c) LOGP y 205, 206 RP). Como tales beneficios que acorten la condena, en puridad, se conciben la derogada institución de la redención de penas por el trabajo, y el indulto (parcial o total) particular penitenciario, pues el restante beneficio del adelantamiento de la libertad condicional (*ex* art. 202 RP) no acorta en realidad la condena, sino tan solo el tiempo efectivo de internamiento. En el caso del adelantamiento citado, el JVP deberá aprobar su concesión en cualquiera de las modalidades previstas en los arts. 90 ss. CP. En el supuesto de la propuesta de indulto, deberá aprobar su tramitación; c) Aprobar las sanciones de aislamiento en celda de duración superior a catorce días (art. 76.2 d) LOGP y 236 RP). Tal duración no dependerá de si procede de una sola sanción o de una acumulación de sanciones y cabe apelación; d) Autorizar los permisos de salida con duración superior a dos días (art. 76.2 i) LOGP) y los permisos extraordinarios (por razones humanitarias, del art. 47.1 LOGP y 155.3 RP), a los clasificados en primer grado de tratamiento (régimen cerrado). Los permisos inferiores en tiempo o los ordinarios, usualmente de fin de semana, los concede la Administración penitenciaria (el Centro directivo), tras sopesar el cumplimiento de los requisitos del art. 47.2 LOGP. Ante tales concesiones, el JVP solo puede intervenir por vía de recurso (art. 162 RP). Tampoco son competencia del JVP los permisos de los clasificados en tercer grado (régimen abierto), ni los de los internos en régimen de prisión preventiva, cuya autorización la concede la autoridad judicial de quien dependan; e) Acordar lo que proceda sobre las peticiones o quejas que los internos formulen en relación con el régimen y el tratamiento penitenciario en cuanto afecte a los derechos fundamentales o a los derechos y beneficios penitenciarios de aquéllos (art. 76.2 g) y 97.2 RP).

Las competencias *en segunda instancia,* por vía de recurso, son: a) Resolver por vía de recurso las reclamaciones que formulen los internos sobre sanciones disciplinarias (art. 76.2 e) LOGP). Prevista en el art. 248 b) y en el 249 RP, existe la posibilidad de recurrir ante el JVP, verbalmente o por escrito, el acuerdo sancionador dictado por la Comisión Disciplinaria, en los cinco días siguientes a la notificación y asimismo conocer del recurso o queja contra una ejecución inmediata de sanción (art. 252.3 RP) o confirmar la suspensión de sanciones de aislamiento (art. 255.3 RP); b) Resolver los recursos referentes a la clasificación inicial y a las progresiones y regresiones de grado, con base en los informes de los equipos de observación y tratamiento o de la Central de Observación, recurriendo el interno ante el JVP (arts. 76.2 f) y 95.2 y 103 RP).

Otras competencias del JVP se refieren a la toma de conocimiento de las actuaciones de la Administración penitenciaria que le comunicará aquellas que puedan suponer una restricción de la modalidad de vida o de los derechos de los internos, o un cambio en su situación espacial. Así, conocerán del paso del interno a los establecimientos de régimen cerrado (art. 76.2 j) y 95.1 RP), a partir de propuesta del Director del Establecimiento; o, también, deberá ser informado por el Director, inmediatamente, del uso de medios coercitivos (arts. 45 LOGP y 72.3 RP), de su adopción y cese, con expresión de los hechos que dieron lugar a dicha utilización; así como deberá serle comunicado el traslado de los penados (art. 31.3 RP) y se le notificarán hechos de diversa índole como, v.gr. la prolongación de la estancia de preventivos y penados en el departamento de ingresos (art. 20.3 RP). Además, en el Reglamento se describen otras funciones que se asignan al JVP como garantía de diversas actuaciones administrativas, como son las relativas a la intervención de comunicaciones (arts. 43.1, 44.2 y 46.5 RP); o limitaciones de carácter regimental para salvaguardar la vida o integridad física del interno (art. 75.2 RP); o el ingreso en establecimientos hospitalarios (art. 218.2 RP); o la autorización de determinados programas de atención especializada, con salidas del establecimiento (art. 117.3 RP); o se le comunique la retirada a algún interno de una publicación no autorizada (art. 128 RP).

Desde el CP también se prescriben competencias para el JVP, como son: a) Acordar el régimen general para la clasificación del tercer grado penitenciario, salvando el periodo de seguridad del art. 36.2 CP; b) Acordar el paso a régimen abierto por motivos humanitarios para enfermos muy graves, con padecimientos incurables y de los septuagenarios valorando su escasa peligrosidad (art. 36.3 CP); c) Controlar la ejecución de la pena de trabajo en beneficio de la comunidad (art. 49 CP); d) La competencia del abono de la prisión provisional por causa distinta de la que se decretó, de oficio o a petición del penado (art. 58 CP); e) Suspender la ejecución de la pena por situación duradera de trastorno mental grave sobrevenida (art. 60.1 CP); f) Acordar el paso al régimen general en la aplicación de permisos de salida, la clasificación en tercer grado, o la libertad condicional y los beneficios penitenciarios (art. 78.2 CP); g) Conceder la libertad condicional y sus modalidades así como sus reglas de conducta (arts. 90 ss. CP y 196 a 201 RP); h) La vigilancia sobre las medidas de seguridad privativas de libertad y la libertad vigilada impuesta en sentencia (art. 98 CP), debiendo el JVP elevar al menos una vez anualmente, una propuesta de mantenimiento, cese, suspensión o sustitución de la misma; i) Proponer al Tribunal Sentenciador el contenido de las obligaciones de la libertad vigilada (art. 106.2 CP).

En el ámbito penitenciario militar, se creaba, por virtud de lo dispuesto en el art. 67 del RPM, el Juez Togado Militar de Vigilancia Penitenciaria, con las competencias y funciones que le atribuyen la Ley Orgánica General Penitenciaria y la Ley Orgánica Procesal Militar. Entre sus competencias, le corresponde formular propuestas al Ministerio de Defensa, referentes a la organización y desarrollo de los servicios de vigilancia, a la ordenación de la convivencia interior de los establecimientos, a la organización y actividades de los talleres, escuela, asistencia médica y religiosas, en general a las actividades regimentales económico-administrativas, y de tratamiento penitenciario en sentido estricto, de acuerdo con el art. 77 de la LOGP. Asimismo, llevarán a cabo visitas a los Establecimientos penitenciarios militares, cuando lo tengan por conveniente y al menos con una periodicidad mensual.

Cuestiones prácticas:

¿Se cumple en la práctica el principio clásico de separación interior entre preventivos y penados? No, pues por necesidades regimentales y especialmente tratamentales, se encuentran compartiendo espacios personas pertenecientes a ambos colectivos.

> ¿Pueden los internos en prisión provisional o preventiva, hacer uso de medios o actividades educativas, formativas, deportivas y culturales, usualmente destinadas a los penados, con su correspondiente cómputo posterior? Sí. El art. 4.i RP a participar en las actividades del centro, y específicamente el art. 3 RP establece en cuanto sea compatible con su situación procesal, los preventivos podrán acceder a tales actividades en las mismas condiciones que los penados.
>
> Cuando un interno clasificado en segundo grado, que ha sido sancionado con aislamiento en celda, ¿puede solicitar, de nuevo, por ejemplo, un permiso de salida? Tradicionalmente, con anterioridad a lo dispuesto por la STS 859/2019 y a la Instrucción 1/22, de la DGIIPP, para estar en "buena conducta" o "no observar mala conducta" (requisito exigido para el permiso de salida en el art. 47.2 LOGP), había de haber transcurrido el plazo de cancelación de sanciones previsto en el art. 260 RP, y no haber incurrido el interno en otra falta disciplinaria, lo que supone para una falta muy grave, seis meses, a contar desde el cumplimiento de la sanción. No obstante, este criterio determinante se ha visto últimamente flexibilizado, y la existencia de una sanción grave o muy grave sin cancelar, ya no será excluyente para que un interno acceda a una salida si muestra una evolución favorable. Actualmente, para la concesión del permiso, se tendrán en cuenta elementos objetivos como el cumplimiento de la cuarta parte de la condena, la clasificación en segundo o tercer grado, así como los parámetros indicados en la Instrucción 1/22.

¿Puedo reducir los plazos de cancelación de una sanción impuesta y cumplida, mediante la obtención de una recompensa? Sí, puede llevarse a cabo, como así lo dispone el art. 261 RP.

¿Existe una quiebra del principio de *non bis in idem* al sancionar a un interno por un mismo hecho por la vía penal y por la administrativa mediante el régimen disciplinario penitenciario? No hay tal quiebra. Así lo expresa la Jurisprudencia Constitucional (SSTC de 30/01/1981; 03/10/1983; 27/11/1985; 14/02/1986, o 02/07/1986, entre otras), así como la Consulta de la FGE 3/1986, de 1 de diciembre.

¿Cabe la sanción disciplinaria de hasta 42 días de aislamiento? Sí, cuando resulta de un concurso real de infracciones, pero hasta ese límite, según el art. 42.5 LOGP.

En materia de adaptación del régimen penitenciario a la LO 1/2015, vid. la Instrucción de la DGIIPP 4/2015, de 29 de junio.

BIBLIOGRAFÍA

ALONSO DE ESCAMILLA, A.: *El juez de vigilancia penitenciaria,* Civitas, Madrid, 1987; ARANDA CARBONEL, M.J.: *Reeducación y reinserción social. Tratamiento penitenciario. Análisis teórico y aproximación práctica,* Ministerio del Interior, Madrid, 2007; ARMENTA GONZÁLEZ PALENZUELA, F.J.: *Código penitenciario,* Aranzadi, Navarra, 2012; ARRIBAS LÓPEZ, E.: *El régimen cerrado en el sistema penitenciario español,* Ministerio del Interior, Madrid, 2010; CÁMARA ARROYO, S./DELGADO CARRILLO, L./FERNÁNDEZ BERMEJO, D./MACULAN E.: *Derecho penitenciario,* Ed. Dykinson/ UNED, Madrid, 2022; CERVELLÓ DONDERIS, V.: *Derecho penitenciario,* 3ª ed., Ed. Tirant lo blanch, Valencia, 2012; FERNÁNDEZ ARÉVALO, L./NISTAL BURÓN, J.: *Derecho Penitenciario,* Thomson Reuters/Aranzadi, Pamplona, 2016; FERNÁNDEZ BERMEJO, D.: *Individualización científica y tratamiento en prisión,* Ministerio del Interior, Madrid, 2014; F.I.O. (Escobar Roca, G., Dir.): *Sistema penitenciario,* Trama editorial, Madrid, 2007; GARCÍA VALDÉS, C.: *Comentarios a la Legislación penitenciaria,* Civitas, Madrid, 1982, reimpresión 1995; IDEM, *Teoría de la pena,* 3ª ed., Tecnos, Madrid, 1987; IDEM, «Sobre el concepto y el contenido del Derecho penitenciario», *CPC* 30 (1986), 661 ss.; IDEM, *Derecho penitenciario (Escritos, 1982-1989),* Ministerio de Justicia, Madrid, 1989; IDEM, *Del presidio a la prisión modular,* Opera prima, 3ª ed. Reimpresión 2009; GARRIDO GUZMÁN, L.: *Manual de Ciencia Penitenciaria,* Edersa, Madrid, 1983; LEGANÉS GÓMEZ, S.: *La prisión abierta: Nuevo Régimen Jurídico,* Edisofer, Madrid, 2013; LÓPEZ MELERO, M.: *Los derechos fundamentales de los reclusos,* Edisofer, Madrid, 2015; MAPELLI CAFFARENA, B.: *Las consecuencias jurídicas del delito,* 5ª ed., Thomson Reuters/Aranzadi, Pamplona, 2011; DE MARCOS MADRUGA, F.: *El juez de vigilancia penitenciaria y su marco competencial. Una guía de actuación ante los juzgados de vigilancia penitenciaria,* Aranzadi, Cizur Menor, 2023 [comentario C. García Valdés, *LL-penal* 164 (2023)]; MARTÍN DIZ, F.: *El juez de vigilancia penitenciaria. Garante de los derechos de los reclusos,* Comares, Granada, 2002; MATA Y MARTÍN, R.M: *Fundamentos del sistema penitenciario,* Tecnos, Madrid, 2016; MILLA VÁSQUEZ, D.G.: *Los beneficios penitenciarios en Iberoamérica. Historia. Teoría y Praxis,* Ed. Grijley, Lima, 2016; MIR PUIG, C.: *Derecho penitenciario. El cumplimiento de la pena privativa de libertad,* 3ª ed., Atelier, Barcelona, 2015; RENART GARCÍA, F.: *La libertad condicional. Nuevo régimen jurídico,* Edisofer, Madrid, 2003; IDEM, *El régimen disciplinario en el ordenamiento penitenciario español: Luces y sombras,* Universidad de Alicante, 2002; IDEM, *Los permisos de salida en el derecho comparado,* Ed. Ministerio del Interior, Madrid, 2010; RODRÍGUEZ ALONSO, A./RODRÍGUEZ AVILÉS, J.A.: *Lecciones del Derecho penitenciario,* 4ª ed., Comares, Granada, 2011; RODRIGUEZ YAGÜE, C.: *El sistema penitenciario español ante el siglo XXI,* Iustel, Madrid, 2013; EADEM, *Las prisiones como estrategia frente al desafío del terrorismo, la radicalización y el extremismo violento,* Iustel, Madrid, 2021; SANZ DELGADO, E.: *Las prisiones privadas. La participación privada en la ejecución penitenciaria,* Edisofer, Madrid, 2000; IDEM,

Regresar antes: Los beneficios penitenciarios, Ministerio del Interior, Madrid, 2007; IDEM, «El trabajo penitenciario y el principio de flexibilidad», en VVAA. (García Valdés y otros Coord.): *Estudios Penales en Homenaje a Enrique Gimbernat*, Tomo II, Edisofer, 2008, 2405 ss.; IDEM, «De la disciplina a la seguridad integral: Los medios coercitivos y la homeostasis penitenciaria», en *ADPCP*, vol. LXXI, 2019; IDEM, «Antecedentes normativos del sistema de individualización científica», en *ADPCP*, vol. LXXII, 2020; IDEM, *Instituciones penitenciarias en el Derecho comparado*, Edisofer, Madrid, 2024; SOLAR CALVO, P.: *El sistema penitenciario español en la encrucijada: una lectura penitenciaria de las últimas reformas penales*, BOE, Madrid, 2019; TÉLLEZ AGUILERA, A.: *Los sistemas penitenciarios y sus prisiones*, Edisofer, Madrid, 1998; IDEM, *Seguridad y Disciplina penitenciaria: Un estudio jurídico*, Edisofer, Madrid, 1998; IDEM, *Las nuevas reglas penitenciarias del Consejo de Europa*, Edisofer, Madrid, 2006; VAN ZYL SMIT, D./SNACKEN, S.: *Principios de Derecho y Política Penitenciaria Europea. Penología y Derechos Humanos*, Tirant lo blanch, Valencia, 2013; VVAA (De Castro, J.L./Segovia B.): «El Juez de vigilancia penitenciaria y el tratamiento penitenciario», *Estudios de Derecho Judicial* nº 84 (2006); VVAA (De Vicente Martínez, R., Dir.): *Derecho Penitenciario. Enseñanza y aprendizaje*, Tirant lo Blanch, Valencia, 2015; VVAA (Rodríguez Yagüe, C. Dir.): *El diseño de la ejecución penitenciaria de la prisión permanente revisable*, Tirant Lo Blanch, Valencia, 2023.

Capítulo XII

Responsabilidad civil derivada del delito

LUIS ROCA DE AGAPITO

§ 43. CONCEPTO Y NATURALEZA DE LA RESPONSABILIDAD CIVIL

En la comisión de un delito hay que distinguir dos planos: por un lado, el hecho en sí, como acontecimiento fáctico, y por otro, el hecho en cuanto acontecimiento jurídico. Desde el punto de vista jurídico, un mismo hecho puede tener relevancia desde diversos ángulos. Así, es posible que el legislador haya tomado en cuenta ese hecho, porque ataca a los bienes jurídicos más importantes del individuo o de la sociedad, y además porque lo hace de una forma especialmente intolerable. Estas circunstancias hacen que ese hecho resulte relevante para el Derecho, porque ataca los cimientos de una convivencia humana pacífica en sociedad, y por estos motivos tal acontecimiento adquiere una *dimensión pública o social*, que le hace merecedor de la mayor de las respuestas que existen en nuestro ordenamiento jurídico: la pena (y/o la medida de seguridad). Desde este punto de vista, ese hecho sería constitutivo de un *ilícito penal*. Pero es posible que, además, ese hecho resulte relevante para el Derecho desde otro punto de vista, desde un *ángulo estrictamente privado*, es decir, únicamente en atención a los efectos que el mismo haya producido entre individuos concretos. Desde este punto de vista, el hecho sería relevante para el Derecho, porque en las circunstancias concretas del caso no resulta admisible que una persona deba soportar los efectos que produce la conducta de otra, y por eso se obliga a ésta a restaurar la situación al mismo estado en que se encontraba antes, si es que fuera posible. Conforme a ello, este hecho sería constitutivo de un *ilícito civil* (**art. 34.3 CP**). Nuestro ordenamiento jurídico establece dos regímenes de responsabilidad civil por daños: uno por hechos no tipificados en el CP o cuasidelitos (**art. 1.093 CC**) y otro por hechos que constituyen infracción penal (**art. 1.092 CC**). Así pues, bajo la denominación de responsabilidad civil derivada de la comisión de un delito, u otras parecidas (en adelante RC), se suelen reunir *diversas formas de resarcimiento del daño causado por una infracción penal*, como la restitución del objeto, la indemnización económica o la reparación del daño.

DIFERENCIAS	RESP. PENAL	RESP. CIVIL
Presupuesto	Ilícito penal	Ilícito civil
Fundamento	Culpabilidad o peligrosidad criminal postdelictual	Enriquecimiento sin causa o perjuicio injusto
Consecuencias	Pena y/o MS	Restitución, reparación o indemnización
Contenido	Personal	Patrimonial
Fines	Prevención	Reparación

En la actualidad también está cobrando notable importancia la **compensación** por parte del Estado a las víctimas de ciertos delitos (en particular, delitos violentos y contra la libertad sexual, terrorismo y violencia de género). Sin embargo, dicha compensación no puede considerarse como verdadera RC, sencillamente, porque no se basa en algún tipo de tacha o reproche hacia quien debe satisfacerla, sino que se basa en razones de equidad y solidaridad; además, corre siempre a cargo de fondos públicos, en algunos supuestos puede cobrarse antes de que exista una sentencia judicial firme y sólo cabe con respecto a los daños derivados de delitos dolosos.

El CP dedica a la RC básicamente dos Capítulos: el I y el II del Tít. V del Lib. I (**arts. 109-122**), sin perjuicio de tener en cuenta igualmente disposiciones comunes a otras consecuencias jurídicas del delito (como, p.ej., los arts. 125 y 126), así como alguna disposición específica prevista para algún delito en particular [como, p.ej., los arts. 212 y 216 (para las calumnias e injurias), 227.3 (para el impago de pensiones), 259.5 (para la insolvencia punible), 272 (para los relativos a la propiedad intelectual), 305.7 y 307.6 (para el fraude fiscal y a la Seguridad Social) (ej. STS 277/2018, 8-6 –caso Nóos–: la RC ha de establecerse con arreglo a la normativa tributaria), 339 (para el delito ecológico), o 382 (para los relativos a la seguridad del tráfico)].

A tenor de lo dispuesto en los **arts. 109 CP y 100 LECr**, la acción civil nace únicamente cuando se ha producido un daño que haya que reparar. Si no ha habido tal daño, no habrá lugar a una RC. El **art. 116.1** también condiciona la imposición de la RC a toda persona que sea criminalmente responsable de un delito «si del hecho se derivaren daños o perjuicios». Por tanto, debe resaltarse que la RC es una consecuencia jurídica del delito, pero no siempre que se haya cometido un delito va a haber RC. Ésta sólo se impondrá cuando el delito haya provocado algún daño que deba repararse (STS 390/2017, 30-5, cabe RC nacida de delitos de peligro como la conducción en estado de embriaguez, aunque los daños causados a una farola no sean constitutivos de delito).

Por otra parte, que tenga naturaleza civil, no es obstáculo para que, por razones de economía procesal, en el mismo proceso penal abierto por delito se ventile también la consiguiente RC. Así se desprende de lo dispuesto en los **arts. 109.2 CP y 108 LECr**. Una cosa es la naturaleza de esta responsabilidad y otra el cauce instrumental que se sigue para reclamarla (STS 467/2018, 15-10, al tener la RC naturaleza civil, queda sujeta a los principios de rogación y de disposición por las partes). Es más, hay que tener en cuenta que ante el juez penal no se acumulan todas las posibles acciones civiles derivadas del delito, sino sólo algunas (vid. el art. 193 CP).

Concebida así la RC, como reparación del daño causado por la infracción penal y como consecuencia jurídica de naturaleza privada o civil, eso no quiere decir que no haya importantes vínculos entre la RC y penal (*supra* § 3), que hacen de ella un relevante instrumento de política criminal *en pro* de la reparación de la víctima y que también influya de modo considerable en la efectividad que con carácter general persigue el Derecho penal, que no es otra que la protección de los bienes jurídicos fundamentales a través de la prevención de delitos.

§ 44. CONTENIDO DE LA RESPONSABILIDAD CIVIL

Según lo dispuesto en el **art. 110** (también en el **art. 100 LECr**), la RC comprende: «1°. La restitución. 2°. La reparación del daño. 3°. La indemnización de perjuicios materiales y morales».

Parece que este artículo establece una jerarquía en cuanto al contenido que puede tener la RC. Sin embargo, puesto que hemos considerado que esta obligación tiene carácter privado, rige en este ámbito el principio de autonomía de la voluntad de las partes, por lo que el Juez atenderá, en primer lugar, al acuerdo de las partes, que pueden haber pactado, por ejemplo, sustituir la restitución de la cosa (n° 1) por el abono de una cantidad económica, en concepto de indemnización (n° 3).

La **restitución** es una forma específica de reparación que pretende dejar intacto el patrimonio de la víctima, a diferencia de las otras modalidades de reparación que lo que pretenden es compensar el daño ocasionado por el hecho delictivo (ej. STS 687/2012, 19-9: declaración de nulidad de los contratos y cancelación de las inscripciones en el Registro de la Propiedad; STS 277/2018, 8-6 –caso Nóos–, no procede la nulidad de los contratos que tienen su origen en prevaricación, porque se cumplieron en parte con beneficio de la Administración). El **art. 111.1** dispone que «deberá restituirse, siempre que sea posible, el mismo bien, con abono de los deterioros y menoscabos que el Juez o Tribunal determinen». Además, con carácter general, las cosas sustraídas son reivindicables por su legítimo propietario, incluso aunque hubiesen sido adquiridas posteriormente por un tercero de buena fe (dejando a salvo su derecho de repetición contra quien corresponda, **art. 111.1** ***in fine***). No obstante, este principio general tiene algunas limitaciones (**art. 111.2**), en las que los bienes son irreivindicables (arts. 85, 86, 324 y 545 CCo; 464, 1955 y 1956 CC y 34 LH).

La **reparación del daño** viene a ser el género de las subsanaciones del perjuicio ocasionado por el delito, comprendiendo tanto las específicas como las pecuniarias. En cuanto a las modalidades de reparación, el precepto penal recoge la clasificación de las obligaciones civiles prevista en el art. 1088 CC, según el cual «toda obligación consiste en dar, hacer o no hacer alguna cosa». El Juez o Tribunal concretará esa obligación «atendiendo a la naturaleza del [daño] y las condiciones personales y patrimoniales del culpable, determinando si han de ser cumplidas por él mismo o pueden ser ejecutadas a su costa» (**art. 112**). No obstante, en relación con algunos delitos el CP ha precisado aspectos de la reparación del daño, como, por ejemplo, que incluya la publicación de la sentencia condenatoria (art. 216 para los delitos contra el honor, y art. 272 para los delitos contra la propiedad intelectual).

La **indemnización** es una compensación económica de los daños causados por el delito, y más concretamente, el **art. 113** precisa que el objeto de la indemnización serán los «perjuicios materiales y morales», comprendiendo «no sólo los que se hubieren causado al agraviado, sino también los que se hubieren irrogado a sus familiares o a terceros». Los «*perjuicios materiales*» incluyen, por supuesto, los daños personales (lesiones en la integridad corporal o a la salud física o mental), pero también la totalidad del menoscabo patrimonial sufrido, tanto el daño emergente como el lucro cesante. Los «*perjuicios morales*» abarcan la llamada *pecunia* *doloris*, es decir, el dolor y el sufrimiento psíquico ocasionados por el delito, como también las secuelas que pueda producir (como el sentimiento de baja autoestima, incapacidad, vergüenza, culpabilidad, pena, inferioridad, sensación duradera de inseguridad, intranquilidad, desasosiego, de dignidad vejada, privacidad violada, ansiedad, alteraciones del sueño, adicción a fármacos, así como la pérdida de prestigio que el delito pueda reportar, tanto para las personas físicas como para las jurídicas (ej. STS 458/2019, 9-10 –caso Alsasua–).

Ejs. de indemnización por daño moral: SSTS 715/2021, 23-9 (10.000 y 5.000 € por abusos sexuales continuados a sus dos hijas menores); 752/2021, 6-10 (6.000 € en una violación cometida por expareja sentimental); 674/2022, 4-7 (10.000 € por abusos sexuales a un menor de 16 años durante varios años); 798/2022, 5-10 (12.000 € abuso sexual a menor de 13 de años); 7/2023, 19-1 (45.000 y 20.000 € por la obtención de imágenes pornográficas de dos niñas de 11 y 13 años); 1019/2022, 30-1-2023 (15.000 € por agresión sexual con penetración vaginal a menor de 14 años); 603/2023, 13-7 (100.000 € por abuso sexual durante años por parte del abuelastro paterno que ha afectado gravemente a la menor con un impacto psicopatológico a nivel emocional, cognitivo y comportamental); 684/2023, 21-9 (60.000 € por abusos sexuales reiterados a una menor); 131/2024, 8-2 (30.000 €/víctima por abusos sexuales con prevalimiento para conservar el puesto de trabajo); STS 668/2018, 19-12 –caso Prestige– (30% del daño patrimonial al Estado en concepto de daño moral y medioambiental por el vertido contaminante). La STS 437/2022, 4-5 confirma una indemnización de 6.000 €/víctima por el daño moral sufrido en un delito contra la integridad moral en concurso aparente de leyes con un delito de odio, y tiene en cuenta como criterios para valorar el daño moral, además del llamado "precio del dolor por lo sufrido", los del daño moral irreversible, del antes y el después y de la declaración de impacto de la víctima. La STS 611/2023, 13-7 considera que en un delito contra la propiedad industrial la indemnización de perjuicios morales comprende también el menoscabo de la confianza que se pretende transmitir a los consumidores con la marca comercial.

Pero para que resulten indemnizables tales daños es preciso que se den dos *presupuestos*: 1) que los daños y perjuicios deriven directamente del hecho punible; y 2) que la existencia y la cuantía de las repercusiones económicas deben ser acreditadas por quien reclame su indemnización (ej. STS 721/2018, 23-1: la indemnización por sustracción de productos en establecimiento comercial ha de ser el P.V.P. sin IVA, por no haberse generado el impuesto; STS 668/2018, 19-12 –caso Prestige–: indemnización por los servicios contratados para la reparación del daño incluye el IVA). No obstante, el TS exime de prueba al perjudicado respecto de aquellos daños que se desprenden naturalmente de los hechos probados (STS 351/2021, 28-4: en un caso de malos tratos habituales, lesiones, agresiones sexuales..., el daño moral fluye de manera directa y natural del relato histórico).

En cuanto a los *sujetos beneficiarios* de la indemnización son todos los perjudicados por el delito. Sin embargo, el **art. 113** se refiere al «agraviado», «sus familiares» o «terceros».

El concepto de perjudicado es más amplio que el de agraviado (STS 111/2023, 16-2). No todo perjudicado es agraviado, aunque sí todo agraviado es perjudicado. Por *perjudicado* se entiende la persona, tanto física como jurídica, que sufre un daño directo a causa de la infracción. Y por *agraviado* hay que entender el sujeto pasivo del delito, esto es, el titular del bien jurídico afectado, que además es perjudicado. Los *familiares* son todas aquellas personas unidas al agraviado por un vínculo de parentesco que hayan sufrido también las consecuencias de la infracción. La mención expresa a los mismos, aunque puede servir de llamada de atención, resulta confusa e innecesaria. Confusa porque pudiera dar a entender que quedarían excluidas aquellas personas que se encuentran unidas por una relación análoga al matrimonio, cuando no es cierto. E innecesaria, porque siempre quedarían abarcados por la mención a los «terceros». Precisamente, por *tercero* se entiende toda persona que haya sido directamente perjudicada por la infracción y que no sea el propio agraviado o familiar suyo.

La cuestión que más dificultades suscita en la práctica es la de determinar el *importe de la indemnización*. El CP apenas recoge algún criterio para establecer dicho valor. Entre los que menciona se encuentra la denominada *compensación de culpas*, o mejor dicho una facultad del juez de toma en consideración de la conducta de la víctima a la hora de cuantificar la RC (STS 959/2021, 10-12), de tal modo que «si la víctima hubiere contribuido con su conducta a la producción del daño o perjuicio sufrido, los Jueces o Tribunales podrán moderar el importe de su reparación o indemnización» (**art. 114**) (ej., SSTS 979/2013, 23-12: reducción de un 20%; 269/2021, 24-3: agresión mutua, reducción al 50%, no es necesaria su expresa solicitud; 284/2021, 30-3: carácter facultativo; 763/2022, 15-9: no hubo moderación del importe pese a que la víctima de las lesiones había motivado el altercado en la discoteca, ya que la agresión del vigilante de seguridad se produjo de forma desprevenida cuando ya había terminado el incidente). Salvo por esta disposición, se puede decir que los órganos judiciales gozan, con carácter general, de un amplio margen de discrecionalidad a la hora de valorar los perjuicios sufridos. Pero que gocen de dicha discrecionalidad no quiere decir, al igual que para la determinación de la pena, que el importe de la RC se pueda determinar de modo arbitrario. Al contrario, según lo dispuesto en el **art. 115**, deberán hacerlo «razonadamente», estableciendo «en sus resoluciones las bases en que fundamenten la cuantía de los daños e indemnizaciones, pudiendo fijarla en la propia resolución o en el momento de su ejecución».

En algunos ámbitos de la vida que generan un alto riesgo para las personas y en los que con mucha frecuencia se producen daños esta discrecionalidad judicial a la hora de fijar el importe de la indemnización, sin embargo, se encuentra muy limitada. Concretamente, en los daños causados con vehículos a motor, el Juez está vinculado en la fijación de la cuantía de la indemnización por los baremos y cuantías establecidas en el **Texto Refundido de la Ley sobre Responsabilidad Civil y Seguro en la Circulación de Vehículos a Motor** (aprobado por el RD-Legislativo 8/2004, de 29 de octubre, modificado por la Ley 35/2015, de 22 de septiembre) (SSTS 778/2017, 30-11: el uso del baremo no es obligatorio en el marco de la criminalidad no susceptible de aseguramiento, y en el caso de los delitos dolosos, por el plus de daño moral que acarrean, se puede incrementar en un 25%; 917/2023, 14-12: el baremo no tiene aplicación cuando se cometen dos asesinatos dolosos con degollamiento de las víctimas, pues no es parangonable con el atropello cometido por imprudencia).

§ 45. SUJETOS CIVILMENTE RESPONSABLES

Dadas las diferencias que existen entre la responsabilidad penal y la RC, sucede que los sujetos civilmente responsables pueden no coincidir con los responsables penales. Así, es posible que deban satisfacer la RC personas físicas o jurídicas que no hayan intervenido en la comisión del delito, o que, aun habiéndolo hecho, estén exentas de responsabilidad criminal. Por ello, dentro de los sujetos civilmente responsables se puede distinguir dos grandes categorías: los responsables civiles directos y los responsables civiles subsidiarios. A su vez, dentro de los primeros, podemos distinguir aquellos que son también responsables criminalmente y los que no lo son.

Según el **art. 116.1**, «toda persona criminalmente responsable de un delito lo es también civilmente si del hecho se derivaren daños o perjuicios». Por tanto, el autor de un delito responde también de todos los daños y perjuicios ocasionados. «Si son dos o más los responsables de un delito –continúa el art. 116.1–, los Jueces o Tribunales señalarán la cuota de que deba responder cada uno». Es decir, que en casos de coautoría y de participación, la RC se reparte entre todos ellos, sin que tenga que ser a partes iguales (ej., STSS 318/2003, 7-3: 45% para los dos coautores y 10% para el cómplice; 163/2020, 19-5: cuota del 70% para el autor del asesinato y un 15% para las dos cómplices; 813/2022, 14-10: cuota del 10% para el cooperador necesario). Aunque cada sujeto responda de un determinado porcentaje de la RC, sin embargo, «los autores y los cómplices, cada uno dentro de su respectiva clase, serán responsables solidariamente entre sí por sus cuotas, y subsidiariamente por las correspondientes a los demás responsables» (**art. 116.2**) (STS 280/2020, 4-6: es necesario establecer la cuota de que responde cada uno cuando son varios los responsables, pues si no se hace, se convierte a los cómplices en responsables civiles subsidiarios). El CP aclara también, de modo totalmente innecesario, pues no hay más que dos grupos de responsables, el orden en que «la responsabilidad subsidiaria se hará efectiva: primero, en los bienes de los autores, y después, en los de los cómplices». Como es lógico, el responsable subsidiario que satisfaga la RC tendrá un derecho de repetición «contra los demás por las cuotas correspondientes a cada uno». También responde solidariamente con las personas físicas, la persona jurídica condenada penalmente por los mismos hechos (**art. 116.3**).

A tenor de lo dispuesto en el **art. 117** (igualmente en el art. 76 de la Ley 50/1980, de 8 de octubre, del Contrato de Seguro), la responsabilidad de los aseguradores es también directa respecto del «evento que determine el riesgo asegurado», y lo será «hasta el límite de la indemnización legalmente establecida o convencionalmente pactada, sin perjuicio del derecho de repetición contra quien corresponda» (STS 1696/2002, 14-10: el Consorcio de Compensación de Seguros sólo responde dentro de los límites del aseguramiento obligatorio). Por tanto, la responsabilidad directa del asegurador implica la asunción en solitario de la obligación de indemnizar que corresponda a su asegurado, por lo que el perjudicado puede dirigirse, no sólo contra cualquiera de los autores o contra cualquiera de los cómplices para exigir el total de la RC que corresponda a cada grupo, sino que también podrá hacerlo contra sus respectivos aseguradores, que deberán hacer frente a la RC, tanto directa como subsidiaria, de su asegurado (ej. SSTS 805/2017, 11-12 –caso Madrid Arena–; 968/2021, 10-12; 348/2023, 11-5: de aseguradora por abusos sexuales cometidos por monitor de actividades socio-culturales). Por este motivo, el asegurador deberá comparecer también como parte en el proceso, y las consecuencias beneficiosas que el CP asigna al hecho de satisfacer la RC (*supra* § 3), también pueden deberse a que el asegurador cumpla dicha obligación.

Téngase en cuenta, no obstante, la destipificación por parte de la LO 1/2015, de 30 de marzo, de muchas de las faltas de lesiones por imprudencia, con la repercusión que ello puede tener a la hora de que las víctimas reclamen una indemnización al asegurador: tener que acudir a la vía civil con abogado, procurador, peritos...

Es posible que haya también responsables civiles directos que no lo son penalmente o que incluso ni siquiera hayan intervenido en la comisión del delito. A estas personas se refiere el **art. 118**, y aunque se dicte sentencia absolutoria, el Juez o Tribunal «procederá a fijar las responsabilidades civiles, salvo que se haya hecho expresa reserva de las acciones para reclamarlas en la vía que corresponda» (**art. 119**). A este respecto, el art. 118 ha previsto cinco supuestos: 1) las anomalías y alteraciones psíquicas o en la percepción desde la infancia o el nacimiento, que impidan comprender el carácter ilícito de la conducta o de actuar conforme a dicha comprensión, en cuyo caso serán responsables civiles directos los declarados exentos de responsabilidad penal, pero también quienes los tengan bajo su potestad o guarda legal o de hecho, siempre que haya mediado culpa o negligencia por su parte (ej. STS 970/2002, 28-5: trastorno mental transitorio); 2) la intoxicación plena o bajo un síndrome de abstinencia con el mismo efecto psicológico que en el caso anterior, serán responsables civiles directos el ebrio, intoxicado o el que actúe bajo el síndrome de abstinencia; 3) en caso de estado de necesidad, serán responsables civiles directos las personas en cuyo favor se haya precavido el mal, en proporción al perjuicio que se les haya evitado si fuera estimable o, en otro caso, en la que el Juez o Tribunal establezca según su prudente arbitrio; 4) en caso de miedo insuperable, responderá directamente el causante del miedo y sólo subsidiariamente el autor del hecho cuando no pueda exigirse a aquél; y 5) en caso de error (ya sea de tipo o de prohibición, y ya sea vencible o invencible), responden civilmente los autores del hecho, ya que el perjudicado no tiene por qué soportar el mal causado por error de otro (ej. SSTS 755/2003, 28-5: error de prohibición invencible; 625/2019, 17-12: error de tipo).

Con la finalidad de que no quede sin reparar el daño causado por el delito, los **arts. 120 y 121** declaran responsables civiles subsidiarios a otra serie de personas, tanto físicas como jurídicas, cuando los responsables penales no puedan satisfacer la correspondiente RC, siempre y cuando medie una determinada relación entre ambos. En primer lugar, son responsables civiles subsidiarios los curadores con facultades de representación plena que convivan con la persona a quien prestan apoyo, siempre que haya por su parte culpa o negligencia (**art. 120.1**) (modificado por la LO 8/2021, de 2 de junio, antes se refería a los supuestos de patria potestad prorrogada). Los daños y perjuicios causados por los delitos cometidos por menores de edad se rigen por lo dispuesto en los **arts. 61 ss. LORPM**, que prevén una responsabilidad objetiva y solidaria de los padres y tutores (ej. SAP Sevilla, Secc. 3ª, 508/2011, 20-10 –caso Marta del Castillo–: menor condenado por encubrimiento y sus padres conjunta y solidariamente a una RC de 414.909,79 € a favor del Ministerio del Interior por las labores de búsqueda del cadáver; SAP La Rioja, Secc. 1ª, 20/2016, 17-2: menor condenada por descubrimiento y revelación de secretos con RC de 1.500 € por daño moral al difundir en la sección de citas de una página web una fotografía de la víctima menor obtenida sin su consentimiento). En segundo lugar, son también responsables civiles subsidiarios, los propietarios de medios de comunicación por los delitos cometidos a través de ellos (**art. 120.2**), salvo en los delitos de calumnia e injuria, para los que el art. 212 ya prevé un régimen especial de solidaridad entre el autor del delito y el titular del medio. Así, el régimen de subsidiariedad de la RC de los medios de comunicación quedaría para otros delitos, como puedan ser, por ejemplo, contra la intimidad o los relativos a la propiedad intelectual o industrial. En tercer lugar, responden subsidiariamente por los daños ocasionados, los titulares de los establecimientos en donde se cometan los delitos (**art. 120.3**), pero varias condiciones limitan esta responsabilidad: tiene que haber una infracción de reglamentos de policía o de disposiciones de la autoridad, que además tienen que estar relacionados con el hecho punible (ej. STS 110/2019, 5-3: agresión a cliente en el interior de un pub sin que se acredite infracción reglamentaria vinculada con la seguridad de la actividad); el sujeto infractor tiene que ser el titular del establecimiento, su director o administrador, o cualquiera de los dependientes o empleados (ej. SSTS 140/2004, 9-2: obispado RC subsidiario por los delitos sexuales que cometió el párroco; 830/2014, 28-11: encargado de supermercado que acosó sexualmente a dos empleadas; 763/2022, 15-9: vigilante de seguridad de una discoteca que se extralimitó en sus funciones causando lesiones a un cliente que había provocado un altercado); y por último, tiene que haber una relación de causalidad (enjuiciada con criterios civiles y no propiamente penales) entre la infracción de reglamentos y el delito cometido (ej. STS 168/2017, 15-3: homicidio en discoteca, la agresión se produce de forma sorpresiva y rápida, por lo que no la hubieran podido evitar). En cuarto lugar, fuera de tales establecimientos, también son responsables civiles subsidiarios por los daños y perjuicios ocasionados, las personas físicas o jurídicas dedicadas a cualquier género de industria o comercio, por los delitos que hayan cometido sus empleados o dependientes, representantes o gestores en el desempeño de sus obligaciones (**art. 120.4**) (ej. SSTS 530/2019, 31-10: empleado del banco que se concierta con un tercero para que éste extrajera cantidades de una cuenta mancomunada con una sola firma, cuando era necesaria la firma de otro; 915/2022, 23-11: estafa piramidal cometida por agente financiero del banco; 918/2022, 24-11: estafa por empleada de entidad bancaria). En la actualidad esta responsabilidad se fundamenta, más que en una culpa (*in eligendo* o *in vigilando*), en el principio *cuius commoda eius damna*, es decir, que aquel en cuyo beneficio se ejercita el servicio, se entiende que también le afectan los perjuicios que en su ejercicio se causen (SSTS98/2018, 27-2; 1214/2002, 1-7: "donde está el beneficio, está la carga"). En quinto lugar, son también responsables civiles subsidiarios las personas físicas o jurídicas titulares de vehículos susceptibles de crear riesgos para terceros, por los delitos cometidos en la utilización de aquellos por sus dependientes o representantes o personas autorizadas (**art. 120.5**). Y en sexto y último lugar, el **art. 121** declara la RC subsidiaria de las Administraciones Públicas por los daños y perjuicios causados por sus empleados en el desempeño de funciones públicas (ej. STS 360/2013, 1-4: funcionario de prisiones que propina un golpe a un preso durante una pelea de boxeo que lo deja sin un testículo). A este respecto, la responsabilidad subsidiaria de los entes públicos, que dicho precepto sólo enumera de modo ejemplificativo, se condiciona a la presencia de los siguientes requisitos: 1°. Que los daños causados provengan de la comisión de delitos dolosos o culposos (expresión poco afortunada). 2°. Que los empleados públicos sean responsables penales de esos delitos dolosos o imprudentes, lo cual limita enormemente la responsabilidad de la Administración, pues si el empleado público estuviere exento de pena, incluso aunque no fuese por una causa de justificación, la indemnización por parte de la Administración no podrá exigirse en vía penal, sino que habrá de acudir a la vía administrativa por mal funcionamiento de los servicios públicos (arts. 106.2 CE y 32 ss. de la Ley 40/2015, de 1 de octubre, de Régimen Jurídico del Sector Público, así como los preceptos correspondientes de la Ley 39/2015, de 1 de octubre, del Procedimiento Administrativo Común de las Administraciones Públicas, respecto del procedimiento a seguir). 3°. Que los daños sean causados por la autoridad, agentes y contratados de la misma o funcionarios públicos en el ejercicio de sus cargos, y además que la lesión sea consecuencia directa del funcionamiento de los servicios públicos que les estuvieren confiados. De nuevo aquí se observa un afán por parte del CP en limitar la responsabilidad de la Administración, pero que luego la jurisprudencia se ha encargado de mitigar, como, por ejemplo, al declarar la compatibilidad entre los arts. 120.3 y 121 (Acuerdo del TS de 26 de mayo de 2000; véase *infra* jurisprudencia), o como ha sucedido con los daños ocasionados por las Fuerzas y Cuerpos de Seguridad del Estado por el uso de un arma de fuego. Frente al criterio restrictivo que excluía la responsabilidad de la Administración cuando el hecho se hubiera producido "fuera de servicio", la jurisprudencia actual considera que la Administración debe responder también (el Acuerdo del TS de 17 de julio de 2002 excluye los supuestos de uso del arma en el propio domicilio del agente contra sus familiares o convivientes, aunque habrá RC subsidiaria del Estado si existen datos de que el arma debió habérsele retirado; ej. STS 514/2016, 13-6: no se acreditó eso). 4º. Que la acción civil se dirija contra el autor del hecho y simultáneamente contra la Administración o ente público. Con ser admisible esta regla para evitar posibles duplicidades indemnizatorias, sin embargo, se plantea el problema de que si el perjudicado desea dirigirse contra la Administración por la vía administrativa de los arts. 32 ss. Ley 40/2015 tendrá que, en el procedimiento penal, hacer reserva de la acción civil contra el autor del hecho, de tal modo que: o bien reclama en el proceso penal la RC a los dos (al empleado público y subsidiariamente a la Administración), o bien se reserva para la vía administrativa la responsabilidad de la Administración, en cuyo caso podrá acudir a la vía civil para reclamar sólo la responsabilidad del autor, o bien puede acudir a la vía administrativa para dirigirse contra el empleado público y contra la Administración, pues el régimen de la responsabilidad patrimonial de la Administración en estos casos es de solidaridad, pudiendo la Administración repetir luego contra el funcionario (arts. 36 y 37 Ley 40/2015).

Finalmente, el **art. 122** prevé la RC por participación a título lucrativo de los efectos de un delito, en cuyo caso habrá que restituir la cosa o resarcir el daño hasta la cuantía de su participación (ej. SSTS 277/2018, 8-6 –caso Nóos–; 693/2019, 29-4 –caso Palau de la Música–; 507/2020, 14 –caso Gürtel–: esposas que disfrutaron de las ganancias procedentes de los delitos ejecutados por sus maridos; también la 146/2023, 2-3: pero una vez disuelta la sociedad de gananciales, la cuantía del partícipe a título lucrativo tiene la limitación derivada del art. 1.401 CC; 721/2022, 14-7: empresa beneficiada). La participación a que se refiere este artículo no es la participación *en el* delito, pues ya serían entonces responsables civiles en virtud de lo dispuesto en el art. 116. Ni siquiera se refiere a los receptadores penales de los arts. 298 ss. Se trata más bien de una especie de receptación civil, una participación *del* delito, y en este sentido se declara la nulidad de los negocios cuando la causa es ilícita y se procede a la restitución de sus efectos (**art. 1.305 CC**), pues de no hacerlo supondría amparar un enriquecimiento injusto (las SSTS 277/2018, 8-6 –caso Nóos–; y 704/2018, 15 enero 2019, establecen que no cabe en un delito contra la Hacienda Pública consistente en la elusión del pago de tributos, pero sí en la obtención indebida de devoluciones o en los delitos de fraude de subvenciones). Por todo ello, la naturaleza de la acción para exigir RC al partícipe a título lucrativo no es la de una acción *ex delicto,* como puede ser la relativa a la RC subsidiaria, sino una acción personal, por enriquecimiento injusto, y tal responsabilidad es solidaria con la del autor material o del cómplice, pero con el límite del importe de lo que se ha aprovechado (STS 522/2023, 29-6).

§ 46. CUMPLIMIENTO DE LA RESPONSABILIDAD CIVIL

En la ejecución de la RC hay que distinguir si se ha acudido a la vía civil o a la penal para reclamarla. Si la RC se ha reclamado en la vía civil y se ha dictado sentencia condenatoria, a tenor de lo dispuesto en el **art. 549 LEC**, habrá de presentarse demanda para la ejecución, habiendo en este caso un plazo inexorable de caducidad de cinco años (art. 518 LEC). Sin embargo, en el proceso penal no hay que instar la ejecución, sino que, si la sentencia penal en que se condena a alguien a satisfacer la responsabilidad alcanza la firmeza, según lo dispuesto en el **art. 984 LECr**, la ejecución de dicha RC habrá de promoverse de oficio por el Juez o Tribunal sentenciador, acudiendo al procedimiento previsto en los **arts. 712 ss. LEC** para la liquidación de la deuda, si es que no ha quedado fijada ya en la propia sentencia. Para su ejecución forzosa, según lo previsto en el **art. 989 LECr**, se atenderá a lo dispuesto en LEC (arts. 517 ss.).

El CP contiene también dos disposiciones relativas al cumplimiento de la RC y demás responsabilidades pecuniarias. Por un lado, el **art. 125**, que prevé la posibilidad de fraccionar su pago para así facilitar el cumplimiento. Hay que entender que este precepto se está refiriendo sólo a la

RC y a las costas, porque la pena de multa ya tiene su regulación específica al respecto (art. 51). Y, por otro lado, el **art. 126**, que establece un orden de prelación en la satisfacción de las responsabilidades pecuniarias. Este orden tiene importancia, puesto que el cumplimiento de la pena de multa está garantizado mediante la RPSIM (art. 53), de tal modo que cuando los bienes del multado sean insuficientes para satisfacer todas las responsabilidades pecuniarias, el lugar en que esté situada la pena de multa puede suponer que se llegue a privar de la libertad ambulatoria o no. Pues bien, el art. 126 coloca a la multa en último lugar y en primer lugar la RC. Para los delitos relativos al tráfico de drogas el **art. 378** ha alterado este orden de prelación de pagos y la multa la ha colocado en tercer lugar.

BIBLIOGRAFÍA

Alastuey Dobón, M.C.: *La reparación a la víctima en el marco de las sanciones penales*, Ed. Tirant lo blanch, Valencia, 2000; Roig Torres, M.: *La responsabilidad civil derivada de los delitos y faltas*, Ed. Tirant lo blanch, Valencia, 2010; VVAA: *La responsabilidad civil 'ex delicto'*, Ed. Aranzadi, Pamplona, 2002 (dir. G. Quintero Olivares); VVAA: «Responsabilidad civil *ex delicto*», *Cuadernos de Derecho Judicial* 2004 t. XVI (dir. J. Márquez de Prado Pérez).

Jurisprudencia

SSTS 212/2019, 23-4; 341/2020, 22-6; 874/2021, 15-11 (el art. 19 LCS no impide que el asegurador responda frente a terceros perjudicados en el caso de que el daño o perjuicio causado a éstos sea debido a la conducta dolosa del asegurado o bien a un acto doloso de un tercero del que se derive RC subsidiaria para aquél); 237/2020, 26-5 (en caso de seguro voluntario la utilización del automóvil como arma no excluye la responsabilidad directa del asegurador); el Acuerdo TS de 24-4-2007, plasmado en las SSTS 427/2007, 8-5; 579/2010, 14-6; 224/2013, 19-3; 54/2015, 11-2 (no responderá la aseguradora con quien tenga concertado el seguro obligatorio de RC cuando el vehículo de motor sea instrumento directamente buscado para causar el daño personal o material derivado del delito; por tanto, se excluye de la cobertura del seguro obligatorio los supuestos de dolo directo, pero no los de dolo eventual); 103/2023, 16-2 (muerte con dolo eventual, responsabilidad directa de la aseguradora); la STS 351/2020, 25-6 (la acción de arrancar el vehículo con la finalidad de huir, aunque pusiese en grave riesgo la vida de una persona sin importar sus resultados, merece la consideración de un hecho de la circulación y queda cubierta por el seguro obligatorio); 1696/2002, 14-10 (la interpretación extensiva o analógica de la RC no está prohibida); 860/2003, 13-6 (arts. 120.3 y 121 son compatibles entre sí); 1212/2003, 9-10 (la renuncia de acciones frente a dos responsables subsidiarios –IGS y PSV– se hace extensiva frente a un tercer responsable subsidiario –UGT– dada la solidaridad existente entre ellos); 926/2022, 30-11 (declara la nulidad de la renuncia de la mujer al ejercicio de la acción civil al no ser prestada libremente, sino viciada por el estado psíquico en que se encontraba y por la situación de dependencia emocional claramente dominada por la relación sentimental, habiéndose personado en la causa como acusación particular pocos días después de la renuncia); 35/2005, 20-1 (RC subsidiaria del Estado por lesiones sufridas a causa de incendio en un Centro de Internamiento de Extranjeros); 537/2005, 25-4 (RC subsidiaria de la Comunidad Autónoma por actuación negligente del inspector de trabajo que así contribuyó a la muerte de trabajadores por falta de seguridad laboral); 936/2006, 10-10 (no es posible que el Tribunal, de oficio, acuerde la reserva de la acción civil); 1212/2006, 25-10 (RC subsidiaria de la Comunidad Autónoma por las lesiones causadas a una menor dada en acogimiento); 47/2007, 8-1 (RC subsidiaria de la Generalitat por los delitos cometidos por fugados de prisión); 600/2007, 11-9 –caso Grupo Torras II (operaciones Oakthorn I y II, Pincinco y Quail)– (el pronunciamiento sobre la RC de los herederos de los partícipes a título lucrativo no se podía hacer en el orden penal, puesto que si ya habían fallecido, no se podía ejercer contra ellos la acción penal ni tampoco conjuntamente la acción civil, por lo que habría que acudir a la vía civil); 525/2009, 26-5 (en el recurso de casación sólo se permite el control de las bases o conceptos susceptibles de indemnizar, pero nunca del alcance de la indemnización, por ser una cuestión dependiente del arbitrio del órgano de instancia); 752/2009, 3-7 (RC subsidiaria de Ayuntamiento por violencia policial injustificada); 1186/2010, 30-12, 135/2011, 15-3 y 1338/2011, 12-12 (RC subsidiaria del Estado por las lesiones sufridas por funcionarios de prisiones: considera que la exigencia de que concurra alguna «infr[acción de] los reglamentos de policía o las disposiciones de la autoridad» debe interpretarse con amplitud de criterio, bastando con que resulte acreditado que concurrió la infracción y que ésta puede ponerse a cargo del titular de la entidad o de alguno de sus dependientes, aunque por las circunstancias del hecho o por las dificultades de prueba no quepa mayor concreción); 926/2013, 2-12 y 235/2021, 12-3 (RC subsidiaria del Estado por las lesiones causadas por un recluso a otro); 1026/2013, 2-12 (la parte acusada no tiene legitimación para pedir la RC subsidiaria del Estado); 613/2021, 7-7 (falta de legitimación del RC directo o subsidiario para discutir en casación la responsabilidad penal del acusado); 30/2022, 19-1 (los intereses moratorios del art. 1.108 CC, que serán los convenidos o el interés legal del dinero, se computan desde el día en que el acreedor los reclame, es decir, desde la interposición de la denuncia o querella y en todo caso desde la presentación del escrito de acusación, y los intereses sancionadores, punitivos o procesales del art. 576 LEC, que serán los pactados, los previstos especialmente por ley o en su defecto el interés legal del dinero incrementado en dos puntos, se computan desde que se dicte la sentencia en primera instancia); 351/2020, 25-6 (el art. 20.8 Ley Contrato Seguro prevé un régimen específico para los intereses moratorios del asegurador en dos tramos: interés legal del dinero incrementado en un 50% durante los 2 años desde la producción del siniestro, y del 20% transcurridos esos 2 años); 778/2015, 18-11 (RC subsidiaria del Servicio de Salud por las lesiones causadas por un enfermo psicótico que agredió al compañero de habitación); 192/2016, 8-3 (el art. 117 no hace exclusión alguna respecto el tipo de seguro del que se deriva la RC directa de la aseguradora, sea de RC, de caución o de otra clase); STS 607/2020, 13-11 (la ejecución de la RC una vez declarada la firmeza de la sentencia penal condenatoria puede continuar hasta la completa satisfacción del acreedor, según el art. 570 LEC, sin que le sea de aplicación ni la prescripción, ni la caducidad).

Cuestiones prácticas:

¿Cómo se calcula el importe de la indemnización conforme al baremo, por ejemplo, por fallecimiento de un hijo? Ver arts. 61 ss. del RD-Legislativo 8/2004 y el Anexo de la Ley 35/2015, de 22 de septiembre (Tabla 1.A Categoría 2 –perjuicio personal básico–, más Tabla 1.B –perjuicios particulares–, más Tabla 1.C –perjuicio patrimonial: daño emergente–, más Tabla 1.C.3 –perjuicio patrimonial: lucro cesante del progenitor–. La Dirección General de Seguros y Fondos de Pensiones actualiza periódicamente las cuantías de las indemnizaciones: vid. www.dgsfp.mineco.es. La Unión Española de Entidades Aseguradoras y Reaseguradoras (UNESPA) tiene una herramienta de cálculo on line muy útil: www.unespa.es.

En caso de unas lesiones dolosas que hayan causado una incapacidad permanente parcial, ¿qué importe podría recibir la víctima como compensación con cargo a fondos públicos? Véase el art. 6 de la Ley 35/1995, de 11 de diciembre y los arts. 12 y 13 del RD 738/1997, de 23 de mayo.

En un delito de apropiación indebida, ¿qué comprendería la RC? 1º. La restitución de las cantidades apropiadas. 2º. Los perjuicios materiales: intereses (ej. STS 918/2008, 31-12). 3º. Daño moral (Acuerdo no jurisdiccional Sala 2ª del TS de 20-12-2006).

Capítulo XIII

Otras consecuencias jurídicas del delito

JOSÉ MARÍA ROCA MARTÍNEZ

§ 47. COSTAS PROCESALES. CONCEPTO, NATURALEZA, CONTENIDO Y CRITERIOS DE IMPOSICIÓN

El proceso penal (como todo proceso) origina una serie de gastos de diverso origen y relación con el mismo; dentro de esos gastos se incluyen las denominadas costas procesales. No existe un **concepto** legal, ya que ni el CP ni la LECr lo proporcionan. No obstante, de sus disposiciones se pueden extraer algunas conclusiones: 1) La sentencia o auto que ponga fin a la causa o a cualquiera de los incidentes debe incluir un pronunciamiento expreso sobre las costas (**art. 239 LECr**). 2) El pronunciamiento sobre costas podrá imponerlas a alguna de las partes (nunca a las públicas, MF ni Abogado del Estado) o declararlas de oficio. 3) La delimitación de las costas procesales se realiza mediante la enumeración de los gastos que deben incluirse en las mismas; no existe un criterio legal, por más que habitualmente la doctrina acuda a su origen directo e inmediato en el proceso. En consecuencia: no todos los gastos que se originan en el proceso tienen la consideración de costas procesales y la inclusión o no de determinados gastos como costas viene determinada por la ley.

Es habitual el tratamiento de las costas procesales como consecuencia jurídica del delito, sin embargo, no tienen la consideración de sanción (a pesar de que se utilice el término *condenar* al pago de las costas –**art. 240 LECr**–), sino que obedecen al resarcimiento de los gastos procesales; realmente no derivan del ilícito penal, sino del proceso. Su **naturaleza**, por tanto, es procesal. Como prueba de esta afirmación basta pensar en la posibilidad de que absuelto el acusado (por tanto, sin responsabilidad penal), las costas puedan imponerse al querellante particular que obre con temeridad o mala fe (**art. 240.3º LECr**).

El **contenido** de las costas procesales se delimita de manera genérica en el **art. 124 CP** («derechos e indemnizaciones ocasionados en las actuaciones judiciales»), concretándose en el **art. 241 LECr**. En este sentido, debe tenerse presente que los apartados 1º y 2º carecen de significado en la actualidad al haberse suprimido en 1986 el empleo de papel sellado y las tasas (derechos de arancel). En definitiva, se incluyen en las costas procesales: los honorarios de abogado, procurador y peritos, los honorarios de intérprete o traductor, así como los que devenguen los registradores de la propiedad y las indemnizaciones a los testigos. Una cuestión sin solución legal y que originó cierta controversia en la jurisprudencia es la inclusión dentro de las costas de las causadas por la acusación particular. Su inclusión no ofreció dudas en los delitos perseguibles a instancia de parte; pero en los demás supuestos, en un primer momento, se acudió al criterio de la relevancia de su intervención, sin embargo, en la actualidad se ha generalizado su inclusión, excepto que sus pretensiones sean "*manifiestamente desproporcionadas, erróneas o heterogéneas en relación a las deducidas por el Ministerio Fiscal, o las acogidas en la sentencia*" (STS 1458/2004, 10-12). Por lo que se refiere a las costas causadas por la acusación popular, como criterio general se considera que no deben incluirse, excepto que su actuación haya sido especialmente relevante (SSTS 2ª 8/2018, 11-01, 908/2021, 24-11).

En cuanto a los **criterios** aplicables para resolver sobre las costas procesales, el pronunciamiento puede consistir en su imposición a alguna de las partes o en la declaración de oficio. La imposición de las costas determina la obligación de hacer frente al pago de las mismas. Como regla general, han de imponerse al condenado (erróneamente la LECr se refiere al procesado); el CP prevé la imposición de las costas a los «criminalmente responsables de todo delito» (**art. 123 CP**) y si fueren varios, se debe indicar la parte proporcional de que cada uno deba responder (**art. 240.2º LECr**). En el supuesto de que la sentencia condene a alguno de los acusados y absuelva a otros, las costas deberán imponerse al o a los condenados y declararse de oficio respecto a los absueltos (p.ej., SSTS 2ª 860/2022. 02/11; 153/2013, 06-03. También es posible su imposición al querellante particular o actor civil cuando resulte de las actuaciones que ha obrado con temeridad o mala fe; para apreciar tal comportamiento, el TS acude a la existencia de «marcadores» indiciarios tales como «la afirmación de hechos inciertos o falsos dirigidos a confundir al juzgador, la correlativa ocultación de hechos relevantes, la no aportación de medios de prueba de los que se disponga que pudieran favorecer a la persona contra la que se dirige la acción penal y, desde luego, la aportación de medios de prueba que se hayan obtenido vulnerando derechos y garantías constitucionales» (STS 2ª 56/2022, 24-01).

La declaración de las costas de oficio supone que cada parte ha de hacer frente a las causadas a su instancia, a menos que sea beneficiaria del derecho de asistencia jurídica gratuita, en cuyo caso, el Estado asume las que correspondan al titular del derecho. La declaración de oficio procede cuando no hay sentencia condenatoria, cuestión que cierto sector de la doctrina procesal ha criticado, por cuanto resulta perjudicial para el acusado absuelto, que se ha visto sometido a un proceso penal, tener que asumir el pago de sus costas.

Corresponde al Letrado de la Administración de Justicia realizar la tasación de costas (determinar las partidas a incluir y su importe), lo cual deberá ser solicitado por el interesado en ello, es decir, quien tenga derecho a su percepción.

§ 48. EL DECOMISO. CONCEPTO, SUPUESTOS Y REQUISITOS

El decomiso se configura como una consecuencia accesoria del delito que consiste en la incautación de los efectos, bienes o ganancias relacionados con el mismo; a diferencia de las medidas cautelares (que tienen carácter provisional), supone la pérdida definitiva de lo incautado.

La regulación del decomiso ha venido experimentando una **progresiva ampliación** desde su inicial regulación en el CP/1995. Inicialmente estaba previsto en los supuestos de infracciones dolosas respecto a los efectos, instrumentos y ganancias del delito. La LO 15/2003 amplía el objeto a los bienes o medios con los que se haya preparado el hecho punible e incorpora el decomiso por equivalente y el decomiso sin declaración de culpabilidad. La LO 5/2010 amplía el decomiso a delitos por imprudencia con pena superior a un año de privación de libertad, introduce el decomiso ampliado para delitos de terrorismo o de criminalidad organizada, así como la presunción acerca de la procedencia ilícita del patrimonio del condenado si es desproporcionado a sus fuentes de financiación legales. Por último, la LO 1/2015 regula el decomiso directo, por equivalente, ampliado, sin sentencia de condena, del tercero, de actividades delictivas previas y continuadas, introduciendo en la LECr un trámite específico para la intervención en el proceso del tercero afectado por el decomiso, así como un procedimiento autónomo para acordar el decomiso sin sentencia de condena. En el ámbito de la UE se ha ocupado de esta materia la Directiva 2014/42/UE del Parlamento y del Consejo, de 3 de abril de 2014, sobre el embargo y el decomiso de los instrumentos y del producto del delito en la Unión Europea, la cual tiene como objeto modificar y ampliar las disposiciones de las Decisiones Marco 2001/500/JAI y 2005/212/JAI. Su transposición se realiza con la Ley 41/2015, tal y como indica su Disp. Final Tercera.

La progresiva ampliación a que se ha hecho referencia, nos lleva una figura compleja, con múltiples supuestos y variadas reglas que dificultan la tarea de delimitar el objeto sobre el que puede recaer el decomiso, los sujetos a los que puede afectar y los requisitos para acordarlo.

Con carácter general y a salvo de las matizaciones que se irán haciendo, pueden ser **objeto** de decomiso los efectos que provengan del delito, los bienes, medios o instrumentos con que se haya preparado o ejecutado, así como las ganancias provenientes del mismo, cualesquiera que sean las transformaciones que hubieren podido experimentar (**art. 127**). La expresión «efectos» del delito comprende todos los bienes o cosas que se encuentran, directa o indirectamente, en poder del delincuente como consecuencia de la infracción, aunque sea el objeto de la acción criminal (por ejemplo, en el delito de tráfico ilegal de drogas: la droga); los «bienes, medios o instrumentos» o *instrumenta scæleris* son aquellos objetos o útiles empleados para la ejecución del delito (por ejemplo, por seguir con el mismo delito, las planeadoras o lanchas rápidas que se utilizan para introducir la droga en un país); y las «ganancias» o *producta scæleris* incluye cualquier ventaja económica ligada al acto criminal, incluidas también las transformaciones que haya podido experimentar (por ejemplo, el dinero procedente de la venta, o los bienes que se hayan comprado con ese dinero).

Conforme a lo expuesto, el objeto del decomiso guarda relación directa con el delito, configurando el denominado **decomiso directo**, que aparece como una consecuencia inmediata y obligatoria en los supuestos de delitos dolosos (**art. 127.1**) y como una facultad («podrá acordar») en el caso de delitos imprudentes, para los que se exige que lleven aparejada una pena privativa de libertad superior a un año (**art. 127.2**).

Cuando no sea posible el decomiso de los bienes directamente relacionados con el delito o sus ganancias, puede extenderse a otros bienes por una cantidad que corresponda a su valor económico; se trata del **decomiso subsidiario o por valor equivalente (art. 127.3)**.

Existe una convicción más o menos generalizada de que en la persecución de determinados delitos es especialmente eficaz el estrangulamiento financiero del delincuente (en especial cuando se trata de grupos organizados); en este sentido, las figuras del **decomiso ampliado** y del **decomiso por actividad delictiva previa y continuada** adquieren especial significación. Su antecedente mediato se encuentra en el Acuerdo del Pleno de la Sala 2ª del TS de 5 de octubre de 1998 y se introdujeron en el CP por la reforma de 2010. Tienen en común que se circunscriben a unos determinados delitos y que deben justificarse en la estimación judicial fundada de que el patrimonio del condenado proviene de una actividad delictiva, estableciéndose para ello una serie de indicios sobre los cuales puede basarse la sospecha.

La **relación de delitos** es en ambos casos la siguiente (**art. 127.*bis*.1**): delitos de trata de seres humanos, delitos de tráfico de órganos (apartado a bis, añadido por LO 1/2019, de 20 de febrero), delitos relativos a la prostitución y a la explotación sexual y corrupción de menores y delitos de abusos y agresiones sexuales a menores de dieciséis años, delitos informáticos de los arts. 197.2 y 3 y 264, delitos contra el patrimonio y contra el orden socioeconómico en los supuestos de continuidad delictiva y reincidencia, delitos relativos a las insolvencias punibles, delitos contra la propiedad intelectual o industrial, delitos de corrupción en los negocios, delitos de receptación del art. 298.2, delitos de blanqueo de capitales, delitos contra la Hacienda pública y la Seguridad Social, delitos contra los derechos de los trabajadores de los arts. 313, delitos contra los derechos de los ciudadanos extranjeros, delitos contra la salud pública de los arts. 373, delitos de falsificación de moneda, delitos de cohecho, delitos de malversación, delitos de terrorismo y delitos cometidos en el seno de una organización o grupo criminal.

Las **presunciones** que facilitan la valoración judicial son la desproporción entre el valor de los bienes y efectos de que se trate y los ingresos de origen lícito de la persona condenada, la ocultación de la titularidad o de cualquier poder de disposición sobre los bienes o efectos mediante la utilización de testaferros, o paraísos fiscales o territorios de nula tributación que oculten o dificulten la determinación de la verdadera titularidad de los bienes, la transferencia de los bienes o efectos mediante operaciones que dificulten o impidan su localización o destino y que carezcan de una justificación legal o económica válida (**art. 127 *bis*.2**).

En el caso del **decomiso ampliado**, se permite la incautación de bienes del condenado por los referidos delitos sobre la base de indicios objetivos fundados de que provienen de una actividad delictiva, aunque no se acredite su origen ilícito. La exigencia de tales indicios obliga al juez o tribunal a motivar su decisión, facilitando la tarea la existencia de ciertas presunciones en tal sentido. En el supuesto del **decomiso por actividad delictiva previa y continuada** del condenado, puede acordarse respecto de los mismos delitos cuando se hayan cometido en el contexto de una actividad delictiva previa y continuada y existan indicios fundados de que una parte relevante del patrimonio del penado procede de una actividad delictiva previa (tomándose como indicios relevantes las mismas presunciones), debiendo constar indicios de que el sujeto ha obtenido como consecuencia de la actividad delictiva un beneficio superior a 6.000 €. Se considera que el delito se ha cometido en el contexto de una actividad delictiva continuada siempre que el sujeto sea o haya sido condenado en el mismo procedimiento por tres o más delitos o por un delito continuado que incluya, al menos, tres infracciones penales, o que en el periodo de seis años anterior al momento en que se inició el procedimiento en el que ha sido condenado, hubiera sido a su vez condenado por dos o más delitos o por un delito continuado que incluya, al menos, dos infracciones penales.

Si como regla general el decomiso se dirige frente a bienes del condenado, también es posible el **decomiso de bienes de terceros**, incluido también el decomiso subsidiario o por valor equivalente; para ello, si se trata de efectos y ganancias, es preciso que los hubieran adquirido con conocimiento de que proceden de una actividad ilícita o cuando una persona diligente habría tenido motivos para sospechar, en las circunstancias del caso, de su origen ilícito; si se trata de otros bienes, se requiere que los hubieran adquirido con conocimiento de que de este modo se dificultaba su decomiso o cuando una persona diligente habría tenido motivos para sospechar, en las circunstancias del caso, que de ese modo se dificultaba su decomiso. También en estos casos se establece una presunción que permite considerar que el tercero ha conocido o ha tenido motivos para sospechar que se trataba de bienes procedentes de una actividad ilícita o que eran transferidos para evitar su decomiso, cuando le hubieran sido transferidos a título gratuito o por un precio inferior al real de mercado.

En relación al decomiso de terceros debe tenerse en cuenta que los **arts. 803 *ter* a-803 *ter* d LECr**, introducidos por la Ley 41/2015, regulan la intervención en el proceso penal de los terceros que puedan resultar afectados por el decomiso, delimitando quiénes tienen tal consideración a estos efectos, cuándo puede prescindirse de su intervención, qué especialidades tiene su intervención y qué consecuencias se derivan de su incomparecencia. Tal y como se regula, no se trata de una facultad judicial, sino que es una auténtica obligación que pretende garantizar a los posibles terceros afectados la posibilidad de intervenir en defensa de sus correspondientes derecho e intereses.

Uno de los problemas que tradicionalmente se vienen planteando en relación al decomiso es la dificultad que existe para acordarlo cuando no ha habido un previo pronunciamiento de condena. No son infrecuentes los supuestos en que el sujeto pasivo fallece, está en rebeldía o exento de responsabilidad criminal y, por tanto, no es posible obtener un pronunciamiento de condena. La respuesta a estas situaciones la encontramos en la posibilidad de acordar el **decomiso sin sentencia o decomiso autónomo.**

La LO 15/2003 introdujo por primera vez el decomiso autónomo («aun cuando no se imponga pena a alguna persona»). La LO 5/2010 se limitó a renumerar el apartado 3, que pasó a ser el 4. La aplicación de esta posibilidad resultó muy limitada en la práctica por lo restringido de su contenido, circunscrito a los supuestos de exención o extinción de la responsabilidad penal (no contemplaba los supuestos de rebeldía, y de sobreseimiento provisional), así como por la ausencia de procedimiento específico para acordarlo. La LO 1/2015 mejora ostensiblemente la regulación (**art. 127 *ter***) y se completa con la introducción del procedimiento específico de decomiso autónomo en la LECr por la Ley 41/2015.

Las previsiones del CP en relación a la posibilidad de acordar el decomiso aun cuando no se imponga pena a ningún responsable criminal **(art. 127 *ter*)** se complementan con la regulación del procedimiento previsto específicamente para adoptar tal medida en los **arts. 803 *ter* e-803 *ter* u LECr**, que constituye la auténtica novedad de la reforma de 2015 en esta materia.

La posibilidad de acordar el decomiso autónomo procede (según el CP), cuando sin haberse dictado sentencia de condena concurra alguna de las siguientes circunstancias: 1) Que el sujeto pasivo no haya podido ser enjuiciado (por haber fallecido, por sufrir una enfermedad crónica que no permite su enjuiciamiento, con riesgo de prescripción de los hechos, o por encontrarse en rebeldía sin posibilidad de ser enjuiciado dentro de un plazo razonable). 2) Que el sujeto pasivo esté exento de responsabilidad criminal o por haberse ésta extinguido. 3) Que se acredite la situación patrimonial ilícita en un proceso contradictorio.

A tales supuestos debe añadirse la posibilidad que se confiere al MF de solicitar en su escrito de acusación el decomiso, pero reservando expresamente su determinación para el procedimiento previsto al efecto (**art. 803** ***ter*** **e.2.a LECr**). Esta posibilidad que se reconoce el MF tiene sentido en las situaciones en que no se conocen los bienes, efectos o ganancias que pueden ser objeto de decomiso, solicitando simplemente que se acuerde, pero dejando pendiente su determinación. En este caso, el procedimiento de decomiso autónomo solo puede iniciarse cuando el proceso penal en el que se resuelva sobre las responsabilidades penales del encausado hubiera concluido con sentencia firme. Se justifica, así, el decomiso en determinados supuestos en que no ha sido posible solicitarlo con anterioridad en el proceso penal o el MF se ha reservado su concreción para el proceso específico posterior. En cualquier caso, en dicho proceso es necesario acreditar la situación patrimonial ilícita que justifica el decomiso.

En definitiva, formalmente se establece un procedimiento específico para el decomiso autónomo, al que materialmente se puede acudir cuando no ha sido posible con anterioridad acordarlo o cuando el MF se ha reservado expresamente tal posibilidad.

Aunque se trata de un procedimiento que se incorpora a la LECr, no se detalla su tramitación, sino que se realiza una doble remisión a las normas de la LEC (verbal y ordinario), a lo que ha de añadirse la aplicación de las normas sobre recursos previstas para el procedimiento abreviado en la LECr. La competencia corresponde al juez que hubiera dictado la sentencia firme (si hubiera reserva del MF), al que estuviera conociendo de la causa penal suspendida (sobreseimiento provisional) o al que le correspondería conocer de la misma (cuando no se hubiera iniciado). La legitimación activa se atribuye exclusivamente al MF y la pasiva corresponde a los sujetos frente a los que se dirige la acción (demandados), pudiendo ser tanto los formalmente acusados o imputados como los terceros afectados; si el demandado estuviera en rebeldía, la citación se dirigirá a su representante en el proceso suspendido y a través de edictos; si no comparece, se le nombrará procurador y abogado de oficio. En todo caso, para la personación es preceptiva la asistencia letrada.

La demanda se presentará por escrito, expresando en párrafos separados y numerados la identificación del demandado con su domicilio, el bien o bienes cuyo decomiso se solicita, el hecho punible, su calificación y la relación con el bien o bienes, la situación del demandado respecto del bien o bienes, el fundamento legal del decomiso, la proposición de prueba y la solicitud, en su caso, de medidas cautelares.

Con la admisión de la demanda deben adoptarse las resoluciones que procedan respecto a las medidas cautelares y a la notificación a las partes pasivamente legitimadas, otorgando un plazo de veinte días para su personación. Para el tratamiento de las medidas cautelares se realiza la remisión expresa a lo dispuesto en la LEC (oposición, modificación o alzamiento, así como caución sustitutoria). El demandado habrá de contestar de manera correlativa a la demanda, por escrito y dentro del plazo indicado de veinte días; de no hacerlo o de manifestar su intención de no hacerlo, se acordará el decomiso definitivo. El órgano judicial a través de auto resolverá lo que proceda sobre la admisión de prueba y citará a las partes al juicio oral; dicho auto no es recurrible, pero la proposición de prueba puede reiterarse en el acto de la vista.

En el desarrollo del juicio se seguirán las reglas previstas para el juicio ordinario (**art. 433 LEC**); la incomparecencia del demandado dará lugar a su declaración de rebeldía sin impedir la celebración de la vista, si bien al rebelde se le reconoce la posibilidad de solicitar la audiencia y consiguiente rescisión de la sentencia dictada en ausencia. La sentencia, que debe dictarse dentro de los veinte días siguientes a la finalización del proceso, podrá: 1) Estimar la demanda y acordar el decomiso definitivo. 2) Estimar parcialmente la demanda y acordar el decomiso por la cantidad que corresponda, con el pronunciamiento que proceda sobre las eventuales medidas cautelares. 3) Desestimar la demanda, dejando sin efecto las medidas cautelares que se hubieren acordado.

En cuanto al régimen de recursos que proceden frente a la sentencia, se establece la aplicación de lo previsto para el proceso penal abreviado, es decir, apelación ante el órgano superior al que la ha dictado. Conocerá, por tanto, la AP cuando hubiera conocido el JP o el TSJ cuando hubiera conocido la AP; en los supuestos de delitos del **art. 75 LOPJ**, conocerá la AN o la Sala de apelación de la misma.

Frente a la sentencia firme también es posible instar la revisión ante el TS; la duda se plantea respecto a las normas aplicables, ya que no se contiene remisión alguna. Considero que al igual que los recursos frente a la sentencia, la revisión ha de regirse por lo dispuesto en la LECr.

La sentencia ha de ser acorde con las pretensiones planteadas y debatidas, por tanto, el efecto de cosa juzgada se limita a ese contenido, es decir, a lo relativo al decomiso. Para ello se aclara que no se extiende al posible enjuiciamiento posterior del encausado, si llega a producirse, al que no vincula, pero sí impide una nueva solicitud de decomiso en ese eventual proceso posterior (una eventual absolución posterior, permitiría la revisión de la sentencia firme que hubiera acordado el decomiso). El efecto de cosa juzgada tampoco impide al MF formular una nueva solicitud de decomiso cuando se descubran nuevos bienes, efectos o ganancias a los que deba extenderse el decomiso, desconocidos cuando se inició el procedimiento, respecto de los que no se hubiera resuelto anteriormente sobre la procedencia del decomiso.

En cuanto a la ejecución, cuando el decomiso se hubiera acordado por un valor determinado, se da la posibilidad a la persona en relación a la cual se hubiera acordado de entregar la cantidad o de señalar bienes por valor suficiente. De no hacerlo, se procederá a la ejecución forzosa. Para ello se prevé la investigación patrimonial del MF, por sí mismo, a través de la Oficina de Recuperación y Gestión de Activos o a través de otras autoridades o de la Policía Judicial, quienes estarán obligados a prestar la colaboración requerida, bajo apercibimiento de incurrir en delito de desobediencia.

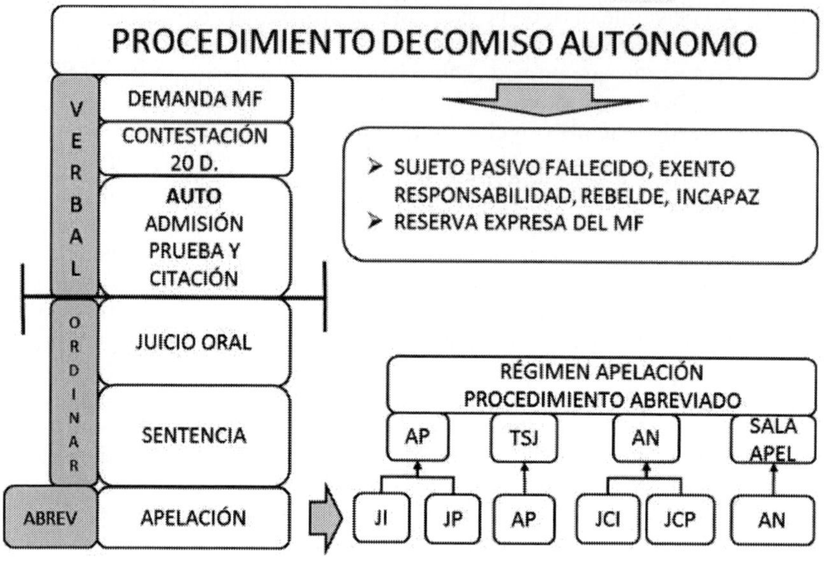

§ 49. DESTINO DE LOS EFECTOS JUDICIALES

Se consideran **efectos judiciales** en el orden penal «*todos aquellos bienes puestos a disposición judicial, embargados, incautados o aprehendidos en el curso de un procedimiento penal*» (**art. 367 *bis* LECr**), por lo tanto, entre ellos han de incluirse los que hayan sido objeto de decomiso. Uno de los problemas que se plantea en el proceso penal es qué hacer con esos efectos judiciales. Cuando se trata de sustancias u objetos cuya comercialización está prohibida, procede su destrucción (tal es el caso de las drogas y sustancias estupefacientes, del tabaco no comercializado en España o de las falsificaciones y «copias piratas»); es necesario dejar, en su caso, las muestras necesarias para poder realizar los pertinentes análisis. Por el contrario, cuando de ellos puede obtenerse un rendimiento económico, es posible acordar la realización (venta) de los mismos e, incluso, su utilización cuando con ello se puede obtener un mayor rendimiento que con su venta (vehículos, ordenadores, inmuebles, etc.).

A tal efecto se ha creado la Oficina de Recuperación y Gestión de Activos (ORGA), que tiene atribuidas funciones de localización, recuperación, conservación, administración y realización de los efectos, bienes, instrumentos y ganancias procedentes de actividades delictivas; su finalidad última es el estrangulamiento financiero de la criminalidad organizada, así como la optimización de los frutos del decomiso de manera que se posibilite el resarcimiento a las víctimas, abonando las indemnizaciones reconocidas en el marco del proceso penal, destinando el sobrante a la realización de proyectos sociales de apoyo y asistencia a las víctimas y al impulso de la lucha contra la criminalidad organizada.

La Oficina de Recuperación y Gestión de Activos (ORGA) forma parte de una estrategia de ámbito europeo de lucha contra el crimen organizado, a través de la limitación de sus recursos financieros mediante la recuperación de activos procedentes de las actividades delictivas de las organizaciones criminales. Se crea y regula en el RD 948/2015, de 23 de octubre; con anterioridad se había previsto su existencia en el **art. 367 *septies* LECr** (en su redacción por LO 5/2010), pero hubo que esperar a la DF quinta LO 1/2015 que habilitó al Gobierno para aprobar las disposiciones reglamentarias precisas para regular la estructura, organización, funcionamiento y actividad de dicha Oficina. La Orden JUS/188/2016, de 18 de febrero, determina su ámbito de actuación y su entrada en funcionamiento operativo, así como la apertura de su cuenta de depósitos y consignaciones; a través de la Orden de 29 de diciembre de 2017 se crea su Unidad Administrativa para el ámbito de la Audiencia Nacional y se aprueba su relación de puestos de trabajo. Se trata de un órgano de la Administración Central del Estado y auxiliar de la Administración de Justicia, dependiente del Ministerio de Justicia, adscrito a la Secretaría de Estado de Justicia, con rango de Dirección General, con una Subdirección General de localización y recuperación de bienes y otra de conservación, administración y realización de bienes. Conforme a los últimos datos estadísticos publicados (hasta 2018), la ORGA ha intervenido dinero y bienes por un valor superior a los 25 millones de euros.

Su intervención está prevista por propia iniciativa y en los supuestos en que se lo encomiende el juez o tribunal competente, ya sea de oficio o a instancia del MF; además, en la regulación del procedimiento se contempla que actúe también a solicitud del MF, con lo que no es necesario que éste se dirija previamente al juez o tribunal (art. 9 RD 948/2015), sino que puede dirigirse directamente a la ORGA.

Para la realización de los efectos judiciales de lícito comercio no es necesario esperar al pronunciamiento o firmeza del fallo, sino que está prevista su **realización anticipada (art. 367 *quater* LECr**), en los siguientes supuestos: (a) cuando se trata de bienes perecederos, (b) cuando su propietario haga expreso abandono de ellos, (c) cuando los gastos de conservación y depósito sean superiores al valor del objeto en sí, (d) cuando su conservación pueda resultar peligrosa para la salud o seguridad pública, o pueda dar lugar a una disminución importante de su valor, o pueda afectar gravemente a su uso y funcionamiento habituales,

(e) cuando se trate de efectos que, sin sufrir deterioro material, se deprecien sustancialmente por el transcurso del tiempo o (f) cuando debidamente requerido el propietario sobre el destino del efecto judicial, no haga manifestación alguna. El juez, ya sea de oficio o a instancia del Ministerio Fiscal, de las partes o de la ORGA, previa audiencia del interesado, puede acordar la realización de los efectos judiciales, salvo que esté pendiente de resolución el recurso interpuesto por el interesado contra el embargo o decomiso de los bienes o efectos o que la medida pueda resultar desproporcionada, a la vista de los efectos que pudiera suponer para el interesado y, especialmente, de la mayor o menor relevancia de los indicios en que se hubiera fundado la resolución cautelar de decomiso.

También está prevista la **utilización** de los bienes decomisados (**art. 367 *sexies*** LECr) cuando sea más rentable que su realización y cuando se trate de efectos especialmente idóneos para la prestación de un servicio público.

Se regulan distintas formas de realización de los bienes (entrega a entidades sin ánimo de lucro o a Administraciones públicas, realización por medio de persona o entidad especializada o mediante subasta pública), debiendo destinarse lo obtenido a cubrir los gastos ocasionados por su conservación y su realización, así como la posibilidad de asignarlos total o parcialmente de manera definitiva, en los términos y por el procedimiento que reglamentariamente se establezcan, a la ORGA y a los órganos del MF encargados de la represión de las actividades de las organizaciones criminales (**art. 367 *quinquies* LECr**).

§ 50. TOMA DE MUESTRAS BIOLÓGICAS

La toma de muestras biológicas estaba prevista como medida de investigación a adoptar por el juez de instrucción; con la LO 1/2015 se introduce la posibilidad de llevarla a cabo una vez que existe sentencia de condena.

La utilización de muestras de ADN y la información que de ellas puede obtenerse se han convertido en esenciales en la investigación criminal. La LO 15/2003 introdujo en el **art. 363 LECr** la posibilidad de que el juez de instrucción acuerde en resolución motivada la obtención de muestras biológicas del sospechoso para la determinación de su perfil de ADN. Con posterioridad, la LO 10/2007 reguló la base de datos policial sobre identificadores obtenidos a partir del ADN en la que, de manera centralizada e integral, se almacenan el conjunto de los perfiles de ADN obtenidos (su desarrollo es llevado a cabo a través del RD 1977/2008, de 28 de noviembre, que crea la Comisión Nacional para el uso forense del ADN). La LO 1/2015 ha introducido en el CP el **art. 129 *bis***, que permite al juez o tribunal acordar la toma de muestras biológicas del condenado y la realización de análisis para la obtención de identificadores de ADN.

La toma de muestras biológicas de la persona condenada y la realización de análisis para la obtención de identificadores de ADN **puede** ser acordada por el juez o tribunal que haya dictado la sentencia condenatoria. Se configura, por tanto, como una facultad judicial de la que puede hacer uso tanto en la propia sentencia como de manera separada a través de auto, habida cuenta de la exigencia de motivación.

Por lo que se refiere al **ámbito objetivo**, la delimitación que realiza el CP es algo confusa y, en todo caso, deja cierto margen de discrecionalidad judicial. Parece que la intención del legislador ha sido restringir la medida al ámbito de determinados **delitos graves** (delito grave contra la vida, la integridad de las personas, la libertad, la libertad o indemnidad sexual, de terrorismo); sin embargo, también se permite la medida cuando se trate de cualquier otro delito (no necesariamente grave) que conlleve un **riesgo grave para la vida, la salud o la integridad física de las personas.** Por último, para proceder a la toma de muestras, el juez debe apreciar la **existencia de un peligro grave de reiteración delictiva,** a la vista de las circunstancias del hecho, antecedentes, valoración de la personalidad del condenado o de cualesquiera otras circunstancias. La medida debe limitarse únicamente a los análisis necesarios para obtener los identificadores que proporcionen, exclusivamente, información genética reveladora de la identidad de la persona y de su sexo.

Por último, en previsión de la posible oposición del afectado a la toma de muestras, se prevé su ejecución forzosa a través de medidas coactivas mínimas indispensables que habrán de guardar la debida proporcionalidad y ser respetuosas con su dignidad. Con ello se da entrada a la fuerza física como instrumento para llevar a cabo la medida adoptada, cuestión que, en todo caso, requiere motivación suficiente no solo de las razones que justifican la medida, sino de la necesidad de llevar a cabo medidas coactivas y de la proporcionalidad y respeto a la dignidad del condenado. En este sentido, la interpretación sistemática de la LECr y la abundante jurisprudencia existente sobre intervenciones corporales, determinan la necesidad de que la ejecución forzosa se efectúa por personal sanitario del mismo sexo que el condenado.

BIBLIOGRAFÍA

Ariza Colmenarejo, M.J.: *Las costas en el proceso penal*, Comares, Granada, 1998; Cabezudo Bajo, M.J.: «La prueba de ADN en el proceso penal español», en A. Serrano Maillo, A./J.A. Sánchez Sánchez (eds.) *Una introducción criminológica a la medicina legal y forense*, Dykinson, 2020, 171-190; Cachón Cadenas, M.: «El procedimiento de decomiso autónomo», en J. Alonso-Cuevillas y Sayrol (dir.), *El nuevo proceso penal tras las reformas de 2015*, Atelier, 2016, 351-362; Carrillo del Teso, A.E.: *Decomiso y Recuperación de Activos en el Sistema Penal Español*, Tirant lo Blanch, Valencia, 2018; Castillejo Manzanares, R.: «Derecho a la intimidad y prueba pericial de ADN», en *Derecho Probatorio y otros estudios procesales (liber amicorum* Vicente Gimeno Sendra), Castillo de Luna, ediciones jurídicas, 2020, 435-458; Crespillo Márquez, M.: «Organización y funcionamiento de las bases de datos de ADN de interés criminal en España», en *Revista española de medicina legal*, vol. 46, nº 2, 2020, 45-48; De Jorge Mesas, L.F.: «El decomiso ampliado en la Reforma del Código Penal de 2015», *Revista Aranzadi Doctrinal* 7/2016; Farto Piay, T.: *El proceso de decomiso autónomo*, Tirant lo Blanch, Valencia, 2021; Garrido Carrillo, F.J.: «Novedades en la destrucción y realización anticipada de efectos judiciales», en *Derecho, Justicia, Universidad: liber amicorum de Andrés de la Oliva Santos*, Editorial Universitaria Ramón Areces, 2017, 1311-1328; Gascón Inchausti, F.: «Las nuevas herramientas procesales para articular la política criminal de decomiso total: la intervención en el proceso penal de terceros afectados por el decomiso y el proceso para el decomiso autónomo de los bienes y productos del delito», *RGDPro nº* 38 (2016); Guillén Soria, J.M.: *Las costas procesales penales. Aspectos prácticos y jurisprudenciales*. Bosch, Barcelona, 1998; Hava García, E. «La nueva regulación del comiso», en *Comentario a la reforma penal de 2015*, Aranzadi, Cízur Menor, 2015; Lamo Rubio, J. de: «El contenido de las costas procesales penales», *Revista de Derecho Procesal* 1995(2), 625 ss.; Mora Díez, P.: *Cuestiones procesales y sustantivas relativas a la prueba de ADN en el proceso penal español. Análisis del artículo 129 bis del Código Penal*, Tesis doctoral, Repositorio institucional de la Universidad de Huelva (http://rabida.uhu.es/dspace/handle/10272/20137); Muñoz, J.: «Ejecución forzosa en la obtención muestras para hallar el ADN de condenados», *AJA* 912 (2015); Nieva Fenoll, J.: «El procedimiento de decomiso autónomo», *Diario La Ley* nº 8601 (2015); Pereira Pugvert, S.: «La inclusión de perfiles genéticos de sospechosos o condenados en la base de datos de ADN», en L.M. Bujosa Vadell (dir.), *Derecho Procesal: retos y transformaciones*, Atelier, Barcelona, 2021, 485-493; Portal Manrubia, J.: «Aspectos sustantivos y procesales del decomiso», *Revista Aranzadi Doctrinal*, 3/2016; Richard González, M. «La toma de muestras de ADN solo es posible para investigar delitos concretos no como procedimiento genérico de "alimentación" de la base de datos policial de ADN», *La Ley Probática*, nº 6, 2021; Rodríguez-García, N./Berdugo Gómez de la Torre, I. (eds.): *Decomiso y recuperación de activos. Crime doesn't pay*, Tirant lo Blanch, Valencia, 2020; Ruiz de Erenchun Arteche, E.: «La toma de muestras para la prueba del ADN en el proceso penal español: estado de la jurisprudencia», *Revista Aranzadi Doctrinal* 9/2014; Urbano Castrillo, E. de: «El nuevo decomiso de bienes», *Revista Aranzadi Doctrinal* 10/2015; Vilchez Gil, MªA., «Marcadores genéticos, ADN y su incidencia en el proceso penal como valor probatorio», *RdPP* 49 (2018); Yáñez Velasco, R.: «La injusticia de las costas en el proceso penal», *ADPCP*, vol. LXVIII, 2015, 277-334.

Jurisprudencia

COSTAS. STS 359/2019, 15-07 (Costas, diferencias entre las causadas por la acusación particular y por la acusación popular); STS 1458/2004, 10-12 (Costas procesales. Naturaleza jurídica, fundamento. De la acusación particular: criterios para su imposición; procedencia: actuación relevante de la acusación particular al apreciar abuso de superioridad a pesar de aplicar alevosía); STS 457/2003, 14-11 (Costas procesales. Fundamento. De la acusación particular: criterios para su imposición; procedencia; STS 381/2007, 24-4 (Costas procesales. De la acusación particular: criterios para su imposición: procedencia: acusación no perturbadora y acorde con los delitos objeto de condena; Diferencias con las costas de la acusación popular: no procede la imposición salvo en supuestos de protección de intereses difusos); STS 860/2022, 02/11 (Costas. Pago proporcional si resultan condenas y absoluciones); STS 2ª 56/2022, 24-01 (criterios para apreciar temeridad o mala fe). **DECOMISO**. ATS 191/2016, 14-1 (Decomiso. Vehículo utilizado habitualmente para el tráfico de drogas, aunque está a nombre de una hermana del acusado); STS 793/2015, 1-12 (Decomiso. Cuestiones generales: contenido, alcance y límites); SAP Pontevedra 5ª, 593/2015, 1-12 (Decomiso. Acción delictiva continuada); STS 582/2012, 4-7 (Decomiso. Dinero destinado a la compra de cocaína. Se considera instrumento del delito); AAP Almería 1ª, 111/2011, 3-5 (Decomiso: concepto y naturaleza); AAP Santa Cruz de Tenerife 6ª, 24-08-2009 (Decomiso. Destino: uso provisional por la policía judicial de un vehículo empleado para la comisión de un delito contra la salud pública); AAP A Coruña 6ª, 16/2016, 2-2 (Decomiso. Uso provisional por la policía judicial de un ordenador portátil HP, dos teléfonos móviles iPhone 6, un disco duro externo y unos vehículos: improcedencia. No aplicación de la norma especial prevista para la represión del tráfico de drogas y blanqueo de capitales. Aplicación de los arts. 127 y 128 CP); SAP Cádiz 7ª, 45/2000, 22-3 (Decomiso. Proporcionalidad. No existe para incautar un vehículo utilizado para el procedimiento del "tirón"); STS 495/2020, 08-10 (consecuencias incumplimiento requisitos destrucción). **MUESTRAS BIOLÓGICAS**. STS 542/2020, 10-10; STS 175/2018, 12-04.

Recursos en internet

Oficina de recuperación y gestión de activos. Web Ministerio de Justicia: https://www.mjusticia.gob.es/en/areas-tematicas/oficina-recuperacion-gestion.

Datos estadísticos de la ORGA (2016-2020). Web del Consejo General del Poder Judicial: https://www.poderjudicial.es/cgpj/es/Temas/Estadistica-Judicial/Estadistica-por-temas/Aspectos-economicos-de-la-justicia/Estadisticas-de-la-actividad-de-la-Oficina-de-Recuperacion-y-Gestion-de-Activos/

Guía para el uso forense de ADN (2019). Web del Ministerio de Justicia: https://www.mjusticia.gob.es/es/ElMinisterio/OrganismosMinisterio/Documents/1292430976691-Guia-para-el-uso-forense-del-ADN.pdf

Capítulo XIV

Sanciones penales a entes colectivos

LUIS ROCA DE AGAPITO

§ 51. SISTEMA DE PENAS A LAS PERSONAS JURÍDICAS

Hace ya casi tres lustros que nuestro ordenamiento jurídico contempla la responsabilidad penal para las personas jurídicas. En virtud de la **LO 5/2010**, de 22 de junio, por la que se reformó el CP, las personas jurídicas dejaron de ser concebidas exclusivamente como meros objetos del delito y pasaron a ser tratadas como auténticos sujetos del delito. Dicha configuración no ha estado exenta de polémica, pero lo cierto es que la misma se ha ido consolidando por parte de nuestros Tribunales, hasta el punto de que ya se han producido bastantes pronunciamientos en firme que han condenado penalmente a entes jurídicos.

No obstante, dicha regulación no fue objeto de suficiente reflexión antes de su implantación y muchos aspectos, algunos de ellos muy importantes, quedaron sin suficiente desarrollo o aclaración. Tanto es así que inicialmente ni siquiera se había adaptado la normativa procesal a aquella nueva realidad y hubo que esperar un año para que se produjese una modificación de la LECr, por medio de la **Ley 37/2011**, de 10 de octubre, de medidas de agilización procesal. En esta Ley se previó una especie de estatuto procesal para las personas jurídicas, en el que se recogieron aspectos esenciales como la forma en que se deben citar, cómo comparecerán y cómo se personarán en la fase de instrucción o en la celebración del juicio oral, que se hará a través de un representante especialmente designado para estos cometidos y deberá ser una persona distinta de su abogado y procurador. Igualmente se reguló la conformidad con la acusación, la requisitoria, la rebeldía, etc., pero algunos problemas procesales, sin embargo, siguen sin resolverse.

Otro aspecto que tampoco quedó suficientemente aclarado con la reforma de 2010 fue la relevancia y las características que debieran tener, a efectos de excluir la responsabilidad penal, los llamados programas de cumplimiento penal o de prevención de delitos (*compliance programs* en terminología anglosajona), en virtud de los cuales la persona jurídica adopta una serie de medidas para tratar de evitar que se cometan delitos en su seno. La **LO 1/2015**, de 30 de marzo, pretende aclarar esta cuestión y ahora sí, prevé expresamente que los programas de *compliance* puedan eximir de responsabilidad penal, y además regula con cierto detalle los requisitos que deben reunir a estos efectos (art. 31 *bis*).

> Lo importante de estos programas de cumplimiento es que sean «idóneos» para prevenir la criminalidad en el seno de la organización. No se trata de que la persona jurídica implante cualquier modelo de prevención de delitos y pueda ya acogerse a esta exención de responsabilidad. No se trata, como se ha dicho gráficamente, de que la empresa implante un programa de "cumplo y miento", sino de un programa que efectivamente se diseñe, se implemente y se ejecute de forma que pueda y sea capaz de evitar la criminalidad en su seno.
>
> Con la introducción de estas cláusulas de exención de responsabilidad penal por la implantación y ejecución de programas de cumplimiento con la legalidad idóneos en el seno de las empresas yo veo cierto signo de privatización en la lucha contra la criminalidad económica, lo cual me preocupa, pues, además de ahondar un poco más en el paulatino desmantelamiento del Estado que actualmente vivimos, pongo en serias dudas su eficacia. Conviene no olvidar cuáles han sido las causas concretas que han estado en la raíz de la profunda crisis económica sufrida años atrás: el excesivo cortoplacismo de los administradores de las sociedades cotizadas, el fracaso de los controladores, empezando por los consejos de administración, hasta las agencias de rating, pasando por auditores, analistas financieros, bancos de inversión, etc. La causa última de los escándalos económicos que hemos vivido y que viviremos en los próximos años estriba en la **crisis ética del actual sistema capitalista**, y esta especie de colaboracionismo entre las empresas y el Estado, lo que se conoce como autorregulación regulada, no me acaba de convencer. En cualquier caso, no considero que le corresponda al Derecho penal promocionar una cultura ética en las empresas. Su función es simplemente la prevención de delitos.

Un sistema de sanciones penales está compuesto por tres grupos de normas (*supra* § 1): las relativas a la previsión legal, las que se refieren a su determinación en el caso concreto, y, por último, las relativas a su ejecución. Las dos primeras facetas están más o menos cubiertas para las personas jurídicas con la regulación del CP. Sin embargo, el último aspecto, el de la ejecución, es quizás donde ciertas lagunas se hacen clamorosas. Probablemente uno de los defectos más graves de los que adolece este nuevo sistema de penas sea que no se ha regulado su incumplimiento. Dejando al margen lo previsto en el art. 53.5, no se ha previsto ningún mecanismo de sustitución de penas por otras en caso de incumplimiento, y lo que es más grave, las personas jurídicas no son responsables por quebrantamiento de condena –art. 468– ni por desobediencia –art. 556–. Tampoco se ha regulado la ejecución de la pena de disolución (para la que ni siquiera hay una mínima remisión a la normativa civil o mercantil), ni el contenido de la pena de intervención judicial, entre otras cuestiones.

Por lo demás, cabe destacar el amplio margen de arbitrio judicial que existe en el sistema de sanciones penales a las personas jurídicas, mucho mayor que para las personas físicas, lo cual, en ciertos aspectos, podría hasta llegar a conculcar el principio de legalidad. Ello empieza por la propia previsión legal de las penas, que sólo ha contemplado como obligatoria la imposición de la pena de multa y las restantes penas son siempre de carácter facultativo. Pero es que incluso el contenido de alguna de ellas ha quedado indeterminado por la ley (ej., la intervención judicial). La duración prevista es también en unos casos excesivamente amplia, y en otros casos totalmente incierta (por cierto, no se ha fijado con carácter general un mínimo para ninguna pena).

Las penas a las personas jurídicas son susceptibles de **clasificarse** con arreglo a diversos criterios. Atendiendo a su *duración* se pueden dividir en perpetuas o permanentes (la disolución y la prohibición de actividades relacionadas con el delito) y temporales (las demás); a tenor de su *gravedad*, todas las penas son consideradas como graves (*supra* § 6); y en atención a su *rango interno* puede hablarse de una pena principal (la multa) y otras accesorias (las demás). Sin embargo, la clasificación de las penas más importante es la que atiende a su *contenido*, esto es, al bien jurídico de que privan o restringen.

PENAS	CONTENIDO
Disolución	Extinción de la personalidad o su muerte civil
Suspensión de actividades, clausura de locales y establecimientos, prohibición de realizar actividades relacionadas con el delito, y la intervención judicial	Limitan las facultades de actuación en el tráfico jurídico con carácter general
Prohibición de obtener subvenciones, ayudas públicas, beneficios o incentivos fiscales o de la Seguridad Social, o contratar con el sector público	Impiden a las personas jurídicas realizar determinados actos concretos, en particular, los relacionados con el sector público
Multa	Afecta al patrimonio de la persona jurídica

Con respecto a la **naturaleza** de estas sanciones, se ha considerado (quitando la pena de multa) que tendrían más bien naturaleza de MS. Sin embargo, aunque su función sea preponderantemente preventivo especial, esto no las convierte en MS. Aunque estas consecuencias miran fundamentalmente hacia el futuro y tienen carácter prospectivo, no es menos cierto que también reúnen cierto aspecto retrospectivo, ya que tienen carácter aflictivo (son un mal), sirven para reforzar la vigencia de la norma infringida, y además no se pueden imponer sin haber apreciado antes un defecto organizativo en el ente colectivo (también se habla de una falta de cultura de respeto al Derecho) que fundamente el castigo a la persona jurídica (principio de culpabilidad respecto de las personas jurídicas). Además, a diferencia de lo que sucede con las MS, y del mismo modo que acontece con las penas accesorias, la ley no permite modificar la sanción con posterioridad a su imposición (salvo la intervención judicial). En este terreno no existe una separación tajante entre pasado y futuro, entre penas y MS, sino que ambas perspectivas cohabitan, y lo que es más significativo, a este fenómeno de aproximación entre penas y MS tampoco son ajenas las personas físicas, cada vez más sometidas a una penología del control o de la seguridad (*supra* § 2).

§ 52. LA MULTA COMO PENA PRINCIPAL PARA LAS PERSONAS JURÍDICAS

El CP español construye el sistema de penas para las personas jurídicas fundamentalmente alrededor de la **pena de multa**. El sistema de multa adoptado para las personas jurídicas es mixto: combina los días-multa con la multa proporcional (*supra* §§ 20 y 21). Hasta tal punto se han mezclado ambos sistemas que en algunos delitos la multa cuantificada conforme al sistema de días-multa se puede sustituir por una multa proporcional (arts. 319 o 427 *bis*, p.ej.); y a la inversa, se ha previsto con carácter general la sustitución de la multa proporcional, en el caso de que no se pueda determinar su importe, por una multa cuantificada conforme al sistema de los días-multa (**art. 52.4**).

Este modelo mixto no está exento de problemas, pues si se acude al sistema de días-multa cuando no están concretadas las bases para poder determinar el importe de la multa proporcional y si entre ellas se encuentra el desvalor de resultado (perjuicio causado, cantidad defraudada...), el juez va a encontrarse a la hora de fijar el número de días-multa con las mismas dificultades que tenía con la multa proporcional, pues el número de días-multa se determina también en función de la gravedad del hecho (**arts. 50.5 y 66 *bis***).

En cuanto a la **extensión de la multa** no ha quedado expresamente reflejado cuál es el mínimo. El legislador sólo se ha preocupado de indicar cuál es su máximo: 5 años (**art. 50.3**), dejando para la parte especial el establecimiento del mínimo (no hay multas inferiores a 6 meses). Por lo que se refiere al **importe de la cuota diaria**, éste oscila entre 30 y 5.000 € (**art. 50.4**). Por un lado, parece correcto prever para las personas jurídicas importes mayores que para las personas físicas, pero, por otro lado, resulta criticable que la *ratio* empleada para individualizar la carga punitiva sea menor que la prevista para las personas físicas. Mientras que para estas es de 1/200, para las personas jurídicas es de 1/166,66.

Teniendo en cuenta la duración y el importe de la cuota se calcula entonces el importe total de la multa, que para las personas jurídicas oscilará entre un mínimo de 5.400 € (6 meses x 30 días x 30 €) y un máximo de 9.000.000 € (5 años x 360 días x 5.000 €). Estas cifras no parecen muy elevadas, no obstante, si el importe final resultase excesivo en relación con la gravedad de los hechos se puede modular la cuantía de la multa impuesta tanto a la persona jurídica, como a la persona física (**art. 31 *ter*.1**) (ej., STS 409/2022, 26-4). Esta modulación no tiene mucho sentido, pues, aunque en el fondo podamos estar ante un modelo de transferencia de la responsabilidad de la persona física hacia la persona jurídica (art. 31 *bis*.1), sin embargo, dicha modulación está apuntando hacia una cierta responsabilidad compartida entre ambas, lo cual no se compagina bien con la tajante separación que establece el propio **art. 31 *ter***.

Las SSTS 747/2022, 27-7 y 894/2022, 11-11, absuelven a la persona jurídica al tratarse de una sociedad con un único socio, que es también el administrador, pues resulta absurdo imponer a la persona física titular única de la mercantil dos penas, una por la comisión del delito y otra por no haber establecido mecanismos de prevención de sus propios delitos, operando el principio de consunción al castigar al responsable penal del delito se está contemplando y sancionado también su desidia e indiferencia por no prevenir sus propios delitos. Lo contrario vulneraría el principio *non bis in idem*.

El importe de la multa se satisface de una sola vez, pero excepcionalmente (cuando ponga probadamente en peligro la supervivencia de la persona jurídica o el mantenimiento de los puestos de trabajo o lo aconseje el interés general) y como facilidad para el pago, se ha previsto la posibilidad de fraccionarlo durante un período de hasta 5 años (**art. 53.5**).

No se han previsto, en cambio, otras alternativas que existen en el Derecho comparado, como la sustitución y la suspensión condicional de la ejecución de la multa, pudiendo quedar sometida la persona jurídica a un período de prueba y a unas reglas de conducta, o la renuncia a la imputación de cargo. Por lo demás, esta facultad judicial de autorizar el fraccionamiento del pago goza de un amplio arbitrio judicial, pues no está claro a qué se refiere el CP cuando alude a «lo que aconseje el interés general».

Al final del **art. 53.5** se ha previsto, más que una forma de RPSIM impuesta a la persona jurídica, sencillamente una garantía para que se cumpla la multa: la intervención judicial. Es decir, no se trata de sustituir una pena por otra. De este modo se evitan también algunos inconvenientes relativos a cuál sea exactamente su contenido y duración. En cuanto a su contenido, sería equivalente a una *administración judicial* (art. 630 ss. LEC), lo cual permite imponerla sin tener que esperar a ver si se frustra o no la vía de apremio, que es el presupuesto de la RPSIM. Y en cuanto a su duración, si la intervención judicial no se concibe como una auténtica responsabilidad subsidiaria, el transcurso de 5 años [**art. 33.7.g)**] sin que se haya satisfecho por completo la multa, no extingue la responsabilidad penal y la multa seguirá siendo exigible hasta que prescriba, que será al cabo de 10 años (**art. 133.1**).

§ 53. PENAS ACCESORIAS PARA LAS PERSONAS JURÍDICAS

Además de la pena de multa, las **letras b) a g) del art. 33.7** prevén otras seis penas para las personas jurídicas. Todas ellas tienen **carácter facultativo y accesorio** respecto de la multa.

El **art. 33.7.b)** prevé la «**disolución** de la persona jurídica», que, aunque en el catálogo de las penas figure en segundo lugar, en realidad debería ocupar el primer puesto, porque se trata de la consecuencia más grave que se puede imponer: supone la extinción de la persona jurídica o su muerte civil. Con carácter general, es una pena facultativa, aunque para los casos de organizaciones criminales (arts. 520, 569 y 570 *quater*) resulta preceptiva. Dada la gravedad que comporta y el que puede afectar también a terceros (trabajadores, clientes, proveedores, auxiliares, acreedores...), debe reservarse para los casos más graves, como pueden ser aquellos de sociedades instrumentales o sociedades fachada, de multirreincidencia, o de perjuicios a un grupo muy numeroso de personas.

La STS 154/2016, 29-2, sienta doctrina sobre los límites de la pena de disolución y en la línea de lo ya señalado por la Circular FGE 1/2016, 22-1, distingue entre personas jurídicas inimputables y personas jurídicas imputables o semiimputables. Respecto de éstas se puede leer que "el hecho de que la estructura y cometido lícito de la persona jurídica fueren utilizados por la persona física integrante de la misma para cometer la infracción de la que es autora no significa obligadamente, así como tampoco la carencia absoluta de medidas de prevención del delito, que la misma deba disolverse en los términos del art. 33.7 b) CP, sino que se requerirá, cuando menos, motivar adecuadamente el criterio de ponderación entre la relevancia diferente de su actividad legal y el delito cometido en su seno, en busca de una respuesta proporcionada tanto a la gravedad de su actuar culpable como a los intereses de terceros afectados y ajenos a cualquier clase de responsabilidad". En cambio, respecto de una "sociedad meramente instrumental, o 'pantalla', creada exclusivamente para servir de instrumento en la comisión del delito por la persona física, ha de ser considerada al margen del régimen de responsabilidad del artículo 31 bis, por resultar insólito pretender realizar valoraciones de responsabilidad respecto de ella, dada la imposibilidad congénita de ponderar la existencia de mecanismos internos de control y, por ende, de cultura de respeto o desafección hacia la norma, respecto de quien nace exclusivamente con una finalidad delictiva que agota la propia razón de su existencia y que, por consiguiente, quizás hubiera merecido en su día directamente la disolución por la vía del art. 129 CP, que contemplaba la aplicación de semejante '*consecuencia accesoria*' a aquellos entes que carecen de una verdadera personalidad jurídica en términos de licitud para desempeñarse en el tráfico jurídico o, en su caso, la mera declaración de su inexistencia como verdadera persona jurídica, con la ulterior comunicación al registro correspondiente para la anulación, o cancelación, de su asiento".

El *objeto* sobre el que recae es la persona jurídica. El CP no ofrece una definición al respecto, no pudiendo acudir en este punto a la definición de sociedad contenida en el art. 297. Habrá que utilizar un concepto extrapenal de persona jurídica, sin que quepan interpretaciones extensivas o analógicas para aplicar el régimen de responsabilidad penal de las personas jurídicas a entes carentes de personalidad jurídica. En estos casos habrá que acudir al art. 129.

No tiene un tiempo de *duración*, sino que sus efectos son permanentes o definitivos.

El legislador se ha preocupado de aclarar, aunque de modo insuficiente, su *contenido*, destacando que conlleva la «pérdida definitiva de su personalidad, así como de su capacidad de actuar de cualquier modo en el tráfico jurídico, o de llevar a cabo cualquier clase de actividad, aunque sea lícita». Sin embargo, la disolución comporta también otros efectos, como la clausura de los locales y establecimientos, el embargo de todos sus bienes y la liquidación del patrimonio de la persona jurídica. Esto último es particularmente importante –pensemos en la reparación del daño ocasionado a la víctima– y no se ha dispuesto nada al respecto.

El **art. 33.7.c)** contempla la «**suspensión de sus actividades**». El *objeto* sobre el que recae es la persona jurídica.

Su *duración* es siempre temporal, y «no podrá exceder de cinco años». Es más, el criterio general es que las penas temporales no puedan exceder de dos años (límite general absoluto) o de «la duración máxima de la pena privativa de libertad prevista [en abstracto] para el caso de que el delito fuera cometido por persona física» (límite general relativo) (art. 66 *bis*.2ª), y sólo para casos de reincidencia y de personas jurídicas utilizadas instrumentalmente para delinquir, se puede superar ese límite.

El principal problema que plantea esta pena es la delimitación de su *contenido*. En principio, esta pena consistiría en la cesación temporal del conjunto de operaciones o tareas que pueda realizar la persona jurídica. A pesar del tenor literal del precepto, que habla de «sus actividades» en plural, lo que da a entender que habría que suspender todas, sin embargo, es posible una suspensión parcial, pues de lo contrario supondría *de facto* su disolución (pérdida del negocio, de la cartera de clientes, etc.). La suspensión total se puede reservar para los casos más graves, como puedan ser los de instrumentalidad delictiva. En caso de suspensión parcial de las actividades, la sentencia o el auto que la decrete debe concretar exactamente qué actividades son las que se suspenden.

El **art. 33.7.d)** prevé como sanción la «**clausura de sus locales y establecimientos**».

El *objeto* sobre el que recae esta pena son los «establecimientos», es decir, los lugares donde se ejerce una actividad mercantil; y los «locales», que hacen referencia a aquellos lugares en donde se desarrolla la actividad de la persona jurídica sin que sea necesario que se ejerza en ellos una actividad mercantil.

La *duración* de esta consecuencia es siempre temporal, que será «por un plazo que no podrá exceder de cinco años».

Su *contenido* consiste en el precinto de la empresa, que conlleva la de todos sus locales, establecimientos, dependencias, sucursales, etc., o bien el de sólo unos locales o establecimientos determinados, que hay que concretar, sin que se pueda acceder a dichas instalaciones, ni tampoco utilizarlas.

El **art. 33.7.e)** prevé como pena la **prohibición de realizar actividades relacionadas con el delito**. La diferencia de esta pena con la suspensión estriba en el ámbito de actividades a que se refieren una y otra. La suspensión recae sobre cualquier actividad de la organización. La prohibición, en cambio, solamente se refiere a actividades, operaciones o negocios relacionados con el delito («en cuyo ejercicio se haya cometido, favorecido o encubierto el delito»), que además es preciso que tales actividades prohibidas queden concretadas en la resolución judicial. No se trata de una prohibición general, sino particular o específica.

El *objeto* se refiere a aquellas actividades que tengan relación con los delitos que se hayan cometido o con los que se quiere prevenir.

La *duración* de esta pena puede ser «temporal o definitiva». Esta es otra diferencia con la suspensión, lo cual puede explicar también que únicamente ésta se pueda imponer como medida cautelar, mientras que la prohibición no (**art. 33.7 *in fine***). «Si tuviere carácter temporal, el plazo de prohibición no podrá exceder de quince años», pero para la imposición de esta pena por un plazo superior a dos años es necesario que la persona jurídica sea reincidente o se haya utilizado instrumentalmente para la comisión del delito, en cuyo caso el plazo también puede ser superior a cinco años (hasta quince), igual que si la persona jurídica es multirreincidente (en el sentido del art. 66.1.5ª) (**art. 66 *bis***).

En cuanto a su *contenido*, podemos remitirnos a lo dicho con respecto a la suspensión, con la única matización de que la cesación de actividades puede ser también de carácter definitivo y que tiene un ámbito de aplicación más reducido y perfectamente delimitado.

El **art. 33.7.f)** prevé tres **penas de inhabilitación**, todas ellas **relacionadas con el sector público**: «inhabilitación para obtener subvenciones y ayudas públicas, para contratar con el sector público y para gozar de beneficios e incentivos fiscales o de la Seguridad Social». Se pueden imponer todas ellas o sólo alguna, y su finalidad principal es preventivo especial de carácter inocuizador (tratar de marginar o apartar del sector público a dicha persona) y ese es el parámetro que habrá que utilizar a la hora de determinar la pena (número y duración). Sin embargo, tampoco hay por qué descartar una finalidad retributiva que mire hacia el pasado en cuanto forma de compensación de la situación patrimonial ilícita que la persona jurídica haya podido disfrutar indebidamente a consecuencia de los delitos cometidos en su provecho. Desde esta segunda perspectiva, estas penas conllevarían un perjuicio patrimonial, por cuanto implican un lucro cesante para la persona jurídica. Quizás este segundo parámetro debiera ser el que se tomase en cuenta a efectos de previsión legal de estas penas, es decir, para qué delitos (el cuándo).

El *objeto* de estas inhabilitaciones son las subvenciones y ayudas públicas, los contratos del sector público y los beneficios e incentivos fiscales o de la Seguridad Social.

Las *subvenciones y ayudas públicas* comprenden toda atribución patrimonial gratuita realizada por las Administraciones públicas a favor de personas físicas o jurídicas por razón del estado, situación o hecho en que se encuentre o soporten (ayuda) o destinada al fomento de una determinada actividad o comportamiento de interés público o social (subvención) (Ley 38/2003, de 17 de noviembre, General de Subvenciones). Los *contratos del sector público* serían aquellos contratos onerosos, cualquiera que sea su naturaleza jurídica (carácter administrativo o carácter privado), que celebren los entes públicos [Ley 9/2017, de 8 de noviembre, de Contratos del Sector Público]. Y por *beneficios e incentivos* cabe entender las exenciones, reducciones en las bases imponibles o liquidables, tipos impositivos reducidos, bonificaciones y deducciones en las cuotas íntegras, líquidas o diferenciales de los diversos tributos o de las cotizaciones a la Seguridad Social [Ley 58/2003, de 17 de diciembre, General Tributaria; y la Ley General de la Seguridad Social (cuyo texto refundido ha sido aprobado por el RD-Legislativo 8/2015, de 30 de octubre)].

La *duración* de estas penas es siempre temporal, no pudiendo exceder de «quince años». Igual que para la prohibición de realizar actividades relacionadas con el delito, su duración, con carácter general, no podrá exceder los dos años, pero si la persona jurídica es reincidente o se ha utilizado instrumentalmente para la comisión del delito, entonces se puede alcanzar los cinco años o incluso quince en este último caso, igual que si fuese multirreincidente (**art. 66 *bis***).

En cuanto al *contenido* de estas penas coincide también con el de otras prohibiciones administrativas (p.ej., arts. 13.2 LGSubv y 71.1 LCSPúb), que privan de ciertos derechos económicos de la persona jurídica (subvenciones, ayudas, beneficios e incentivos públicos), o limitan la capacidad jurídica de la misma (contratar con el sector público).

Con el objetivo de conseguir una mayor eficacia para estas inhabilitaciones, además de inscribirse en el Registro Central de Penados (*infra* § 57), la imposición de estas inhabilitaciones debe comunicarse también a la autoridad competente a efectos de su inscripción en la Base de Datos Nacional de Subvenciones [arts. 20.2 y 4 LGSub y 2.3, 4 c) y 5.4 RD 130/2019, de 8 de marzo, por el que se regula la Base de Datos Nacional de Subvenciones] y en el Registro Oficial de Licitadores y Empresas Clasificadas del Estado y correlativos de las Comunidades Autónomas [arts. 337 ss. LCSPúb], así como informar de ello a la Agencia Tributaria y a la Tesorería General de la Seguridad Social. Se observa aquí, otra vez, cierto vacío legal en cuanto a la ejecución de las penas para las personas jurídicas.

Finalmente, el **art. 33.7.g)** prevé como última consecuencia la «**intervención judicial** para salvaguardar los derechos de los trabajadores o de los acreedores». Lo primero que llama la atención de esta pena es que el legislador ha querido poner por delante de los fines preventivos, la salvaguarda de los intereses de otras personas para que no puedan resultar perjudicadas en caso de continuidad de la actividad de la persona jurídica. Esta pena viene a asemejarse así a las penas del art. 48 para las personas físicas, que se han creado precisamente para proteger a determinadas personas (*supra* §§ 15 ss.). Por eso, el contenido de esta pena, más que como una sanción para la persona jurídica, se trata de una garantía para esas otras personas que menciona el precepto. El haberla previsto también como forma de garantizar el pago de la multa impuesta a la persona jurídica (art. 53.5) avala esta naturaleza cautelar o de garantía de esta sanción.

Su *objeto* es «la totalidad de la organización» o simplemente «alguna de sus instalaciones, secciones o unidades de negocio». Por tanto, la intervención judicial puede ser total o parcial.

Su *duración* es siempre temporal y no podrá exceder nunca «de cinco años». En particular, para que pueda tener una duración superior a dos años, la persona jurídica tendrá que ser reincidente, no siendo procedente para un caso de utilización instrumental de la persona jurídica, pues en estos casos, al ser su actividad legal menos relevante que la actividad ilegal, no tendría sentido su continuidad. Lo adecuado en estos casos sería su disolución o la prohibición de realizar actividades relacionadas con el delito.

Sobre su *contenido* el CP no ha establecido gran cosa, pudiendo llegar a calificarse casi como una sanción en blanco. Lo único que dice es que «el Juez o Tribunal, en la sentencia o, posteriormente, mediante auto, determinará exactamente el contenido de la intervención y determinará quién se hará cargo de la intervención y en qué plazos deberá realizar informes de seguimiento para el órgano judicial». Sin embargo, nada más se dice al respecto. No queda claro si se trata de una especie de encargado judicial de cumplimiento de la legalidad, o si se trata de sustituir el órgano de administración de la persona jurídica. Eso sí, se aclara que «la intervención se podrá modificar o suspender en todo momento previo informe del interventor y del Ministerio Fiscal», lo cual está en armonía con los fines que persigue; y también que «el interventor tendrá derecho a acceder a todas las instalaciones y locales de la empresa o persona jurídica y a recibir cuanta información estime necesaria para el ejercicio de sus funciones». No obstante, hay que insistir, el contenido de esta pena ha quedado indeterminado, sin que la remisión reglamentaria contenida al final del art. 33.7.g) a «los aspectos relacionados con el ejercicio de la función de interventor, como la retribución o la cualificación necesaria», pueda subsanar el vacío que ha dejado la Ley en este punto.

§ 54. REGLAS DE DETERMINACIÓN DE LA PENA PARA LAS PERSONAS JURÍDICAS

El **art. 66 bis** regula la determinación de las penas para las personas jurídicas, pudiendo distinguir, por un lado, unas reglas de imposición de la pena, y por otro, unas reglas relativas a su determinación. En el primer caso se atiende al *cuándo* cabe imponer una pena o varias o ninguna; en el segundo se atiende al *cuánto* de esa/s pena/s. Respecto de este segundo aspecto se puede distinguir, a su vez, unas reglas aplicables a la pena de multa, que en parte coinciden con las de las personas físicas, y otras reglas que se aplican a las restantes penas, que son específicas para las personas jurídicas.

Por lo que al **cuándo cabe imponer una pena**, hay que recordar que la única pena de imposición obligatoria para las personas jurídicas es la multa. Las demás son de imposición facultativa y accesoria, pero para que el juez las imponga deberá tener en cuenta los criterios relativos a la necesidad y merecimiento de la pena establecidos en la **regla 1ª del art. 66 *bis***, y que son: a) «su necesidad para prevenir la continuidad de la actividad delictiva o de sus efectos» (necesidad); b) «sus consecuencias económicas y sociales, y especialmente los efectos para los trabajadores» (principio de utilidad de la intervención penal); c) «el puesto que en la estructura de la persona jurídica ocupa la persona física u órgano que incumplió el deber de control» (merecimiento de pena).

Por lo que a la determinación del **cuánto de pena o su extensión**, el art. 66 *bis* establece, por un lado, unas reglas para la pena de multa, y, por otro lado, unas reglas específicas para las restantes penas de las personas jurídicas. La remisión a las reglas del art. 66.1 (excepción hecha de la regla 5ª) (*supra* § 26), resulta aplicable sólo a la pena de multa, y más concretamente, a la multa cuantificada conforme al sistema de días-multa y no a la multa proporcional.

Los cálculos que exigen las reglas 1ª a 4ª y 6ª a 8ª del art. 66.1 (división en mitades, grados superior e inferior) sólo tienen sentido respecto de la pena de multa. Si no se interpreta así el art. 66 *bis ab initio*, yo me pregunto: ¿cuál es la mitad inferior de la pena de disolución?, o ¿cuál es la pena inferior en grado de las penas accesorias que no tienen fijado límite mínimo?, o ¿cómo se calcula la pena superior en grado o la mitad superior de la pena de clausura de locales?, ¿habría que tomar como punto de referencia 2 años (límite general absoluto), o la duración máxima de la pena privativa de libertad para la personas física (límite general relativo), o 5 años (límite máximo especial)? En el caso de la pena superior en grado, ¿por qué no se han previsto límites máximos como los del art. 70.3?

Aparte de esto, la cláusula inicial del art. 66 *bis* sólo se refiere a las reglas relativas a la concurrencia de atenuantes y agravantes [la SAP Guadalajara (Secc. 1ª) 8/2022, 31-3, aplicó la atenuante del art. 31 *quater* d), confirmada en este punto por la STSJ Castilla-La Mancha 17/2023, 25-4], pero no a otras reglas, como las relativas al grado de ejecución (art. 62) (la STS 165/2020, 19-5, lo aplica), ni de participación (arts. 63 y 65.3), ni tampoco a la concurrencia de eximentes incompletas (art. 68). En cambio, no habría inconveniente en aplicar las reglas relativas al concurso de delitos (arts. 73 ss.) (*supra* § 27), con el matiz de que si se aplica la pena de disolución, los límites del art. 76 ya no tendrían sentido. Por otro lado, sólo se refiere a las reglas del art. 66.1, dejando fuera las del apart. 2 relativo a los delitos imprudentes. Esto es debido a que no se ha incriminado para las personas jurídicas la comisión por imprudencia de ningún delito. Tampoco se aplica la regla relativa a la agravante de multirreincidencia del art. 66.1.5ª, pues el propio art. 66 *bis* ya prevé un régimen específico para las personas jurídicas.

En cuanto a las reglas para el resto de las penas para las personas jurídicas (excepto la multa), el art. 66 *bis* prevé dos. La primera consiste en que los mismos criterios que hemos visto antes respecto de la imposición (el cuándo), también se deben tener en cuenta para determinar la «extensión» de las penas (el cuánto) (**art. 66 *bis*.1ª**). Y la segunda establece unos criterios específicos para determinar la duración de las penas para las personas jurídicas (**art. 66 *bis*.2ª**) en función de si el incumplimiento de los deberes de supervisión, vigilancia y control no ha sido grave, que limita la duración de las mismas a un máximo de dos años; en función de si son o no reincidentes y de si se dedican o no preferentemente a actividades ilegales, en cuyo caso es evidente que la necesidad de pena es mayor, por lo que se puede aumentar la duración de las mismas.

El primer criterio penológico de limitación de la pena hasta dos años, introducido por la LO 1/2015, resulta inaplicable, porque el título de imputación a que se refiere dicha regla es el previsto en la letra b) del art. 31 *bis*.1, que exige expresamente que los delitos se han podido cometer «por haberse incumplido *gravemente*» los referidos deberes.

Para el caso de que la persona jurídica fuese reincidente o fuese utilizada instrumentalmente para la comisión de delitos, lo cual se entiende que existe cuando «la actividad legal de la persona jurídica sea menos relevante que su actividad ilegal», las penas para las personas jurídicas (excepto la multa y la disolución) podrán ser superiores a dos años. Y para que puedan superar los cinco años (sólo afecta a la prohibición para realizar actividades relacionadas con el delito y a las inhabilitaciones relacionadas con el sector público) o imponerse con carácter permanente (lo cual sólo es posible para la disolución y la prohibición para realizar actividades relacionadas con el delito) o bien la persona jurídica es utilizada instrumentalmente para la comisión de delitos, o bien es multirreincidente (haber sido condenada ejecutoriamente por tres o más delitos de la misma naturaleza y comprendidos en el mismo Título del CP, según la regla 5ª del art. 66.1).

§ 55. CONSECUENCIAS ACCESORIAS A ENTES SIN PERSONALIDAD JURÍDICA Y A SOCIEDADES INSTRUMENTALES

Hasta la reforma de 2010 el problema de la criminalidad de empresa se resolvía a través de la cláusula de la responsabilidad por actuaciones en nombre o representación de otro (arts. 31, 260.1 –hoy 259.5– y 318) y de las consecuencias accesorias para las personas jurídicas (art. 129). La LO 5/2010 mantiene la responsabilidad por actuaciones en nombre o representación de otro, pero al introducir las penas para las personas jurídicas relega las consecuencias accesorias del **art. 129** a «empresas, organizaciones, grupos o cualquier otra clase de entidades o agrupaciones de personas que, por carecer de personalidad jurídica, no estén comprendidas en el artículo 31 *bis*». En los casos en los que el delito se cometa en el seno o con la colaboración de estas entidades, el juez o tribunal podrá imponer motivadamente, como consecuencias accesorias a la pena que corresponda al autor del delito, una o varias de las sanciones previstas en las **letras c) a g) del art. 33.7**. Estas consecuencias accesorias también se pueden imponer a personas jurídicas que se utilicen instrumentalmente (ej. la STS 108/2019, 5-3, confirmó la prohibición definitiva de realizar cualquier actividad y la clausura y cierre definitivo de tres páginas web).

Ya la **Circular FGE 1/2011**, de 1 de junio, advertía que no se imputase a la persona jurídica en aquellos casos en los que se detectara la existencia de sociedades pantalla o de fachada, utilizadas como herramientas del delito o para dificultar su investigación, sino a las personas físicas que están detrás de ellas. La **Circular FGE 1/2016**, de 22 de enero, vuelve a insistir en ello, pero añade que en realidad "el régimen de responsabilidad de las personas jurídicas no está realmente diseñado para ellas [sociedades creadas exclusivamente para la comisión de delitos] (supervisión de los subordinados, programas de cumplimiento normativo, régimen de atenuantes...) de tal modo que la exclusiva sanción de los individuos que las dirigen frecuentemente colmará todo el reproche punitivo de la conducta, que podrá en su caso completarse con otros instrumentos como el decomiso o las medidas cautelares reales. Se entiende así que las sociedades instrumentales, aunque formalmente sean personas jurídicas, materialmente carecen del suficiente desarrollo organizativo para que les sea de aplicación del art. 31 bis, especialmente tras la completa regulación de los programas de cumplimiento normativo". Ello tiene también su repercusión procesal, pues dicha persona jurídica carecerá de los derechos procesales que reconoce la LECr.

De este modo, se viene a consagrar un **sistema de doble vía para las personas jurídicas**: las penas para las personas jurídicas imputables o semiimputables, y las consecuencias accesorias para las personas jurídicas inimputables.

La Circular 1/2016 distingue tres tipos de categorías de personas jurídicas según su responsabilidad organizativa: 1. Las que operan con normalidad en el mercado, que mejor o peor organizadas son penalmente imputables. 2. Las sociedades que desarrollan una cierta actividad, en su mayor parte ilegal, que en la medida en que tienen un mínimo desarrollo organizativo y cierta actividad, aunque en su mayor parte ilegal, son también imputables. 3. Aquellas sociedades que no tienen ninguna clase de actividad legal o que lo sea solo meramente residual y aparente para los propios propósitos delictivos, que tendrán la consideración de inimputables. Este tipo de sociedades suele emplearse para un uso único o para un uso finalista, como mero instrumento para la tenencia o titularidad de los fondos o activos a nombre de la entidad, a modo de velo que oculta a la persona física que realmente posee los fondos o disfruta del activo.

El art. 129 no dice nada acerca de los criterios de determinación de las consecuencias accesorias, ni tampoco de su duración, pero por la remisión al art. 33.7 y por la finalidad de prevenir la continuidad delictiva que inspiran a ambas consecuencias para los entes colectivos, hay que entender que rigen los mismos criterios de determinación que para las penas a las personas jurídicas e igualmente los límites generales –absoluto (2 años) y relativo (duración máxima de la pena privativa de libertad)– y especiales (5 o 15 años) (*supra* § 53).

La clausura temporal de los locales o establecimientos, la suspensión de las actividades sociales y la intervención judicial también se pueden acordar como medidas cautelares (**art. 129.3**).

BIBLIOGRAFÍA

Aparte de obras generales sobre la RPPJ, como Bajo Fernández, M./Feijoo Sánchez, B.J./Gómez-Jara Díez, C.: *Tratado de responsabilidad penal de las personas jurídicas*, 2ª ed., Civitas, Madrid, 2016; Gómez Tomillo, M.: *Introducción a la Responsabilidad Penal de las Personas Jurídicas*, 2ª ed., Aranzadi, Navarra, 2015; Galán Muñoz, A.: *Fundamentos y límites de la responsabilidad penal de las personas jurídicas tras la reforma de la LO 1/2015*, Tirant lo blanch, Valencia, 2017; González Cussac, J.L.: *Responsabilidad penal de las personas jurídicas y programas de cumplimiento*, Tirant lo blanch, Valencia, 2020; Nieto Martín, A.: *Manual de cumplimiento penal en la empresa*, Tirant lo blanch, Valencia, 2015; del Rosal Blasco, B.: *Manual de responsabilidad penal y defensa penal corporativas*, La Ley, Madrid, 2018; **específicamente sobre las penas a las personas jurídicas,** vid. Baucells Lladós, J.: «Las penas previstas para la persona jurídica en la reforma penal de 2010. Un análisis crítico», *EPC* t. XXXIII (2013), 175 ss.; de la Cuesta Arzamendi, J.L.: «Penas para las personas jurídicas en el Código Penal español», en Gómez Colomer (dir.), *Tratado sobre* compliance *penal. Responsabilidad Penal de las Personas Jurídicas y Modelos de Organización y Gestión*, Tirant lo Blanch, Valencia, 2019, pp. 67 ss.; Díez Ripollés, J.L.: «Las penas de las personas jurídicas y su determinación legal y judicial: regulación española», *JpD* 73 (2012), pp. 48 ss.; Faraldo Cabana, P.: «Las penas», en *Memento Experto en «Responsabilidad penal y procesal de las personas jurídicas»*, Francis Lefebvre, Madrid, 2015, n.m. 750 ss.; Fuentes Osorio, J.L.: *Sistema de determinación de las penas impuestas a las personas jurídicas*, J.M. Bosch, Barcelona, 2022; Gallego Díaz, M.: «Las penas aplicables a las personas jurídicas en el Código Penal español», *RP* 31 (2013), 85 ss.; Neira Pena, A.M.: «Las penas aplicables a personas jurídicas», en Faraldo Cabana/Puente Aba (dirs.), *Las penas privativas de derechos y otras alternativas a la privación de libertad*, Tirant lo blanch, Valencia, 2013, 393 ss.; Roca de Agapito, L.: «Consideraciones generales sobre el sistema de sanciones penales a las personas jurídicas en el Código Penal español», en *Estudios penales en homenaje al profesor José Manuel Lorenzo Salgado*, Tirant lo blanch, Valencia, 2021, 1225 ss.

Jurisprudencia

AJCI nº 6 de 11 octubre 2011 (primera resolución que procesó a una persona jurídica); precisamente este caso ha dado lugar a la STS 154/2016, 29-2 (primera STS en la que se declara la responsabilidad penal de una persona jurídica). Posteriormente, la STS 221/2016, 16-3 (confirma los planteamientos de la anterior). Desde entonces se han sucedido procesamientos y condenas de personas jurídicas. Por ejemplo, y por referirme sólo a la Jurisprudencia del TS, las siguientes resoluciones han confirmado condenas: la citada STS 154/2016, 29-2; este caso también dio lugar a la STS 583/2017, 19-7; otras condenas se han producido en las SSTS 827/2016, 3-11; 561/2018, 15-11; 742/2018, 7-2-2019; 746/2018, 13-2-2019; 118/2020, 12-3; 89/2023, 10-2 –caso Pescanova–.

Por la repercusión mediática que han tenido, caben destacar también los procesamientos del F.C. Barcelona, del Partido Popular, de Volkswagen y de la entidad financiera Bankia y de su auditora Deloitte. El **F.C. Barcelona** ha sido **condenado** por dos delitos contra la Hacienda Pública con motivo del fichaje del jugador de fútbol Neymar da Silva Santos Júnior (caso Neymar 1) [SAP Barcelona 8ª, 694/2016, 14-12] y fue absuelto en otro procedimiento (caso Neymar 2) de los delitos de estafa y de corrupción entre particulares [la STS 263/2021, 23-3, confirmó la declinatoria de jurisdicción por parte de la AN y envió el procedimiento a la AP de Barcelona, que finalmente absolvió al FC Barcelona –SAP Barcelona 6ª, 12-12-2022–]. Tanto el **Partido Popular**, como la entidad bancaria **Bankia** y su auditora **Deloitte**, han sido **absueltos**, respectivamente en sendos procedimientos [SAP Madrid, 271/2020, 13-7, de un posible delito de daños informáticos por el borrado de los ordenadores que había utilizado su tesorero], y en el caso penal económico más importante de los últimos años en España [SAN 13/2020, 29-9, y STS 839/2022, 24-10, de un posible delito de falseamiento de la información económico-financiera de la entidad bancaria en su salida a Bolsa en julio de 2011 y de perjudicar así a cientos de miles de inversores]. En cuanto a la fabricante de coches alemana Volkswagen por la fabricación de motores con la instalación de un software para ocultar la emisión de gases los Tribunales españoles declinaron su jurisdicción en favor de Alemania para juzgarla (STS 710/2021, 20-9).

También ha habido condenas entre la jurisprudencia menor, como las SSAP Madrid (Secc. 3ª) 742/2014, 17-12 (estafa); Pontevedra (Secc. 5ª) 297/2015, 18-6 (delito fiscal); Zaragoza (Secc. 1ª) 39/2016, 5-2 (estafa); Guadalajara (Secc. 1ª) 8/2022, 31-3 (delito ecológico); Málaga (Secc. 9ª) 291/2021, 3-9 (delito fiscal); Barcelona (Secc. 9ª) 303/2022, 6-5 (delito fiscal). La SAP Cáceres (Secc. 2ª) 203/2015, 8-5, condenó por estafa, pero la STS 221/2016, 16-3, la anuló por indefensión, debido a la falta de imputación formal dirigida contra la persona jurídica.

Documentos de interés

Circulares FGE 1/2011, de 1 de julio, y 1/2016, de 22 de enero.

Capítulo XV

Extinción de la responsabilidad penal

FÉLIX PEDREIRA GONZÁLEZ

§ 56. LAS CAUSAS DE EXTINCIÓN DE LA RESPONSABILIDAD PENAL

En el Capítulo I del Título VII del Libro I, bajo la rúbrica «De las causas que extinguen la responsabilidad criminal» (en adelante CERC), se contemplan las siguientes circunstancias: **muerte del reo, cumplimiento de la condena, remisión definitiva de la pena, amnistía, indulto, perdón de la persona ofendida, prescripción del delito, prescripción de la pena y de la medida de seguridad.** Con la excepción de la prescripción de la medida de seguridad, que no siempre permite la afirmación de una responsabilidad penal previa (*supra* § 33), las restantes circunstancias aludidas presuponen la realización de un previo delito con todos sus elementos y, por lo tanto, el nacimiento de una responsabilidad penal derivada de dicho delito. Esto es precisamente lo que caracteriza a estas circunstancias, que a diferencia de otras (ej., las eximentes del art. 20) no impiden el nacimiento de la responsabilidad penal, sino que extinguen una responsabilidad penal ya nacida previamente.

Lo anterior supone admitir que para nuestro CP la responsabilidad penal nace con la realización del delito, con independencia de que dicha responsabilidad, ya nacida, deba comprobarse con todas las garantías a través de un proceso penal. La sentencia judicial, por lo tanto, no tiene un valor constitutivo o creador de dicha responsabilidad penal, sino un valor declarativo, absolutamente necesario, pero sólo confirmatorio de esa responsabilidad penal previa nacida del delito. De hecho, el CP realiza esta agrupación de causas que extinguen la responsabilidad penal al margen de tales condicionantes procesales, pues algunas de estas circunstancias operan antes de la finalización del proceso penal a través de sentencia condenatoria, como la prescripción del delito o el perdón de la persona ofendida.

En relación con la problemática anterior, la naturaleza jurídica de estas causas ha sido discutida, en la medida en que tienen o pueden tener efectos en el proceso penal, de donde se ha pretendido deducir su naturaleza procesal.

> Así, p.ej., se ha utilizado la naturaleza procesal de la prescripción del delito como argumento para eludir la aplicación del principio de irretroactividad, exigencia ineludible del principio de legalidad penal, y así poder prolongar los plazos de prescripción con posterioridad a la comisión del delito.

Sin embargo, el hecho de que estas circunstancias tengan o puedan tener repercusiones en el proceso penal no implica que se trate de elementos de naturaleza procesal. Lo decisivo, a estos efectos, no son las consecuencias sobre el proceso penal, que pueden ser principales o derivadas de haber renunciado el Estado a la imposición de la pena o la medida de seguridad. Lo importante, desde este punto de vista, es su fundamento o razón de ser, y en este sentido puede afirmarse que, esencialmente, se trata de circunstancias que hacen decaer *ius puniendi*, la potestad punitiva del Estado o, más concretamente, la pretensión del Estado a imponer o ejecutar las penas o medidas de seguridad. Se trata, fundamentalmente, de elementos sustantivos o materiales (no procesales), con independencia de que produzcan efectos en el proceso judicial, que no son más que la consecuencia lógica de haber renunciado el Estado a su potestad punitiva y a que en tales circunstancias se estima que carece de sentido iniciar o continuar un proceso penal.

El **art. 130. 1. 1ª** contempla como CERC la **muerte del reo**, lo que se deriva del principio de personalidad de las penas, que es a su vez una manifestación del principio de culpabilidad. La responsabilidad penal, por lo tanto, es estrictamente personal, por lo que no puede responsabilizarse penalmente a un sujeto por hechos delictivos ajenos. De este modo, una vez fallecido el que ha cometido un hecho delictivo, procede la extinción de las consecuencias penales derivadas de su comportamiento.

La alusión a la muerte del reo, aunque en apariencia resulte clara y evidente, lo cierto es que puede plantear algún problema interpretativo. Así, en cuanto al concepto de muerte, se plantea la dificultad de fijar el momento del fin de la vida humana. A efectos penales, y de forma paralela a lo que sucede en el ámbito del homicidio, resulta preferible asociar el momento de la muerte del sujeto con el cese irreversible de las funciones cardiorrespiratorias o encefálicas, debidamente certificada por el médico encargado y cualificado a tales efectos (art. 9. 2 y Anexo I del RD 1723/2012, de 28 de diciembre), pues ni la declaración civil de fallecimiento apoyada en la presunción de la muerte del sujeto (arts. 193 ss., del Código Civil), ni otros posibles criterios formales basados en ficciones o en presunciones jurídicas, que pueden resultar muy útiles en otros ámbitos del Derecho, deben ser suficientes para considerar extinguida la responsabilidad penal nacida de la comisión del delito. Por lo que se refiere al término "reo", resulta posible y coherente con el concepto y naturaleza jurídica de estas causas interpretarlo en un sentido amplio, no solo referido al sujeto ya condenado por sentencia firme, sino también al sujeto que ha cometido un delito y, por lo tanto –con arreglo al CP– es responsable del mismo, con independencia de que dicha responsabilidad deba ser comprobada, declarada o confirmada, con todas las garantías, a través del debido proceso penal.

A dicha interpretación no se opone el art. 115 LECr, pues, por una parte, este precepto en ningún momento señala que la muerte del sujeto solo extinga la acción penal, por lo que no resulta incompatible con el enunciado del CP que afirma que la muerte del reo extingue la responsabilidad criminal. Por otra parte, el efecto de extinción de la acción puede y debe considerarse como una consecuencia lógica de haberse extinguido la responsabilidad penal del sujeto o, si se prefiere, de haber renunciado el Estado a su pretensión punitiva y entender que, sin pretensión material, carece de sentido la acción procesal. Es más, la interpretación defendida no sólo resulta posible y coherente con el concepto y naturaleza jurídica de estas circunstancias, sino también, desde nuestro punto de vista, claramente preferible, pues la interpretación restrictiva nos conduciría a la extraña conclusión de que la muerte del sujeto sucedida después de la sentencia condenatoria firme extingue su responsabilidad penal, pero si sucede antes de la misma solo extingue la acción para declararla.

Por otra parte, en relación con la **responsabilidad penal de las personas jurídicas**, y esencialmente para evitar el fraude de ley en este ámbito, el art. 130. 2 CP aclara que la "transformación, fusión, absorción o escisión de una persona jurídica no extingue su responsabilidad penal, que se trasladará a la entidad o entidades en que se transforme, quede fusionada o absorbida y se extenderá a la entidad o entidades que resulten de la escisión. El Juez o Tribunal podrá moderar el traslado de la pena a la persona jurídica en función de la proporción que la persona jurídica originariamente responsable del delito guarde con ella. No extingue la responsabilidad penal la disolución encubierta o meramente aparente de la persona jurídica. Se considerará en todo caso que existe disolución encubierta o meramente aparente de la persona jurídica cuando se continúe su actividad económica y se mantenga la identidad sustancial de clientes, proveedores y empleados, o de la parte más relevante de todos ellos".

El **art. 131. 1. 2ª** señala como CERC **el cumplimiento de la condena**, lo que puede considerarse innecesario y evidente. Es más, cabría estimar que se trata de una referencia desafortunada y perturbadora desde la perspectiva de una política criminal moderna y adecuada, pues parece reflejar la idea de que la responsabilidad penal es una especie de deuda que se paga. Pero, en cualquier caso, resulta obvio que, una vez cumplida la condena, el sujeto ha satisfecho su responsabilidad penal y, por lo tanto, dicha responsabilidad se acaba, aunque puedan persistir otros efectos asociados a la misma, como los antecedentes penales.

Por cumplimiento de la condena pueden y deben entenderse las diferentes formas por las que puede producirse dicho cumplimiento: transcurso del tiempo en prisión y, en su caso, de la libertad condicional, pago de la multa impuesta, cumplimiento de la responsabilidad subsidiaria por impago de multa, cumplimiento de la pena sustitutiva...

Aunque puede plantear alguna duda la fijación de los elementos que integran la condena, resulta preferible, al tratarse de una CERC, considerarla integrada únicamente por las consecuencias penales del delito cometido (penas y, en su caso, medidas de seguridad) de modo que debe considerase cumplida cuando el sujeto haya satisfecho dichas consecuencias, sin que a tales efectos sea exigible el cumplimiento de la responsabilidad civil ni el pago de las costas procesales, que no son responsabilidad penal (*supra* §§ 43 y 47).

El **art. 130. 1. 3ª** establece como CERC la «**remisión definitiva de la pena**, conforme a lo dispuesto en los apartados 1 y 2 del art. 87». Verdaderamente, la remisión definitiva de la pena es un modo de extinguir la responsabilidad penal, vinculada esencialmente a razones de prevención especial y sin tener que cumplir de manera efectiva la condena, por lo que puede considerarse un acierto su mención expresa a continuación del cumplimiento de la condena (*supra* § 28).

El **art. 130.1. 4ª** contempla como CERC la «**amnistía o el indulto**», que son manifestaciones del denominado *derecho de gracia*. La amnistía se concreta en una disposición general procedente del Poder legislativo que elimina o borra el delito o delitos cometidos, con todos sus efectos asociados. Esta idea se corresponde con la etimología de la palabra amnistía (amnesia, olvido).

Las leyes de amnistía suelen apoyarse en poderosas razones de interés público y a favor de los que han cometido determinados delitos políticos o con motivaciones políticas, para favorecer la pacificación y concordia social tras un cambio de régimen político o algún episodio especialmente traumático: alzamientos, rebeliones, etc.

Pese a algún intento de incluirla, la amnistía no se contempló expresamente en la Constitución española de 1978, lo que ha dado lugar a una intensa polémica. A este respecto, un sector de la doctrina ha rechazado la posibilidad de aprobar una amnistía, al no estar prevista en nuestra Constitución. Además, se ha argumentado que si la Constitución prohíbe los indultos generales (art. 62. i) sería incoherente permitir la amnistía, con efectos de mayor alcance, pues si está prohibido "lo menos", no tiene sentido permitir "lo más". Otro sector de la doctrina, por el contrario, ha considerado que el hecho de que la amnistía no esté contemplada expresamente en la Constitución, no implica que esté prohibida, afirmando que no cabe negar al Parlamento la posibilidad de dictar una ley de amnistía. En este sentido, se interpreta que la prohibición constitucional de los indultos generales lo que pretende es que el Poder ejecutivo, al que corresponde decretar los indultos, pueda decidir con carácter general la concesión de la gracia, pero no que el Poder legislativo tenga prohibido aprobar una ley de amnistía. Una cuestión es prohibir al Poder ejecutivo los indultos generales y otra, distinta desde la perspectiva de nuestro sistema democrático, negar al Poder legislativo la capacidad de limitar el alcance de las leyes penales cuya aprobación, derogación y modificación forman parte de su potestad. Dicha posibilidad, salvo en casos jurídicamente inadmisibles, como puede ser la oposición al Derecho internacional, no parece posible negársela al Parlamento, donde están los representantes del pueblo soberano.

Cuestión diferente, que no conviene confundir con la anterior, es que sea adecuado, procedente o conveniente dictar una ley de amnistía en determinados casos o por razones ajenas a su función. A este respecto, el Grupo Parlamentario Socialista, en noviembre de 2023, presentó una Proposición de Ley Orgánica de amnistía para la normalización institucional, política y social en Cataluña Cataluña, que ha sido aprobada en virtud de LO 1/2024, de 10 de junio, de amnistía para la normalización institucional, política y social en Cataluña (*BOE* nº 141, de 11 de junio de 2024). Dicha Ley, además de contemplar una amnistía amplia de las infracciones vinculadas directa o indirectamente al denominado *proceso independentista de Cataluña*, en su Disposición final segunda establece: "Se modifica el apartado 1 del artículo 130 del Código Penal, que queda redactado con el siguiente tenor: 1. La responsabilidad criminal se extingue... 4.º Por la amnistía o el indulto". Por lo tanto, frente a la regulación anterior, que solo contemplaba el indulto, actualmente se prevé también la amnistía como CERC en nuestro CP.

El indulto, a diferencia de la amnistía, se concreta en una decisión del Poder ejecutivo que acuerda la remisión o extinción, total o parcial, de la pena o penas a las que un sujeto ha sido condenado, o su sustitución por otra u otras menos graves, aunque persisten las demás consecuencias derivadas del delito cometido, como los antecedentes penales, la responsabilidad civil o las costas procesales.

La regulación principal del indulto se encuentra en la antigua **Ley de 18 de junio de 1870**, de reglas para el ejercicio de la gracia de indulto, modificada por la Ley de 14 de enero de 1988 (en adelante LI).

También pueden encontrarse otras disposiciones que afectan a esta institución, como los arts. 62. i) y 102. 3 CE, los arts. 4.3 y 4.4 CP, los arts. 25, 193 y 206 del RD 190/1996, de 9 de febrero, por el que se aprueba el Reglamento Penitenciario, la Orden de 10 de septiembre de 1993 del Ministerio de Justicia, por la que se dan instrucciones sobre la tramitación de solicitudes de indulto, o el art. 6 del RD 1879/1994, 16 de septiembre, por el que se aprueban determinadas normas procedimentales en materias de Justicia e Interior.

Actualmente, no resulta fácil justificar la pervivencia de esta institución, que suele considerarse como un residuo procedente de tiempos remotos, en los que el *ius puniendi* se concebía como un derecho más cuyo titular era el Monarca o Soberano. Además, resulta difícilmente compatible con el principio de la división de poderes, en el que se atribuye al Poder legislativo –donde se encuentran los representantes del pueblo soberano– la potestad de decidir qué es delito y qué pena le corresponde, y al Poder judicial la potestad de juzgar y hacer ejecutar lo juzgado con sometimiento pleno al imperio de la ley, sin que otros poderes deban interferir en sus correspondientes decisiones. No obstante, y con independencia de que se defienda que esta institución debería adaptarse en mayor medida a las exigencias derivadas del Estado social y democrático de Derecho, lo cierto es que normalmente se estima que el indulto puede ser un correctivo útil en el caso concreto por razones de justicia, equidad o político-criminales, siempre que se fundamente e interprete desde tales razones. En efecto, el indulto puede ser un instrumento útil desde el punto de vista de los fines de la pena y, en particular, de la prevención especial (p.ej., en casos de manifiesta reinserción social del sujeto al margen del sistema penitenciario, en los que la ejecución de la pena de prisión no sólo resultaría inútil, sino incluso contraproducente desde dicha perspectiva), así como en los supuestos en que la pena resulte claramente desproporcionada (véase art. 4. 3 CP).

Aunque en ocasiones se haya hecho, no debiera utilizarse esta causa de extinción de la responsabilidad penal por razones ajenas al hecho delictivo o al sujeto responsable del mismo, como puede ser el exceso de población penitenciaria, y menos aún por motivos más o menos espurios de connivencia entre integrantes de la *clase política* o de los mismos con integrantes de otros poderes sociales, como el poder financiero, que han generado una intensa polémica. También han generado polémica los indultos concedidos en relación con la consulta sobre la independencia del

1 de octubre de 2017 en Cataluña, que dio lugar a la condena de diversos responsables políticos y otros sujetos por delitos de sedición, malversación y desobediencia (STS 459/2019, 14-10 y Reales Decretos de indulto de 22-6-2021, publicados en BOE nº 149 de 23-6-2021).

Si bien los indultos pueden ser **generales** o **particulares**, en el Derecho español únicamente se contempla el indulto particular, ya sea total o parcial (cfr. **arts. 62 i) CE** y **art. 4 LI**). No obstante, el indulto total sólo podrá concederse en el caso de existir a favor del condenado «razones de justicia, equidad o utilidad pública, a juicio del Tribunal sentenciador» (**art. 11 LI**). En los demás casos únicamente podrá concederse el parcial y con preferencia la sustitución de la pena impuesta por otra menos grave (**art. 12 LI**).

En cuanto a sus **requisitos**, se exige que el responsable penal esté condenado por sentencia firme, que esté a disposición del Tribunal sentenciador para cumplir la condena y que no sea reincidente en el mismo u otro delito, salvo que, a pesar de la reincidencia y a juicio del Tribunal sentenciador, hubiese razones suficientes de «justicia, equidad o conveniencia pública» para otorgar el indulto (**art. 2 LI**). También está condicionado el indulto a que no cause perjuicio a tercera persona o a sus derechos y, cuando el delito por el que hubiese sido condenado el sujeto fuere de los que solamente pueden perseguirse a instancia de parte, a que haya sido oída la parte ofendida (**art. 15 LI**). Podrán además imponerse al penado «las demás condiciones que la justicia, la equidad o la utilidad pública aconsejen», de manera que el tribunal sentenciador no dará cumplimiento a ninguna concesión de indulto cuyas condiciones no hayan sido previamente cumplidas por el penado, salvo las que por su naturaleza no lo permitan (**arts. 16 y 17 LI**). En cualquier caso, de acuerdo con el art. 102. 3 CE la prerrogativa real de gracia no será aplicable al Presidente y a los demás miembros del Gobierno.

Por lo que al **procedimiento** se refiere, están legitimados para solicitar el indulto los penados, sus parientes o cualquier otra persona en su nombre, el Tribunal sentenciador, el Gobierno, para la concesión de indultos que no hubiesen sido solicitados por los particulares ni propuestos por los Tribunales (cfr. arts. 19 ss. LI y art. 4 CP). También la Junta de Tratamiento penitenciario, en determinadas circunstancias y previa propuesta del Equipo Técnico, podrá solicitar del Juez de Vigilancia Penitenciaria la tramitación de un indulto particular (art. 206 del RD 190/1996, de 9 de febrero, del Reglamento Penitenciario). Las solicitudes de indulto se dirigirán al Ministro de Justicia, que a su vez y salvo en casos excepcionales, requerirá informe del Tribunal sentenciador (arts. 23 ss. LI).

Aunque la Constitución atribuye al Rey el ejercicio del «derecho de gracia con arreglo a la ley» (art. 62 i), la decisión de conceder o no el indulto corresponde al Consejo de Ministros, a través de Real Decreto, que será publicado en el BOE (**art. 30 LI**). No obstante, la aplicación del indulto corresponde al Tribunal sentenciador, que es el encargado de darle cumplimiento (**arts. 17 y 31 LI**).

Finalmente, en cuanto a sus **efectos**, ya hemos señalado que en nuestro Derecho únicamente se contempla el indulto particular, ya sea total o parcial. El indulto total comporta la remisión de todas las penas a que hubiese sido condenado el sujeto y que todavía no hubiese cumplido. El indulto parcial supone la remisión de alguna o algunas de las penas impuestas, o de parte de ellas y que todavía no hubiese cumplido. Se reputa también indulto parcial la sustitución de la pena o penas impuestas al sujeto en otras menos graves (**art. 4 LI**). Salvo excepciones, el indulto de la pena principal llevará consigo el de las accesorias que con ella se hubiesen impuesto al penado (**arts. 6 y 7 LI**), pero no abarca otras consecuencias, como la responsabilidad civil, las costas procesales y los antecedentes penales (**arts. 6 y 9 LI** y **136 CP**). Tampoco comprende la devolución de la multa ya pagada, a no ser que así se determine expresamente (**art. 8 LI**). La concesión del indulto es irrevocable, con arreglo a las cláusulas con que hubiere sido otorgado (**art. 18 LI**). Como regla general, la solicitud o propuesta de indulto no suspende el cumplimiento de la sentencia ejecutoria, salvo en los casos previstos en la ley (cfr. **art. 32 LI** y **4 CP**).

Con arreglo a la **Disposición adicional introducida en la LI** por la Disposición final primera de la LO 1/2015, «el Gobierno remitirá semestralmente al Congreso de los Diputados un informe sobre la concesión y denegación de indultos. Para la presentación de los datos contenidos en el citado informe, y previa revisión del mismo, un alto cargo del Ministerio de Justicia solicitará su comparecencia ante la Comisión de Justicia del Congreso de los Diputados». Dicha disposición constituye un primer paso en la dirección correcta, al favorecer la rendición de cuentas frente al Poder legislativo en una materia tradicionalmente caracterizada por una trasparencia, motivación y control muy escasos o nulos, como se ha puesto de manifiesto en los diferentes intentos de reforma de la LI.

El **art. 130. 1. 5ª** establece como CERC el **perdón de la persona ofendida**, «cuando se trate de delitos leves perseguibles a instancias de la persona agraviada o la ley así lo prevea».

Entre los primeros delitos mencionados se encuentran las lesiones leves del art. 147.2; golpear o maltratar de obra a otro sin causarle lesión del art. 147.3; las amenazas leves del art. 171.7; las coacciones leves del art. 172.3

y la injuria o vejación injusta de carácter leve del art. 173.4. Tales delitos, además de leves, sólo son perseguibles mediante denuncia de la persona agraviada o de su representante legal. Entre los segundos delitos señalados se encuentran el descubrimiento y revelación de secretos (art. 201.3), las injurias y calumnias frente a particulares (art. 215.3) y los daños imprudentes (art. 267, párrafo último).

El perdón de la persona ofendida consiste en una declaración expresa por parte de dicho sujeto en el sentido de que no se le imponga la pena al que ha cometido el delito.

En cuanto a su **fundamento**, sucede que, de manera excepcional, en determinados delitos privados o semiprivados, que únicamente son perseguibles a instancia de la persona agraviada o de su representante legal (denuncia o querella) se estima que el interés del ofendido prevalece sobre el escaso interés del Estado en el castigo penal, de modo que si el principal afectado manifiesta su voluntad de que no se condene al responsable de la infracción penal, el Estado renuncia a su potestad punitiva en el caso concreto y se extingue, en consecuencia, la responsabilidad penal.

Dicho perdón exige los siguientes **requisitos**: 1) Tiene que ser otorgado de forma expresa, no pudiendo presumirse ni deducirse tácitamente de otros hechos o comportamientos del sujeto. Aunque el CP no lo aclara específicamente, debe tratarse de un perdón libremente emitido y no condicionado por vicios relevantes de la voluntad, como amenazas, coacciones o engaño relevante; 2) Tiene que otorgarse antes de que se haya dictado sentencia, a cuyo efecto el juez o tribunal deberá oír al ofendido por el delito antes de dictarla.

Sin embargo, cuando se trate de delitos cometidos contra **menores de edad o personas con discapacidad necesitadas de especial protección** que afecten a bienes jurídicos eminentemente personales (p.ej., salud individual, libertad, intimidad, honor, etc.) el perdón de la persona ofendida no extingue la responsabilidad criminal. Con esta excepción, introducida por la LO 8/2021, de 4 de junio, de protección integral a la infancia y la adolescencia frente a la violencia, se pretende incrementar la tutela de dichos sujetos frente a los delitos cometidos contra su persona (p.ej., lesiones, malos tratos, coacciones, vejaciones, etc.) de manera que, estos casos, sus representantes no puedan otorgar el perdón en su nombre, ni los jueces o tribunales conceder eficacia al mismo.

Por lo que se refiere a sus **efectos**, el perdón del ofendido, otorgado con los requisitos anteriormente señalados, extingue la responsabilidad penal nacida del comportamiento delictivo del sujeto.

El CP incluye como últimas CERC la **prescripción del delito (arts. 130. 1. 6ª)** y la **prescripción de la pena o de la medida de seguridad (art. 130. 1. 7ª)**. Sin embargo, la prescripción de la medida de seguridad solo impropiamente puede considerarse una CERC, pues en tal caso no siempre puede afirmarse la existencia de un responsable penal, como ya hemos señalado. La prescripción del delito opera cuando transcurre un periodo de tiempo determinado sin que se haya dirigido un proceso penal contra el responsable o, habiéndose iniciado, dicho proceso ha estado paralizado durante ese periodo de tiempo. La prescripción de la pena o de la medida de seguridad operan porque, habiéndose impuesto judicialmente una de ellas, transcurre un plazo determinado sin que se hayan cumplido. La diferencia fundamental se encuentra en que, mientras la prescripción del delito puede operar con anterioridad a la sentencia condenatoria firme, la prescripción de la pena o de la medida de seguridad solo puede desplegar sus efectos a partir de dicho momento.

En cuanto a la **naturaleza jurídica** de esta institución, mayoritariamente se defiende que tiene una naturaleza sustantiva o material y no meramente procesal. Dicha conclusión suele extraerse de su **fundamento** o razón de ser, al considerarse que la prescripción se fundamenta en la ausencia de necesidad de pena por el transcurso del tiempo. A estos efectos, es frecuente afirmar que, con el transcurso del tiempo, el recuerdo del delito en la sociedad desparece, se olvida, de manera que ya no es necesario imponer la pena. Sin embargo, aunque este argumento puede revestir cierta solidez desde el punto de vista de la prevención general, el fundamento decisivo de la prescripción gira en torno a la exigencia de que no prolonguen de manera indefinida las situaciones jurídicas expectantes. El que la amenaza penal del Estado se cierna sobre el individuo de un modo permanente y sin ninguna limitación temporal, no es algo que tenga cabida en un Estado social y democrático de Derecho. Desde este punto de vista, la prescripción puede conectarse con la dignidad individual, la libertad e, incluso, con la seguridad jurídica, como ha reconocido nuestro Tribunal Constitucional.

Hasta tal punto este Tribunal ha estimado que la prescripción se encuentra vinculada al orden de valores de la CE que, además de señalar que esta institución encuentra «su propia justificación constitucional en el principio de seguridad jurídica», afirma que «sería cuestionable constitucionalmente un sistema jurídico-penal que consagrase la imprescriptibilidad absoluta de los delitos» (STC 157/1990, 18-10). Esto último, sin embargo, ha sido desatendido por el legislador ordinario, que ha establecido la imprescriptibilidad de algunos delitos, llevado en parte por los compromisos internacionales.

A la naturaleza material y no meramente procesal de la prescripción comúnmente se le asocian una serie de **consecuencias**, entre las que destacan la aplicación del principio de irretroactividad y de retroactividad favorable al reo, y que puede ser alegada en cualquier momento del proceso y debe ser apreciada de oficio.

Por lo que se refiere a la **prescripción de los delitos**, los mismos prescriben cuando transcurren los plazos establecidos en el **art. 131. 1 CP**, plazos que, por otra parte, no han hecho más que incrementarse en los últimos años, abandonando criterios de proporcionalidad y adaptándolos más bien a la lentitud de la Administración de Justicia. Además, dichos plazos están previstos atendiendo a la **pena en abstracto**, es decir, la pena genérica prevista en los tipos del libro II CP, sin tener en cuenta el grado de participación, de ejecución y las restantes circunstancias que pudieran suponer un aumento o reducción de ese marco penal genérico. A ello se añade la existencia de **delitos imprescriptibles**, a pesar de lo cuestionable que resulta, en palabras del Tribunal Constitucional (STC 157/1990, 18-10). Inicialmente, esta imprescriptibilidad solo se refirió al delito de genocidio, pero posteriormente se han ido añadiendo los delitos de lesa humanidad, los delitos contra las personas y bienes protegidos en caso de conflicto armado (salvo los del art. 614) y los delitos de terrorismo cuando producen la muerte de una persona (**art. 131. 3**). Por otra parte, cuando la pena señalada por la ley sea compuesta (ej., prisión y multa) se estará, para la elección del plazo prescriptivo aplicable, a la que exija mayor tiempo para la prescripción (**art. 131. 2**). Igualmente, en los supuestos de concurso de infracciones o infracciones conexas, en vez de prescribir cada delito con arreglo a su plazo, se establece que el plazo de prescripción será el que corresponda al delito más grave (**art. 131. 4**).

En cuanto al **cómputo de los plazos**, como regla general, los mismos comienzan a correr desde el día en que se haya cometido la «infracción punible», si bien posteriormente se fijan una serie de excepciones a esta regla (**art. 132**). La referencia a la infracción punible suele interpretarse en el sentido de que hay que atender al momento en el que fue realizado el último acto necesario para la configuración típica y que coincide, en los delitos que se hayan consumado, con el momento de la consumación (*criterio de la consumación* o *del resultado*). Sin embargo, en el delito continuado hay que atender al día en el que se realizó la última infracción, en el delito permanente al momento en el que se eliminó la situación ilícita y en los delitos que exijan habitualidad al momento en el que cesó la conducta. También se contemplan excepciones relativas a determinados delitos cometidos contra menores, en los que los que los plazos de prescripción comienzan a correr desde el día en que alcancen la mayoría de edad o, incluso, en algunos casos, desde que cumplan los treinta y cinco años de edad, y si hubieran fallecido antes de alcanzarla, desde la fecha de fallecimiento (**art. 132, párrafos segundo y tercero**).

> En realidad, se trata de causas de suspensión del plazo y, aunque el propósito inicial del legislador era contemplar una excepción en materia de delitos sexuales cometidos contra menores, lo que generaba un mayor consenso, a la hora de la verdad se han incluido muchos otros delitos en los que resulta discutible, tanto desde un punto de vista victimológico, como desde la concepción valorativa del principio de igualdad, que esa diferencia de trato pueda estar justificada. Así, en el art. 132.1, párrafo segundo, se establece que "en los delitos de aborto no consentido, lesiones, contra la libertad, de torturas y contra la integridad moral, contra la intimidad, el derecho a la propia imagen y la inviolabilidad del domicilio, y contra las relaciones familiares, excluidos los delitos contemplados en el párrafo siguiente, cuando la víctima fuere una persona menor de dieciocho años, los términos se computarán desde el día en que ésta haya alcanzado la mayoría de edad, y si falleciere antes de alcanzarla, a partir de la fecha del fallecimiento". Sin embargo, con arreglo al párrafo tercero del art. 132.1, "en los delitos de tentativa de homicidio, de lesiones de los artículos 149 y 150, en el delito de maltrato habitual previsto en el artículo 173.2, en los delitos contra la libertad sexual y en los delitos de trata de seres humanos, cuando la víctima fuere una persona menor de dieciocho años, los términos se computarán desde que la víctima cumpla los treinta y cinco años de edad, y si falleciere antes de alcanzar esa edad, a partir de la fecha del fallecimiento". Esta nueva excepción de los treinta y cinco años fue introducida, con una técnica legislativa muy deficiente (se llegaban a repetir los delitos contra la libertad en los párrafos segundo y tercero del art. 132. 1) por la LO 8/2021, de 4 de junio, de protección integral a la infancia y la adolescencia frente a la violencia. Según su Preámbulo, "con ello se evita la existencia de espacios de impunidad en delitos que estadísticamente se han probado de lenta asimilación en las víctimas en el plano psicológico y, muchas veces, de tardía detección". Posteriormente, dicha excepción ha sido corregida por la la LO 4/2023, de 27 de abril, para la modificación de la Ley Orgánica 10/1995, de 23 de noviembre, del Código Penal, en los delitos contra la libertad sexual, la Ley de Enjuiciamiento Criminal y la Ley Orgánica 5/2000, de 12 de enero, reguladora de la responsabilidad penal de los menores. En esta nueva redacción se incluyen los delitos contra la libertad en el párrafo segundo del art. 132. 1 (los términos se computarán desde el día en que la víctima haya alcanzado la mayoría de edad, y si falleciere antes de alcanzarla, a partir de la fecha del fallecimiento).

Para fijar el final del plazo de prescripción, en ausencia de previsión legal específica en el CP, se acude supletoriamente al **art. 5. 1 del Código**

Civil, es decir, cómputo de fecha a fecha sin excluir los días inhábiles. Sin embargo, durante su transcurso, los plazos de prescripción pueden **interrumpirse** o incluso **suspenderse**.

La diferencia fundamental entre la interrupción y la suspensión es que en la interrupción se pierde el tiempo que ya hubiera transcurrido, de manera que hay que volver a contar el plazo desde el principio, mientras que en la suspensión no se pierde la parte del plazo transcurrido hasta ese momento, de modo que puede continuar corriendo desde donde se quedó.

El plazo solo se interrumpe cuando el Juez o Magistrado dirige el proceso penal contra la persona indiciariamente responsable del delito, dictando una resolución judicial motivada en la que se le atribuya su presunta participación en un hecho delictivo. No obstante, el plazo de prescripción puede volver a correr de nuevo, quedando sin efecto el tiempo ya transcurrido, desde que se paralice el proceso o termine sin condena (**art. 132. 2. 1ª**). La presentación de la denuncia o querella en la que se atribuya a una persona determinada su intervención en un hecho delictivo solo suspende el cómputo de la prescripción por un plazo máximo de seis meses. Si en ese plazo, el Juez o Magistrado no adopta la resolución anteriormente mencionada o dicta una resolución negativa, se levanta la causa de suspensión, entendiéndose que el plazo de prescripción continuó corriendo desde la presentación de la denuncia o querella (**art. 132. 2. 2ª**).

Tradicionalmente, la jurisprudencia del TS admitía que la simple presentación de la denuncia o querella interrumpía el plazo de prescripción, incluso en alguna ocasión sin necesidad de identificar o concretar a alguno de los sujetos (STS 2/1998, 29-7, recaída en el conocido *caso Marey*). Mientras tanto, el TC venía inadmitiendo los recursos de amparo en esta materia, señalado que se trataba de una cuestión de legalidad ordinaria y que, por lo tanto, no tenía relevancia constitucional. Sin embargo, a partir de un determinado momento, decide entrar con contundencia en la materia señalando que, a los efectos de la interrupción de la prescripción, no basta con la presentación de la denuncia o querella, sino que se exige una resolución judicial que dirija el proceso penal contra el culpable. Esta decisión generó conflicto y malestar, tanto por entender que invadía las competencias del TS, como por el hecho de que se veía o se quería ver especie de Sentencia preparatoria para un asunto concreto que, hasta que surgió, el TC ni siquiera se había planteado acabar con esa praxis judicial en perjuicio del reo, a pesar de las advertencias de la doctrina especializada (véase STC 63/2005, 14-3). Finalmente, dictó la STC 29/2008, 20-2, por la que se otorgaba el amparo a los condenados en el conocido *caso de los Albertos*. Sobre la base de ello, el legislador penal ha cambiado el CP y ya precisa claramente que se exige una resolución judicial para entender interrumpida la prescripción, aunque también ha decidido atribuir efectos suspensivos a la presentación de la denuncia o querella, con lo que, de algún modo, se ha quedado a medio camino entre lo uno y lo otro. Actualmente, el art. 132. 3 ya precisa que, "a los efectos de este artículo, la persona contra la que se dirige el procedimiento deberá quedar suficientemente determinada en la resolución judicial, ya sea mediante su identificación directa o mediante datos que permitan concretar posteriormente dicha identificación en el seno de la organización o grupo de personas a quienes se atribuya el hecho". Por su parte, el apartado 4 del art. 132, introducido por la LO 9/2021, de 1 de julio, de aplicación del Reglamento (UE) 2017/1939 del Consejo, de 12 de octubre de 2017, por el que se establece una cooperación reforzada para la creación de la Fiscalía Europea, señala: "En los procedimientos cuya investigación haya sido asumida por la Fiscalía Europea, la prescripción se interrumpirá: a) cuando se dirija la investigación contra una persona determinada, suficientemente identificada, en los términos del apartado anterior, y así quede reflejado en un Decreto motivado; b) cuando se interponga querella o denuncia ante la Fiscalía Europea en la que se atribuya a una persona determinada su presunta participación en un hecho que pueda ser constitutivo de delito, resultando de aplicación la regla 2ª del apartado 2 de este artículo" (suspensión por plazo máximo de seis meses).

Para la **prescripción de las penas**, el CP contempla una regulación paralela a la prescripción de los delitos, por lo que son trasladables la mayoría de las consideraciones efectuadas anteriormente, con ciertas peculiaridades y matices. Algunos de sus plazos son superiores a los de la prescripción del delito, posiblemente por entender que en estos casos ya existe una sentencia condenatoria firme que declara y confirma la responsabilidad penal del sujeto, contemplándose los mismos supuestos de imprescriptibilidad (**art. 133**). No obstante, a diferencia de lo que sucede en la prescripción del delito, la pena que hay que tener en cuenta a los efectos de la elección del plazo prescriptivo aplicable es la pena concretamente impuesta en la sentencia condenatoria firme y no la señalada en abstracto por la ley para el delito. El plazo de prescripción de la pena se cuenta desde la fecha de la sentencia firme, o desde el quebrantamiento de la condena, si esta hubiese comenzado a cumplirse. Dicho plazo es susceptible de suspensión en los siguientes supuestos: durante el periodo de suspensión de la ejecución de la pena y durante el cumplimiento de otras penas, en los casos de cumplimiento sucesivo por no ser posible el cumplimiento simultáneo (**art. 134**).

Finalmente, como se ha señalado, el CP también se refiere con cierta impropiedad a la **prescripción de las medidas de seguridad** como CERC, estableciendo únicamente dos plazos: diez años, si fueran medidas privativas de libertad superiores a tres años, y cinco años, en los demás casos, sin contemplarse supuestos de imprescriptibilidad (**art. 135. 1**). Como regla general y de forma paralela a lo que sucede en la prescripción de las penas, estos plazos comienzan a correr desde el día de la firmeza la resolución que impone la medida. No obstante, también se contemplan causas de suspensión: en los casos de cumplimiento sucesivo, los plazos se computarán desde el día que la medida debió empezar a cumplirse, y si el cumplimiento de una medida de seguridad es posterior al de una pena, el plazo se computará desde que la pena se extingue (**art. 135. 2 y 3**).

§ 57. INSCRIPCIÓN Y CANCELACIÓN DE ANTECEDENTES DELICTIVOS

Los antecedentes delictivos son un efecto de la sentencia condenatoria firme por el que se deja constancia registral de la pena o penas que han sido impuestas a un sujeto por el delito o delitos cometidos. Como ya se ha señalado, dicho efecto pervive más allá de la extinción de la responsabilidad penal del sujeto, durante un periodo de tiempo que está en función de la gravedad del delito cometido. No obstante, conviene aclarar que el CP, bajo la rúbrica «De la cancelación de antecedentes delictivos», no sólo comprende la cancelación de los antecedentes derivados de la imposición de penas, sino también la relativa a las anotaciones de las medidas de seguridad, de un modo un tanto impropio, pues en estos casos no siempre puede hablarse de la existencia de un delito en sentido estricto.

Por lo que se refiere a los antecedentes delictivos propiamente dichos, es decir, los derivados de la sentencia condenatoria firme que impone una o varias penas, los jueces y tribunales deben remitir directamente al Registro Central de Penados, dependiente del Ministerio de Justicia, notas autorizadas de tales sentencias (**art. 252 LECr**).

Además del Registro Central de Penados, que se ocupa en general de la inscripción de las resoluciones firmes que impongan penas o medidas de seguridad, existen también: el Registro Central de Delincuentes Sexuales, el Registro Central para la Protección de las Víctimas de Violencia Doméstica y de Género, el Registro Central de Sentencias de Responsabilidad Penal de los Menores y el Registro Central de Medidas Cautelares, Requisitorias y Sentencias no firmes (cfr. RD 95/2009, de 6 de febrero, y RD 1110/2015, de 11 de diciembre, que en materia de cancelación de antecedentes solo son aplicables en tanto no se opongan al CP, como resulta evidente).

Los antecedentes delictivos pueden tener numerosos **efectos negativos sobre el sujeto** al que se refieren, destacando, desde punto de vista jurídico-penal, la apreciación de la agravante de reincidencia (cfr. arts. 22. 8, 66. 1. 5ª, 190, 375, 388 y 580).

También pueden tener otras consecuencias desde la perspectiva jurídico-penal, como en materia de suspensión de la ejecución de las penas privativas de libertad (art. 80. 2, 3 y 5, art. 92. 1), de sustitución de las penas privativas de libertad (arts. 89. 4, 94, 94 bis), de libertad condicional (art. 90.1), de aplicación de la consecuencia accesoria del art. 129 bis o de la medida de libertad vigilada (arts. 192. 1, 579 bis). Igualmente, pueden tener efectos negativos desde un punto de vista jurídico-procesal, como a la hora de adoptar la medida cautelar de prisión provisional (art. 503 LECr) o de determinar la cantidad y calidad de fianza (art. 531 LECr). Asimismo, pueden tener consecuencias en el ámbito penitenciario, como en la separación de los internos en los establecimientos (art. 99 RP) o la clasificación de los penados (art. 102.2 RP). Del mismo modo, los antecedentes delictivos pueden tener repercusiones negativas desde una perspectiva jurídico-administrativa (p.ej., impidiendo el acceso a algunos puestos de la Administración pública o de la Administración de justicia, a ciertas profesiones reguladas, a la obtención de diversos permisos, autorizaciones, licencias…). Pero también pueden tener otros efectos negativos sobre la vida del sujeto, a pesar de haber extinguido su responsabilidad penal, viéndose sometido a situaciones cuestionables desde la perspectiva del derecho a la intimidad y la prohibición de discriminación, que pueden dificultar o impedir su reinserción social. En definitiva, son variadísimas las limitaciones que los antecedentes penales pueden tener en ámbito jurídico y social del sujeto, permitiendo incluso plantearse su inconstitucionalidad e ilegalidad (arts. 25.2 CE y 73 LOGP).

Sin perjuicio de lo anterior, existen una serie de límites de publicidad y de tiempo para dichos antecedentes delictivos. Por lo que se refiere a los **límites de publicidad**, el **art. 136. 4** establece que las inscripciones de antecedentes penales «no serán públicas. Durante su vigencia solo se emitirán certificaciones con las limitaciones y garantías previstas en sus normas específicas y en los casos establecidos por la ley…» (véanse arts. 5 ss. RD 95/2009, de 6 de febrero, por el que se regula el Sistema de registros administrativos de apoyo a la Administración de Justicia). En cuanto a los **límites temporales**, el CP prevé la cancelación de antecedentes delictivos, que es un derecho del sujeto a que se reconozca el cese de los efectos jurídicos asociados a sus antecedentes.

Esta cancelación, sin embargo, no se concreta en una eliminación, destrucción o borrado de dichos antecedentes, como parecería lógico pensar, pues el CP ya se encarga de aclarar que se librarán las inscripciones de antecedentes que soliciten los jueces o tribunales, aunque se refieran a inscripciones canceladas (**art. 136. 4 CP**). Sin embargo, si los jueces y tribunales no deben tener en cuenta dichos antecedentes (**art. 136. 5 CP**) no se entiende la razón de la anterior previsión legal, que genera un riesgo innecesario de contaminación o influencia en las decisiones del Juez o Magistrado.

En cuanto a los **requisitos** para la cancelación, el **art. 136. 1** contempla una serie de plazos que están previstos en función de la gravedad de las penas: a) Seis meses para las penas leves; b) Dos años para las penas que no excedan de doce meses y las impuestas por delitos imprudentes; c) Tres años para las restantes penas menos graves inferiores a tres años; d) Cinco años para las restantes penas menos graves iguales o superiores a tres años; e) Diez años para las penas graves.

A los efectos de la elección del plazo, entendemos que debe tenerse en cuenta la pena concreta impuesta en la sentencia y no la prevista en abstracto por la ley para la figura delictiva de que se trate. Según el **art. 136. 2**, dichos plazos se computarán desde el día siguiente a aquel en el que quedara extinguida la pena, aunque si ello ocurriese mediante remisión, el plazo, una vez obtenida la remisión definitiva, se computará retrotrayéndolo al día siguiente a aquel en que hubiera quedado cumplida la pena si no hubiera existido la remisión. En este caso se tomará como fecha inicial para el cómputo de la duración de la pena el día siguiente al del otorgamiento de la suspensión.

Dichos plazos deben transcurrir «sin haber vuelto a delinquir» el sujeto, referencia legal que debe interpretarse en el sentido de requerir que exista una sentencia condenatoria firme que así lo declare, aunque una vez que exista, lo determinante a efectos de este requisito será la fecha en la que, según los hechos probados en la sentencia firme, el sujeto cometió el delito. Aunque el CP no lo aclara, si el sujeto resulta condenado por sentencia firme antes de que se haya producido la cancelación de los antecedentes, debe entenderse que se interrumpe el plazo de cancelación, de modo que volverá a contarse desde la fecha en la que se cometió el nuevo delito, pues no es razonable considerar que dichos antecedentes ya no podrán ser nunca cancelados.

El régimen de cancelación previsto para las personas físicas se extiende también a las penas impuestas a las **personas jurídicas** y a las **consecuencias accesorias** del art. 129 para entidades o agrupaciones sin personalidad jurídica (*supra* §§ 51 ss.), salvo que se hubiese acordado la disolución o prohibición definitiva de actividades, pues en tales casos se fija un plazo de cincuenta años a contar desde el día siguiente a la firmeza de la sentencia **(art. 136. 3)**.

Por otra parte, en previsión de que el juez o tribunal pueda encontrarse con unos antecedentes que, debiendo estar cancelados con arreglo a la ley, no lo estén, se establece que hay que atender a la realidad material y no a la meramente formal, de manera que el juez o tribunal, acreditada tal circunstancia, no tendrá en cuenta dichos antecedentes (**art. 136. 5**). Esto es razonable, pues el **efecto** de la cancelación de antecedentes, consistente en que ya no pueden despegarse las consecuencias jurídicas asociadas a los mismos, debe extenderse no sólo a los antecedentes formalmente cancelados, sino también a los que materialmente debieran estarlo y, por la razón que sea, no lo están.

Finalmente, como se ha señalado, bajo la rúbrica «De la cancelación de antecedentes delictivos», el CP no sólo comprende la cancelación de los antecedentes derivados de la imposición de penas, sino también la relativa a las **anotaciones de las medidas de seguridad**. A tales efectos se establece que serán canceladas una vez cumplidas o prescritas, es decir, sin dejar trascurrir un plazo posterior a la extinción, y que, mientras tanto, sólo figurarán en las certificaciones que el Registro expida con destino a jueces, tribunales o autoridades administrativas con arreglo a la ley (véanse **art. 137 CP** y arts. 5 ss. del Real Decreto 95/2009, de 6 de febrero, por el que se regula el Sistema de registros administrativos de apoyo a la Administración de Justicia).

BIBLIOGRAFÍA

Alonso Rimo, A.: *Víctima y sistema penal: las infracciones no perseguibles de oficio y el perdón del ofendido,* Tirant lo Blanch, Valencia, 2002; Bueno Arús, F.: *La cancelación de antecedentes penales,* Civitas, Madrid, 2006; Carracedo Carrasco, E.: *Pena e indulto: una aproximación holística,* Thomson Reuters-Aranzadi, Cizur Menor (Navarra), 2018; Cerrada Moreno, M.: *Prescripción e imprescriptibilidad de los delitos. Orígenes. Fundamentos. Naturaleza jurídica,* J.M. Bosch, Barcelona, 2018; Díez Ripollés, J. L.: "Algunas cuestiones sobre la prescripción de la pena", en *InDret,* 2/2008, 1 ss.; Fliquete Lliso, E.: *Derecho de gracia y Constitución. El indulto en el Estado de Derecho,* Thomson Reuters-Aranzadi, Cizur Menor (Navarra), 2021; Garro Carrera, E.: *Paso del tiempo y respuesta penal,* Tirant lo Blanch, Valencia, 2023; Gómez Lanz, J.: «La extinción de la responsabilidad criminal y sus efectos», en M.C. Molina Blázquez (Coord.): *La aplicación de las consecuencias jurídicas del delito,* Bosch, Barcelona, 2005, 207 ss.; Gómez Martín, V.: *La prescripción del delito. Una aproximación a cinco cuestiones aplicativas,* B de f, Montevideo-Buenos Aires, 2016; idem, "La prescripción de los delitos con víctima menor de edad: ¿quién da más?", *RECPC* 24-38 (2022), 1 ss.; Guinarte Cabada, G.: «Prescripción de los delitos y las penas», en J.L. González Cussac (Dir.): *Comentarios a la reforma del Código Penal de 2015,* Tirant lo Blanch, Valencia, 2015, 452 ss.; Larrauri, E./ Rovira, M.: «Publicidad, solicitud y cancelación de los antecedentes penales en los tribunales españoles», *RECPC* 23-01 (2021), 1 ss.; Manjón-Cabeza Olmeda, A.: «Algunas cuestiones sobre el perdón del ofendido», en F. Morales Prats, J.M. Tamarit Sumalla y R,M.

García Albero (coords.): *Represión penal y Estado de Derecho. Homenaje al profesor Gonzalo Quintero Olivares,* Aranzadi-Thomson Reuters, Pamplona, 2018, 375 ss.; Pedreira González, F.M.: *En defensa del indulto,* Tirant lo Blanch, Valencia, 2020; Ragués i Vallès, R.: "La prescripción de los abusos sexuales infantiles. ¿Ni olvido ni perdón?", *CPC* 132 (2020), 67 ss.; Roig Torres, M.: *La cancelación de los antecedentes delictivos,* Tirant lo Blanch, Valencia, 2012; Sánchez-Vera Gómez-Trelles, J.: "Una lectura crítica de la Ley de Indulto", en *InDret,* nº 2/2008, 7 ss.; VV.AA.: *El indulto: pasado, presente y futuro,* F. Molina Fernández y E. Carracedo Carrasco (Coords.), B de f, Montevideo-Buenos Aires, 2019; VV.AA.: *La amnistía en España. Constitución y Estado de Derecho,* M. Aragón Reyes, E. Gimbernat Ordeig y A. Ruiz Robledo (Coords.), Ed. Colex, La Coruña, 2024.

Jurisprudencia

SSTS 227/2014, 19-3 y 26/2015, 26-1 (indulto como remedio para evitar excesivo rigor punitivo); SSTC 63/2005, 14-3 y 29/2008, 20-2; SSTS 719/2022, 14-7; 560/2023, 6-7 (naturaleza material o sustantiva de la prescripción); STS 762/2015, 30-11 y 373/2017, 24-5 (alegación y apreciación de oficio de la prescripción en cualquier momento del proceso); SSTS 692/2008, 4-11 y 583/2013, 10-6 (irretroactividad y retroactividad favorable de plazos prescriptivos); STC 37/2010, 19-7; Acuerdo Pleno TS 26-10-2010 y STS 762/2015, 30-11 (el plazo de prescripción del delito es el de la infracción referida en la condena, no en la acusación); Acuerdo TS 16-12-2008 y STS 72/2019, 11-2 (la pena de referencia para el plazo de prescripción del delito es la pena en abstracto prevista por la ley); SSTS 893/2013, 22-11 y 341/2020, 22-6 (como regla general, el plazo de prescripción del delito comienza a correr desde la consumación del mismo); SSTS 664/2014, 14-10 y 682/2014, 23-10 (prescripción del delito por paralización del proceso); STS 190/2012, 16-3 (los antecedentes penales no computables no pueden ser tenidos en cuenta a ningún efecto); STS 1321/2003, 16-10 (para el plazo de cancelación de los antecedentes, si no consta la fecha de cumplimiento de la condena anterior, se tiene en cuenta la de la firmeza de la sentencia); SSTS 117/2006, 30-1 y 280/2006, 2-3 (en caso de duda sobre la cancelación, se aplica la interpretación más favorable al reo).

Cuestiones prácticas

¿A qué Tribunal corresponde informar sobre el indulto? Acuerdo TS 5-4-2005.

¿Qué actos o resoluciones pueden interrumpir el plazo de prescripción? SSTC 63/2005, 14-3 y 29/2008, 20-2; Acuerdo TS 27-4-2011; SSTS 201/2016, 10-3; 245/2020, 27-5.

Capítulo XVI

Justicia restaurativa

CRISTINA LÓPEZ LÓPEZ

§ 58. INTRODUCCIÓN: DEFINICIÓN, OBJETIVOS Y ANTECEDENTES

La sobresaturación de los órganos judiciales fruto del aumento de la conflictividad y su judicialización, así como la crisis que actualmente padece nuestro sistema de justicia tradicional, ha impulsado la búsqueda de nuevas formas de resolver los conflictos sociales. Surgen así, hacia la segunda mitad del siglo XX, los denominados Métodos Alternativos de Resolución de Conflictos (MARC) o *Alternative Dispute Resolution* (ADR), que proponen mecanismos para la resolución de conflictos al margen de los tribunales, introduciendo tanto métodos heterocompositivos (como el arbitraje, en los que un tercero *supra partes* interviene en el procedimiento imponiendo la solución), como autocompositivos (como la mediación, la conciliación o la negociación, en el que son las propias partes las que proponen la solución, ayudadas por un tercero *intra partes*).

La **justicia restaurativa** pertenece al ámbito de estos métodos alternativos, aunque realmente va más allá de la simple proposición de unas técnicas para la resolución extrajudicial del conflicto. Así, algunos autores la definen como un nuevo paradigma de justicia penal, distinta de la justicia retributiva, y que se caracteriza por fijar su centro de atención en el daño causado a la víctima y a la comunidad, su reparación y a la reintegración del victimario en la sociedad.

Así entendido, este nuevo paradigma da respuesta a la crisis que vive actualmente nuestro sistema tradicional de sanciones, particularmente la pena de prisión, y el fracaso del modelo de reinserción social (*supra* § 11), proponiendo medidas alternativas al castigo y al Proceso Penal. En particular plantea nuevas formas de resolver el conflicto derivado de la infracción penal, en el que los afectados por el delito (víctima, ofensor y comunidad) participan activamente reuniéndose y buscando soluciones a través del diálogo y el consenso entre las partes, y en el que puede estar presente un tercero imparcial (un mediador, un representante de la comunidad, un tercero designado por las partes...) que coadyuva en la búsqueda de esa solución.

De entre estas nuevas formas que propone la justicia restaurativa, destacan especialmente tres: los **círculos de discusión o sentencias** (*Sentencing Circles* o *Community Circles*), las **conferencias de grupos familiares** (*Family Group Conferencing*) y la **mediación**.

Los primeros se caracterizan por que en ellos pueden participar todos los miembros de la comunidad (víctima, ofensor, líderes comunitarios, asociaciones, etc.) e incluso representantes de los organismos del Estado (jueces, abogados, policías, trabajadores sociales, educadores, etc.). Tras la derivación del caso, se elegirá a los participantes que conformarán el círculo, y de entre ellos, se seleccionará a un representante que realizará funciones de seguimiento y apoyo a la víctima y al agresor. Hecho esto, los participantes se reunirán en sucesivas sesiones en las que se analizará el caso, buscando una solución que satisfaga a todos.

Las conferencias de grupos familiares, al igual que en los círculos de discusión o sentencias, pueden participar tanto la víctima como el agresor, así como algunos miembros de la comunidad. La diferencia radica en que se limita la participación de los representantes de los organismos del Estado y se permite la intervención de las denominadas personas de apoyo (familiares, amigos o personas cercanas al entorno de la víctima y del agresor). Durante las reuniones, se confronta al infractor con su familia, sus amigos y con la víctima, finalizando con la firma de un acuerdo que deberá ser cumplido por el infractor y supervisado por uno de los miembros participante en las sesiones.

Por último, la mediación se caracteriza por que en ella sólo participa la víctima, el agresor y un tercero imparcial, el mediador, que coadyuva a que las partes dialoguen y lleguen finalmente a un acuerdo que ellos mismos han propuesto.

Los **objetivos** que la justicia restaurativa pretende conseguir mediante la aplicación de estos métodos alternativos son, en primer lugar, devolver el protagonismo a las partes. Por un lado, a la víctima, figura que ha cobrado importancia en los últimos años gracias al impulso de la Victimología (*supra* § 3) y para la que intenta crear un espacio en el que sea escuchada y en el que goce de plena libertad para manifestar sus necesidades, sentimientos y deseos. Y, por otro lado, al victimario, al que le da la oportunidad de explicar su situación, disculparse y escuchar al ofendido por el delito, pudiendo empatizar con su situación. En segundo lugar, reparar el daño causado, entendida esta como una reparación en sentido amplio, es decir, tanto económica como psicológica o moral. Y, además, la reparación se extiende más allá del directamente ofendido por el delito, abarcando también la restauración del daño provocado a la comunidad. En tercer lugar, pretende conseguir la reintegración, reeducación y reinserción del ofensor en la sociedad, el cual deberá asumir su responsabilidad y reparar el daño causado de forma voluntaria. Por último, busca conseguir el restablecimiento de la paz social mediante la participación de la comunidad en la resolución del conflicto.

Gracias al impulso de la Victimología, las teorías abolicionistas y minimalistas del derecho penal (*supra* § 3) y sobre todo de la normativa internacional, la justicia restaurativa ha ido poco a poco abriéndose paso en nuestro ordenamiento jurídico. En particular, gracias a la normativa europea, de la que cabe destacar la **Decisión Marco de 15 de marzo de 2001** y su posterior sustituta, la **Directiva 2012/29/UE del Parlamento Europeo**. Ambas instan a los Estados miembros a introducir la justicia restaurativa en general, y en particular a incluir la mediación penal como parte de nuestro proceso penal. Estas han sido el germen de cultivo de las reformas operadas en el año 2015.

§ 59. LA JUSTICIA RESTAURATIVA Y LA MEDIACIÓN PENAL EN EL ORDENAMIENTO JURÍDICO ESPAÑOL

Antes de las reformas operadas en el año 2015, el legislador español sólo mencionaba en dos ocasiones los métodos restaurativos. Por un lado, para vedar la aplicación de la mediación en los casos de **violencia de género** (**arts. 44.5 LOVG y 87 *ter*.5 LOPJ**).

Esta prohibición ha suscitado múltiples dudas e interpretaciones diversas. Así, algunos autores opinan que vetar la mediación en estos supuestos es lo más adecuado, pues su aplicación no haría más que poner en riesgo la seguridad de la víctima. O incluso afirman, que la posición subordinada de la mujer en la relación podría llevar a que se reprodujeran en las sesiones los mecanismos de sometimiento o el ciclo de la violencia. En cambio, otro sector ve en la mediación una oportunidad para la víctima. Estos autores indican que, siempre y cuando la mediación se ajuste a las circunstancias y singularidades de la víctima y del agresor, la celebración de las sesiones puede resultar beneficiosa. Por un lado, porque puede ser una forma de recuperar a la mujer víctima, que va a ser escuchada y apoyada durante el procedimiento, pudiendo conseguir el proceso de separación que realmente desea. Y, por otro lado, porque puede servir como estímulo para que el agresor modifique su conducta.

Y, por otro lado, para la regulación de su aplicación en el ámbito de los menores infractores. En este caso, el superior interés del menor como principio inspirador de la LORPM, así como la naturaleza predominantemente educativa de las medidas (*supra* § 36), hacen de éste el ámbito idóneo para la aplicación de la mediación.

Los **arts. 19, 51 LORPM, 5 y 15 RLORPM** fijan las principales características del procedimiento de mediación, distinguiendo dos modalidades: previa a la sentencia y posterior a la sentencia. El siguiente cuadro muestra las singularidades de cada una de estas dos modalidades.

	PREVIA A LA SENTENCIA (art. 19 LORPM)	**POSTERIOR A LA SENTENCIA (art. 51.3 LORPM)**
Momento de la derivación	En fase de instrucción.	Durante el cumplimiento de la medida impuesta.
¿Cómo se deriva el caso?	El Ministerio Fiscal, a la vista de las circunstancias del caso o a instancia del letrado del menor, solicitará al equipo técnico la elaboración de un informe sobre la conveniencia de derivar el caso (art. 27.3 LORPM).	La entidad pública, a petición del menor y tras informar al Juez de menores y al Ministerio Fiscal, será la encargada de derivar el caso (art. 15 Reglamento LORPM).
Presupuestos previos	El hecho imputado constituya delito menos grave o leve. Se valorará positivamente la no concurrencia de violencia o intimidación graves en la comisión de los hechos.	El período ya cumplido de la medida y el procedimiento de mediación expresan de forma suficiente el reproche que merecen los hechos cometidos.
¿Quién realiza las funciones de mediación?	El equipo técnico (art. 19.3 LORPM y 4.1 RLORPM).	La entidad pública de protección o reforma encargada de la ejecución de la medida (art. 15 RLORPM).
Acuerdos alcanzados (art. 19 LORPM)	Conciliación: entendida como satisfacción psicológica de la víctima, que se producirá cuando el menor reconozca el daño causado y se disculpe con la víctima, y ésta acepte sus disculpas. Reparación: entendida como satisfacción de carácter material, que se concreta en el compromiso asumido por el menor de llevar a cabo acciones en beneficio de la víctima o de la comunidad, seguido de su efectiva realización.	
Efectos	Sobreseimiento y archivo de las actuaciones por el Juez a petición del Ministerio Fiscal.	Dejar sin efecto la medida impuesta.

A diferencia de lo establecido para el menor infractor, en el ámbito del **enjuiciamiento penal de adultos** no existía referencia alguna a la justicia restaurativa o la mediación penal. Sin embargo, esto no ha sido óbice para que, desde 1985 se hayan desarrollado diversas experiencias piloto que han aplicado, y todavía hoy siguen aplicando, la mediación penal a casos reales. Aun sin respaldo legal, los acuerdos alcanzados en el procedimiento adquieren un cierto reconocimiento en el proceso penal, fundamentalmente a través de tres figuras: la apreciación por el tribunal de la atenuante de reparación del daño, la conformidad del acusado y la suspensión o sustitución de la pena supeditando la misma al cumplimiento del acuerdo alcanzado en mediación.

Tras la reforma del año 2015, este último efecto se ha incluido expresamente en el CP, fijando el cumplimiento del acuerdo de mediación como una de las posibles medidas que el juez puede imponer en caso de la suspensión de la ejecución de la pena (**art. 84**) (*supra* § 28).

Finalmente, para concluir el repaso de la regulación existente, cabe hacer mención al **Estatuto de la Víctima del Delito**, aprobado por Ley 4/2015, de 27 de abril, y su reglamento de desarrollo (el RD 1109/2015, de 11 de diciembre), únicos textos legales en los que se utiliza el concepto "justicia restaurativa". Así, el **art. 15** del Estatuto recoge algunos de los principios rectores de los métodos alternativos de resolución de conflictos (voluntariedad y confidencialidad). Enumera los requisitos mínimos necesarios para la derivación de un caso a los servicios de justicia restaurativa, como son: el reconocimiento de los hechos por el infractor y el consentimiento informado de víctima y ofensor. Y delimita vagamente el ámbito de aplicación, prohibiendo su práctica en aquellos supuestos en los que se ponga en peligro la seguridad de la víctima, o en aquellos otros en los que esté prohibida por ley.

Pese a las últimas novedades introducidas en el año 2015, se sigue echando en falta el desarrollo de una norma específica de justicia restaurativa o mediación penal que defina los principios rectores, el ámbito de aplicación, las fases del proceso restaurativo, etc., equiparable a la ya existente Ley 5/2012, de 6 de julio, de Mediación en Asuntos Civiles o Mercantiles.

Asimismo, sería necesaria la reforma de la decimonónica LECr, al objeto de recoger en la normativa procesal el momento y la competencia para la derivación de un caso a los servicios de justicia restaurativa, o los efectos que en el proceso penal pudiera tener el acuerdo alcanzado.

Inspirado en los fallidos anteproyectos de reforma de la LECr de 2011 y 2013, el anteproyecto aprobado en 2020 incluye en su articulado (arts. 181 a 185) la justicia restaurativa como complemento del principio de oportunidad.

§ 60. LA MEDIACIÓN PENAL: PRINCIPIOS RECTORES, PROCEDIMIENTO DE MEDIACIÓN Y EFECTOS EN EL PROCESO PENAL

Como se aprecia de la regulación existente en nuestro Ordenamiento Jurídico y las experiencias piloto desarrolladas, la mediación es el método de resolución de conflictos más conocido y utilizado; dejando en un segundo plano el resto de técnicas que quedan ocultas bajo el término general justicia restaurativa. Sin embargo, su desarrollo nos permite definir las principales características del procedimiento de mediación penal, así como sus principios rectores, las fases del procedimiento y los efectos que pueda tener el acuerdo alcanzado durante las sesiones.

Los **principios rectores** presentes en toda mediación penal pueden concretarse en los siguientes: 1) **Voluntariedad**: Son las partes las que libremente deben decidir si desean o no participar en el proceso, siendo necesario el consentimiento de ambos. Este principio presenta además una faceta negativa que permite a las partes renunciar a la continuación del proceso en cualquier momento sin poner en peligro sus derechos. 2) **Confidencialidad**: Obliga a guardar silencio sobre lo acontecido en las sesiones de mediación, deber que alcanza a todos los intervinientes en el proceso. Su cometido es además, el de crear un ambiente de confianza, promoviendo el diálogo abierto y sincero, la protección de los derechos de defensa y presunción de inocencia del victimario en caso de fracasar la mediación. 3) **Imparcialidad y neutralidad del mediador**: Estos dos principios se dirigen a conseguir que durante las sesiones de mediación exista un equilibrio entre los intervinientes. Para conseguirlo, el mediador deberá asumir una posición equidistante entre las partes, absteniéndose de intervenir en caso de conflicto de intereses (imparcialidad), e interviniendo únicamente como facilitador del acuerdo entre las partes, no pudiendo proponer o sugerir directamente soluciones (neutralidad). 4) **Gratuidad**, haciéndose cargo del abono de los gastos la propia administración. 5) **Oficialidad**, correspondiendo a los órganos judiciales la decisión de derivar el caso a mediación, previa petición de cualquiera de los intervinientes. 6) **Flexibilidad**, que permite amoldar el procedimiento a las características del caso concreto.

Pese a lo que cabría pensar, este antiformalismo del procedimiento de mediación no es óbice para que cuente con una estructura básica, diferenciándose una primera fase, denominada de **premediación**, en la que se explica a las partes qué es la mediación, sus características, sus efectos, su estructura..., celebrándose en primer lugar una sesión informativa con la víctima y posteriormente con el ofensor, y en la que ambos deberán otorgar su consentimiento para la continuación de la celebración de la mediación.

A continuación, se abre la **fase de diálogo**, en la que se desarrollarán varias sesiones individuales (mediación indirecta) o conjuntas (mediación directa) y en las que las partes son las protagonistas. Durante las sesiones víctima y ofensor tendrán plena libertad para narrar los hechos, exponer sus necesidades y sentimientos.

Finalmente, si la mediación llega a buen puerto se inicia la **fase de acuerdo**. En esta, las partes que han llegado a un acuerdo lo recogen por escrito en el plan de reparación, que podrá producir diversos **efectos** en el proceso penal en función del momento en el que se derive la causa a mediación y de la tipología delictiva.

Por ejemplo, si la mediación se celebra **antes de dictar sentencia** (en fase de instrucción o juicio oral), el acuerdo alcanzado puede dar lugar a que el juez aprecie la atenuante de reparación del daño (**art. 21.5**), aplicando la pena en mitad inferior, o rebajándola en uno o dos grados (**art. 66**) (*supra* § 26). En este caso, la mediación se entiende como una forma de resarcimiento íntegro (tanto económico, como psicológico o moral) de la víctima, cumpliéndose el contenido de la atenuante.

En este mismo momento procesal, la resolución del conflicto a través de la mediación puede también provocar el sobreseimiento o archivo de las actuaciones, siempre y cuando los hechos sean constitutivos de delito leve de muy escasa gravedad y no exista interés público relevante en la persecución del mismo [**arts. 963.1, 1° y 964.2, a) LECr**]. Incluso podría evitar la apertura del proceso penal cuando los hechos sólo sean perseguibles a instancia de parte (delitos privados).

Asimismo, puede dar lugar a la conformidad del acusado con el escrito de acusación, siempre que se cumplan el resto de requisitos establecidos en los **arts. 787 y 801 LECr**.

Sin embargo, si la derivación se produce **a la hora de dictar sentencia**, o incluso tras declararse la firmeza de la misma, el sometimiento a mediación podría ser valorado por el tribunal al tomar la decisión de suspender o sustituir la pena (*supra* § 28). O como ya se indicó en el apartado anterior, el cumplimiento del acuerdo de mediación puede ser una de las medidas a las que el juez supedita la suspensión.

Por último, en **fase de ejecución** la mediación puede favorecer la concesión de algunos beneficios penitenciarios, como por ejemplo la progresión al tercer grado (**art. 72 LOGP**) o el acceso a la libertad condicional (**arts. 90 y 91**) (*supra* § 31). En ambos casos el órgano competente valorará la conducta del reo, y en particular el esfuerzo puesto en reparar el daño causado.

BIBLIOGRAFÍA

ALONSO SALGADO, C.: *La mediación en el proceso penal,* Tirant Lo Blanch, Valencia, 2018; ÁLVAREZ SUÁREZ, L., «La mediación penal como manifestación del denominado "principio de oportunidad": ¿Debería replantearse el legislador su veto a las víctimas de violencia de género?», *Revista de Estudios Jurídicos y Criminológicos* 3 (2021), 171 ss.; BARONA VILAR, S.: *Mediación penal: fundamentos, fines y régimen jurídico,* Tirant Lo Blanch, Valencia, 2011; CANO SOLER, M.A.: *La mediación penal,* Aranzadi, Navarra, 2015; CASTILLEJO MANZANARES, R., «Estado de la mediación penal en España», *RGDPro* 49 (2019); ESQUINAS VALVERDE, P.: *Mediación entre víctima y agresor en la violencia de género,* Reus, Madrid, 2012; FERNÁNDEZ LÓPEZ, M. A.: *Mediación en procesos por violencia de género,* Aranzadi, Navarra, 2015; OUBIÑA BARBOLLA, S. (coord.): *Sobre la Mediación Penal (posibilidades y límites en un entorno de reforma del proceso penal español),* Aranzadi, Navarra, 2012; REVELLES CARRASCO, M.: *Vademécum de justicia restaurativa y mediación penal,* Tirant Lo Blanch, Valencia, 2021; SAN CRISTÓBAL REALES, S.: «El principio de oportunidad, justicia restaurativa, y mediación en el proceso penal: perspectivas de futuro», *RGDPro* 56 (2022); TAMARIT SUMALLA, J.M. (coord.): *La justicia restaurativa: desarrollo y aplicaciones,* Comares, Granada, 2012; ZEHR, H.: *The little book of restorative justice.* PA: Good Books, Intercourse, 2008.

Recursos en red

www.restorativejustice.org; www.blogdelajusticiarestaurativa.blogspot.com.es.

tirant
PRIME

Inteligencia jurídica
en expansión

Trabajamos para
mejorar el día a día
del **operador jurídico**

Adéntrese en el universo
de **soluciones jurídicas**

prime.tirant.com/es/